Lernziel: Professionelles Übersetzen Spanisch-Deutsch

Christiane Nord

Lernziel:
Professionelles Übersetzen
Spanisch-Deutsch

Ein Einführungskurs in 15 Lektionen

gottfried egert verlag
2001

Lernziel: Professionelles Übersetzen Spanisch-Deutsch
Ein Einführungskurs in 15 Lektionen

von
Prof. Dr. Christiane Nord, Fachhochschule Magdeburg

Die Deutsche Bibliothek – CIP-Einheitsaufnahme

Nord, Christiane:
Lernziel: professionelles Übersetzen Spanisch-Deutsch : ein Einführungskurs in 15 Lektionen /
Christiane Nord. – Wilhelmsfeld : Egert, 2001
    ISBN 3-926972-87-4

Umwelthinweis:
Gedruckt mit Ökofarben und 50% Altpapier chlorfrei gebleicht.

Der deutsche Text folgt den Regeln der neuen deutschen Rechtschreibung.

ISBN 3-926972-87-4

© gottfried egert verlag, Postfach 1180, D-69259 Wilhelmsfeld, 2001
www.egertverlag.de
Alle Rechte vorbehalten.
Herstellung: WM-Druck, Wiesloch
Printed in Germany

Vorwort

Professionelles Übersetzen – ist das etwas Besonderes? Durchaus nicht. Es ist sogar in der Übersetzungspraxis, in der ausgebildete Übersetzerinnen[1] und Übersetzer damit ihre Brötchen verdienen, das Normale. Dass man es im Titel dieses Buches[2] dennoch hervorheben muss, hat damit zu tun, dass es eine Menge von *Übersetzungslehrbüchern* auf dem Markt gibt, die nicht auf die professionelle Praxis vorbereiten, sondern auf Übersetzungsübungen und –prüfungen innerhalb der Fremdsprachenausbildung an Schule oder Hochschule. Dieses Buch dagegen ist für Studierende der (Fach-)Übersetzerausbildung an Universität und Fachhochschule gedacht, die gern selbst etwas für ihre übersetzerische Kompetenz tun wollen, und für Lehrende, die es sich etwas leichter machen und nicht von einer Stunde auf die andere für den Unterricht Texte suchen wollen, die dann doch oft eher zufällig hintereinander stehen, während es hier darum geht, die Textbeispiele in eine didaktische Progression zu bringen und das Übersetzenlehren etwas methodisch zu unterfüttern.

Kann man das denn überhaupt – Übersetzen lehren (bzw. lernen)? Manch eine(r) behauptet, das sei unmöglich: „Übersetzen kann man nicht lernen," zitiert Katharina Reiß (1974) eine „erfolgreiche Übersetzerin literarischer Werke", und Peter Newmark, immerhin ein erfahrener Übersetzungslehrer, sagt: „You can no more teach someone

---

[1] Da die meisten Studierenden in der akademischen Übersetzerausbildung Frauen sind, verwende ich unterschiedliche Verfahren, um sie nicht im generischen Maskulinum verschwinden zu lassen, darunter auch die von manchen als umständlich empfundene Doppelung und – außer in Komposita – die ebenfalls von einigen als anstößig betrachteten inklusiven Formen (Binnen-I oder gesplittete Endungen) oder ich benutze abwechselnd maskuline und feminine Bezeichnungen.
[2] Es handelt sich hier um eine Neubearbeitung des Buches *Übersetzen lernen – leicht gemacht. Kurs zur Einführung in das professionelle Übersetzen Spanisch-Deutsch* (Heidelberg 1991/92). Nach Meinung vieler Studierender hatte der alte Titel etwas versprochen, was das Buch nicht hielt! Vielleicht sollte man das komplexe Geschäft des Übersetzens ja auch nicht mit einfachen Bastelarbeiten (vgl. *Strohsterne – leicht gemacht!*) auf eine Stufe stellen.

to be a good translator than to become a good linguist. All you can do is to give some hints, give some practice and if you're lucky, show more or less how the job can be done." (Newmark 1980: 127)

Fazit also: Übersetzen lernt man durch Übersetzen, und wer's nicht schafft, ist selber schuld? Viele der so genannten Übersetzungs-bücher scheinen diese Auffassung zu vertreten, denn sie bieten vor allem Texte, mal mit Musterübersetzung, mal ohne, mal mit Überset-zungshilfen und/oder Kommentaren, mal ohne. Vor ziemlich langer Zeit habe ich einmal dargelegt, wie ich mir ein Übersetzungs*lehrbuch* für die Ausbildung zukünftiger professioneller Übersetzer/innen vor-stelle (Nord 1987a). Die vorliegende Einführung soll sich an den dort aufgestellten Forderungen orientieren, und das heißt konkret:

• Sie bezieht sich ausdrücklich auf eine theoretische Grundlage, und zwar auf ein funktional ausgerichtetes Übersetzungskonzept, das die Forderung nach der Loyalität der Übersetzerin gegenüber ihren Handlungspartnern (Auftraggeber, Zieltextempfänger und, gegebe-nenfalls, Ausgangstextsender) einschließt (siehe dazu Teil 1, ausführ-lichere Darstellung der Geschichte und der theoretischen Grundlagen dieser übersetzungswissenschaftlichen Richtung in Nord 1997a: 4-14).

• Sie versucht nicht, *viele* Zielgruppen auf einmal zu bedienen, weil dann meist keine richtig bedient wird, sondern richtet sich ausdrück-lich an Studierende der akademischen Übersetzerausbildung. Dieser Adressatenbezug bestimmt die Auswahl der Texte und die Schwer-punkte der Methodik.

• Die theoretische Grundlegung, in der die wichtigsten Prinzipien des funktionalen Übersetzungskonzepts behandelt werden, ist so knapp wie möglich gehalten. Zur Ergänzung wird auf die Literatur verwiesen, in der ausführlichere Darstellungen zu einzelnen Aspekten oder auch zu den Grundlagen zu finden sind. Im systematischen Teil werden nur die Übersetzungsprobleme behandelt, die im Textmaterial vorkommen. Die Methodik erhebt also keinen Anspruch auf Vollstän-digkeit; sie kann allerdings als exemplarisch betrachtet werden, da die hier behandelten Übersetzungsprobleme erfahrungsgemäß so oder ähnlich in allen Übersetzungsaufträgen vorkommen.

• Die Erläuterungen im systematischen Teil sind daher so gehalten, dass sie auch als Grundlage für die Behandlung analoger Probleme in anderen Texten oder Textsorten dienen können. Grammatische oder übersetzungswissenschaftliche Termini sind im Glossar erklärt.

• Bei der methodischen Behandlung der Übersetzungsprobleme wird auf mögliche Hilfsmittel, Nachschlagewerke und Recherchierquellen verwiesen. Eine ins Detail gehende *allgemeine* Behandlung der translatorischen Recherchetechniken würde allerdings den Rahmen dieser Einführung sprengen.

• Vielen Texten dieses Lehrbuchs sind Paralleltexte, Vergleichstexte oder Modelltexte beigegeben, an denen Vertextungsmuster, Textbausteine oder pragmatische Merkmale abzulesen sind. Bei einigen Texten werden vorhandene Übersetzungen abgedruckt, sodass das Material auch für Übungen zu Übersetzungsvergleich und Übersetzungskritik geeignet ist (weitere Hinweise zu Hilfstexten u.a. bei Göpferich 1995, Nord 1997b).

• Die Textsammlung enthält Exemplare von Textsorten, die in der übersetzerischen Praxis vorkommen. Dem Einführungscharakter entsprechend wurden im Allgemeinen kürzere Texte ausgewählt. Jeder Text ist mit einem Übersetzungsauftrag versehen, der so nahe wie möglich an den Anforderungen der Praxis orientiert, also einigermaßen „realistisch", ist.

• Jeder Text wird zunächst, meist verkleinert, in seiner Originalform präsentiert, weil diese oft wichtige Rückschlüsse auf Textsorte und Textfunktion des Originals erlaubt. Bei einigen Übersetzungsaufträgen ist außerdem „Beibehaltung des AT-Layouts" gefordert, die nur geleistet werden kann, wenn das AT-Layout bekannt ist. Wo Originaltext und Quellenangabe keine ausreichenden Informationen liefern, werden weitere Angaben zur Ausgangssituation gemacht.

• Die Texte sind in einer didaktischen Progression nach dem Schwierigkeitsgrad der Übersetzungsaufgabe angeordnet, wobei die

Menge der zur Verfügung gestellten oder angegebenen Hilfsmittel e-
benfalls der Steuerung des Schwierigkeitsgrades dient. In jedem Text
(den ersten ausgenommen) kommen neben neuen auch stets bereits
bekannte Übersetzungsprobleme vor, sodass die Motivation der Lernenden gestärkt wird, weil man einen Teil der Aufgabe schon „kann".

• Die Übersetzungsvorschläge in Teil 4 sind an dem durch theoretische Grundlegung und Übersetzungsauftrag fixierten Bezugsrahmen
orientiert. Sie beziehen auch Vorgaben zur äußeren Gestaltung mit
ein. Es handelt sich hier nicht um „Musterübersetzungen", sondern um
eine Möglichkeit, den vorher spezifizierten Anforderungen an den Zieltext zu entsprechen.

Der Einführungskurs ist für zwei Semester konzipiert. Die Texte
des zweiten Semesters sind umfangreicher als die des ersten; die Didaktisierung beschränkt sich im Wesentlichen auf die Angabe „neuer"
Übersetzungsprobleme, und das Recherchiermaterial muss von den
Lernenden selbst beschafft werden. Für den Abschluss jedes Semesters ist ein Lernerfolgs-„Test" mit einem Text vorgesehen, der sich jeweils an einen der im Semester behandelten Texte anlehnt, sodass
sowohl für die Lernenden als auch für die Lehrenden die Möglichkeit
einer Lern- bzw. Lehrerfolgskontrolle gegeben ist. Entsprechend diesem „Muster" können zu anderen Lektionstexten ebenfalls analoge
Texte als Testmaterial verwendet werden.

Das Material wurde ausgiebig im Unterricht ausprobiert – den
Studierenden in Heidelberg, Wien, Hildesheim, Innsbruck und Magdeburg, die mich mit ihrer konstruktiven Kritik, aber auch mit ihrem
Spaß an der Lösung der Übersetzungsaufgaben immer wieder zu
Verbesserungen angespornt haben, danke ich hiermit ausdrücklich
und wünsche ihnen, dass sie sich vielleicht in ihrer übersetzerischen
Berufspraxis (wenn sie über Computerhandbüchern oder Patentschriften schwitzen) gelegentlich an die unbeschwerten (?) Zeiten mit „Miguelito", den „Torres de San Antonio" oder „Turrón" zurückerinnern.

Inhaltsverzeichnis

Teil 1: Theoretische und methodische Grundlagen

0 Vorbemerkung

An einem Text, der im Unterricht oder im Selbststudium übersetzt wird, interessiert nicht das Individuelle dieses speziellen Texts, sondern vielmehr das Allgemeine, das Verallgemeinerbare. Denn aus der Beschäftigung mit einem solchen Beispieltext soll für die Lernenden nicht so sehr das Erfolgserlebnis erwachsen, dass sie nun einen übersetzten Text mehr in ihrem Aktenordner abheften können, sie sollen vielmehr dazu kommen, dass sie den nächsten Text leichter oder besser oder schneller übersetzen können, weil sie bestimmte Übersetzungsprobleme wieder erkennen und bereits Möglichkeiten zu ihrer Lösung gelernt haben.

Die wichtigsten didaktischen Hilfsmittel zur Erreichung dieses Ziels sind die übersetzungsrelevante Textanalyse (vgl. Nord 1991a) und der (hier: didaktisch aufbereitete) Übersetzungsauftrag (vgl. Hönig/Kussmaul [2]1984, Vermeer 1989, Nord 1989a). Um den Stellenwert dieser beiden Hilfsmittel zu erkennen, sehen wir uns zunächst kurz ein Modell des Übersetzungsvorgangs an. Dann werden der darin zentrale Begriff der Textfunktion und das Verhältnis zwischen Ausgangstextfunktion und Zieltextfunktion erläutert, und schließlich schlage ich eine Typologie von Übersetzungsproblemen vor, die das (Wieder-)Erkennen und damit die systematische Lösungssuche erleichtert.

1 Der Übersetzungsvorgang

In der Übersetzungswissenschaft wird gelegentlich zwischen Übersetzungs*vorgang* und Übersetzungs*prozess* unterschieden. Der Übersetzungs*vorgang* umfasst alle Faktoren, Dimensionen und Bedingungen, die für die Herstellung einer Übersetzung eine Rolle spielen; als

Übersetzungs*prozess* bezeichnet man dagegen, besonders in der psycholinguistischen Übersetzungsforschung (z.B. Krings 1986), den Teil des Übersetzungsvorgangs, der unmittelbar den Übersetzer betrifft und sich im Wesentlichen „in seinem Kopf" oder, wie man es auch ausdrückt, in der übersetzerischen „black box" abspielt. Der Name sagt schon, dass man dort nicht so Recht hineinschauen kann, und deshalb wollen wir uns hier vor allem auf die Aspekte des Übersetzungsvorgangs konzentrieren, die der Anschauung und der Beeinflussung durch die Lehrenden und auch die Lernenden selbst zugänglich sind.

Die Faktoren und Dimensionen des Übersetzungsvorgangs lassen sich folgendermaßen charakterisieren:

➢ Der Übersetzungsvorgang kommt dadurch in Gang, dass ein Auftraggeber (auch: Initiator) sich an einen Übersetzer (auch: Translator, TRL) wendet, weil er einen in einer bestimmten Situation der Kultur K_1 (= Ausgangskultur, AK) in der Sprache L_1 (= Ausgangssprache, AS) verfassten Text (= Ausgangstext, AT) in die Sprache L_2 (= Zielsprache, ZS) „übersetzt" haben möchte. Zum Beispiel möchte er vielleicht – wenn er der Ausgangssprache nicht mächtig ist – selbst wissen, welche Informationen der Text enthält, oder er benötigt – wenn er der Zielsprache nicht mächtig ist – den Text, um bei bestimmten Menschen in der Kultur K_2 (= Zielkultur, ZK) damit ein kommunikatives Ziel zu erreichen (z.B. sie dazu zu bewegen, das von ihm produzierte Produkt zu bestellen oder zu kaufen). Die Menschen, die jemand mit einem Text erreichen will, nennen wir „Adressaten".

➢ Der Ausgangstext ist entweder in der Ausgangskultur bereits für eine bestimmte Kommunikationssituation benutzt oder eigens für die Übersetzung hergestellt worden. Die Person, die ihn benutzt oder hergestellt hat, hat dabei einen bestimmten oder allgemeinen Adressatenkreis in der Ausgangskultur im Sinn gehabt. Das heißt: Der AT ist ein Text, der nach den Regeln und Konventionen der Ausgangskultur verfasst wurde, um bei ausgangskulturellen Adressaten einen bestimmten Kommunikationszweck zu erfüllen. Auch wenn er für die

Übersetzung hergestellt wurde, kann man nicht davon ausgehen, dass er bereits auf einen bestimmten oder allgemeinen zielkulturellen Adressatenkreis hin formuliert ist. (Woher soll auch ein AK-Textproduzent wissen, wie man in der ZK Texte produziert? Wir gehen immer von Annahmen aus, die durch die Erfahrungen aus unserer eigenen Kultur geprägt sind.)

➢ Wenn der Zieltext den vom Auftraggeber gewünschten kommunikativen Zweck erfüllen soll, muss er auf die ZK-Adressaten zugeschnitten sein. Damit die Übersetzerin einen solchen *zweckgerechten* oder *funktionsgerechten* ZT produzieren kann, muss sie wissen, was ihr Auftraggeber erreichen und wen er ansprechen will. Ein Text, der lediglich informieren soll, sieht schließlich anders aus als einer, der überzeugen soll, und ein Text für Ingenieure sieht anders aus als ein Text für Studierende der Übersetzerausbildung. Die Informationen darüber, zu welchem Zweck und für wen der ZT benötigt wird, sind im Übersetzungsauftrag enthalten – manchmal explizit (z.B. „Übersetzen Sie mir diesen Text schnell so, dass ich die wichtigen Informationen daraus entnehmen kann!"), manchmal aber auch nur implizit (z.B. „Übersetzen Sie den Beipackzettel für das Medikament XY, das wir nach Spanien exportieren wollen!"). Implizite Informationen müssen vom Translator mit Hilfe der Interpretation des Übersetzungsauftrags erschlossen werden.

➢ Der Translator ist – in diesem Konzept – nicht *Sender* des Zieltexts (andere Modelle sehen das anders), sondern ein professioneller Text*produzent*, der im Auftrag des Senders (also des Auftraggebers, der auch der Verfasser des AT sein kann) einen zielsprachlichen Text für einen Empfänger in der Zielkultur herstellt. So wie die Person, die in der Dokumentationsabteilung einer pharmazeutischen Firma einen medizinischen Beipackzettel verfasst, ja auch nicht selbst Sender dieses Textes ist, sondern ihn im Auftrag des Senders (der Pharma-Firma) herstellt, damit dieser ihn „senden" kann. Textproduzent und Textsender sind also manchmal – nicht immer – verschiedene Personen.

Wir halten fest:

♦ Übersetzer/innen sind Textexperten, die im Auftrag von anderen Texte produzieren – keine eigenmächtigen Textsender.

♦ Auftraggeber/innen sind keine Übersetzungsexperten; sie wissen daher oft nicht, welche Informationen wir für die Erfüllung des Übersetzungsauftrags benötigen – dann müssen wir fragen!

♦ Der Übersetzungsauftrag gibt Anhaltspunkte dafür, für wen und für welchen Zweck der Zieltext gedacht ist. Ungenaue Übersetzungsaufträge erschweren die Übersetzungsarbeit.

♦ Ausgangstexte sind für Adressaten geschrieben, die einer anderen Kultur angehören als die Adressaten des Zieltexts.

♦ Ein Zieltext muss nicht immer automatisch dieselbe Funktion erfüllen wie der dazugehörige Ausgangstext; ein Zieltext kann zum Beispiel darüber informieren, wie jemand mit dem Ausgangstext ausgangskulturelle Adressaten zu etwas überreden wollte.

♦ Zu einem Text gehören nicht nur sprachliche Zeichen, sondern häufig auch „nonverbale", also nicht-sprachliche, Zeichen (Illustrationen, Lay-out, Tabellen, Schemata, Firmenlogos, Embleme etc.). Es gehört zur Aufgabe der Übersetzerin, auch die Funktionalität solcher nonverbaler Textelemente zu prüfen (sie muss eine nicht funktionierende Zeichnung nicht selbst verbessern, aber die Auftraggeber darauf hinweisen, dass und warum die Zeichnung nicht funktioniert).

♦ Wir übersetzen nicht Wörter oder Sätze von einer *Sprache* in die andere, sondern Texte von einer *Kultur* in die andere.

2 Zum Begriff der Funktion

Wenn wir sagen, ein Text soll einen bestimmten kommunikativen *Zweck* erfüllen, dann können wir diesen Zweck auch *Funktion* nennen. Genauso wie wir von einem bestimmten Gerät erwarten, dass es Wäsche wäscht, und von einem anderen, dass es Geschirr spült, erwarten wir von einem Text, dass er uns neue Informationen vermittelt, von einem anderen, dass er uns aufheitert, wenn wir traurig sind, oder von einem dritten, dass er uns Einsichten über uns selbst ermöglicht. Wenn das Gerät nicht tut, was wir erwarten, sagen wir: Es funktioniert nicht. Wenn ein Text nicht leistet, was wir erwarten, sagen wir: Es ist ein schlechter Text.

Warum erwarten wir von einer Waschmaschine nicht, dass sie unser Geschirr spült? Weil wir „wissen", wie eine Waschmaschine aussieht (obwohl es verschiedene Typen und Modelle gibt, erkennen wir eine Waschmaschine an bestimmten Merkmalen), oder weil wir sie eben als Waschmaschine gekauft haben (wir vertrauen dem Hersteller oder dem Lieferanten, dass sie uns nicht betrogen haben). Außerdem steht vielleicht eine Waschmaschine *typischerweise* im Badezimmer und eine Geschirrspülmaschine *typischerweise* in der Küche. Das sind natürlich nur Annahmen, niemand kann garantieren, dass es immer so ist, manche Waschmaschinen stehen auch im Keller.

Genauso ist es mit Texten. Texte werden von Textproduzenten (eventuell im Auftrag einer anderen Person) für eine bestimmte Funktion produziert. Dadurch bekommen sie bestimmte Merkmale, die dem „Benutzer" (also einem Textempfänger) einen Hinweis auf die intendierte Funktion geben (z.B. die Überschrift „Bedienungsanleitung" und den ersten Satz: „Liebe Kundin! Wir beglückwünschen Sie zum Kauf Ihrer neuen XY-Waschmaschine!"). Außerdem kommen sie vielleicht in Situationen (beispielsweise in der Verpackung der eben gelieferten neuen Waschmaschine) vor, in denen man *typischerweise* einen Text für eine bestimmte Funktion benötigt (also etwa Informationen über die Bedienung einer Waschmaschine und nicht das Wort zum Sonntag). Das kann aber auch schief gehen: Irgend jemand hat vielleicht die Kartons mit den Bedienungsanleitungen für die Waschmaschinen und die Geschirrspülautomaten verwechselt – und dann „funktioniert" der Text, den die Kundin in der Verpackung findet, nicht!

Texte werden also für bestimmte Funktionen konzipiert, ob sie aber wirklich funktionieren, hängt von einer Reihe von Faktoren ab, die „auf der Empfängerseite" angesiedelt sind: Der Empfänger kann vielleicht mit der Bedienungsanleitung nichts anfangen, weil er sie nicht versteht – und dann kann der Text aus der Sicht des Verfassers noch so „gut" sein, er wird seinen Zweck nicht erfüllen.

Für manche Textsorten haben Sie vielleicht in der Schulzeit gelernt, wie man sie „gut" schreibt: Besinnungsaufsätze („Sinn und Zweck der täglichen Sportstunde"), Gegenstandsbeschreibungen („Mein neues Fahrrad"), Erlebnisschilderungen („Mein erster Ferientag") oder Gedichtinterpretationen („Was sagt uns Schillers Gedicht *Die Glocke* heute?"). Leider keine Textsorten, die in der beruflichen Praxis von Übersetzern allzu häufig vorkommen. Dort übersetzt man Verträge, Geschäftsberichte, Bedienungsanleitungen (die enthalten wenigstens in der Regel eine Beschreibung des Geräts, also eine „Gegenstandsbeschreibung!"), medizinische Packungsbeilagen, Patentschriften, Stücklisten, Touristeninformationsbroschüren (die sind wenigstens manchmal so poetisch, dass man sie literaturwissenschaftlich interpretieren könnte!), fachwissenschaftliche Aufsätze und Monografien, Lehrbücher etc. Und wenn man nun nicht weiß, wie solche Textsorten in der Zielkultur aussehen müssen, damit sie als solche erkennbar sind? Dann kann man nur darauf vertrauen, dass die Texte, die wir übersetzen sollen, nur ganz, ganz selten so „neuartig" sind, dass es noch keine Vorbilder in der Zielkultur dafür gibt. Und so suchen wir „Paralleltexte", das heißt: existierende Texte der betreffenden Textsorte, die in der Zielkultur benutzt und akzeptiert werden und von denen wir daher annehmen dürfen, dass sie ihre „Funktion" erfüllen. Mit Paralleltexten wird auch in dieser Einführung gearbeitet.

Textsorten sind Klassen von Texten, die immer wieder in ähnlichen Situationen für die gleichen Funktionen gebraucht und der Einfachheit halber immer ähnlich abgefasst werden, damit man ihnen ihre Zweckbestimmung auch gleich ansieht (zum Begriff der Textsorte ausführlich: Reiss/Vermeer 1984). Warum denken Sie bei dem Titel „Die Maus hat grüne Strümpfe an" sofort an ein Kinderbuch? Weil Mäuse mit grünen Strümpfen in der Wirklichkeit nicht vorkommen?

(Aber dann könnte es ja auch ein Roman sein, Romane handeln auch nicht von „Wirklichkeit".) Möglicherweise, weil mehr als 20 % aller deutschsprachigen Kinderbuchtitel in Form von vollständigen Sätzen, davon wiederum fast 70 % in Aussagesätzen, formuliert sind (aber nur 3,5 % aller Romantitel). Bei den spanischen Kinderbuchtiteln sind übrigens nur 7,5 % in Satzform – man würde eine strukturanaloge Übersetzung eines deutschen Kinderbuchtitels also vielleicht in Spanien gar nicht als Kinderbuchtitel erkennen (wenn Sie sich für die Übersetzung von Buchtiteln interessieren: vgl. dazu Nord 1993)!

Welche Funktionen kann man nun von Texten erwarten? Sicherlich sehr viele verschiedene. Und es gibt auch eine ganze Reihe von Textfunktionsmodellen. Je nachdem, ob man literaturwissenschaftliche, linguistische oder theologische Interessen verfolgt, sind vielleicht unterschiedliche Textfunktionsmodelle hilfreich. Auch in der Translationswissenschaft gibt es da verschiedene Vorstellungen. Es ist auch weltfremd zu meinen, dass jeder Text nur einer Funktion zuzuordnen ist – in der Regel will man mit einem Text verschiedene kommunikative Zwecke gleichzeitig erreichen. Oft lässt sich aber durchaus sagen, dass ein Text *überwiegend* oder *vorrangig* diese oder jene Funktion erfüllen soll.

Damit wir bei der Funktionsbestimmung von den gleichen Dingen reden, schlage ich ein einfaches Modell mit 4 Grundfunktionen vor, das sich in der Praxis des Übersetzungsunterrichts recht gut bewährt hat (zur theoretischen Grundlage vgl. Nord 1991a). Zu jeder der Grundfunktionen lassen sich verschiedenen Unterfunktionen denken. Schema 1 gibt eine kurze Übersicht über die vier Grundfunktionen und einige ihrer Unterfunktionen, die im Zusammenhang dieser Einführung wichtig sind.

Grundfunktion	Unterfunktionen – zum Beispiel:	Textsorten, in denen diese Funktion über-wiegt, zum Beispiel:
Darstellung von Gegenständen und Sachverhalten der „Welt"	Informative Funktion	Nachrichtentext
	Instruktive Funktion	Kochrezept, Bedie-nungsanleitung
	Didaktische Funktion	Lehrbuch
	Metasprachliche Funk-tion	Grammatik, Stilkunde
	Attestierende Funktion	Schulzeugnis, Protokoll
Ausdruck von Befind-lichkeiten, Gefühlen, Einstellungen, Bewer-tungen des Senders in Bezug auf die „Welt"	Emotive Funktion	Fluch, Jubelruf
	Evaluative Funktion	Kommentar, Arbeits-zeugnis
	Narrative Funktion	Erlebnisschilderung
Appell an den Empfän-ger, in einer bestimmten Weise zu reagieren oder zu handeln	Persuasive Funktion	Werbetext
	Direktive Funktion	Gesetz, Verordnung
	Illustrative Funktion	Beispiel, Parabel
	Petitive Funktion	Einladung, Gesuch
	Pädagogische Funktion	Gebot, Verbot
Aufnahme, Aufrecht-erhaltung und Beendi-gung des Kontakts zum Empfänger	Kontakteröffnende Funk-tion	Begrüßung
	Kontakterhaltende Funk-tion	Zwischentitel
	Kontaktbeendende Funktion	Verabschiedung
	Smalltalk-Funktion	Gespräch übers Wetter
	Aufhängerfunktion	Sprichwort oder Rede-wendung am Textanfang

Schema 1: Funktionen und Unterfunktionen von Texten

Die Funktion, für die ein Text gedacht ist, erkennt man an sprachlichen Merkmalen, z.B. dem Infinitiv in einem deutschen instruktiven Text wie „Von der Milch 6 Esslöffel *abnehmen*" bzw. der unpersönlichen Konstruktion im Spanischen: „De medio litro de leche fría *se separa una taza...*", (siehe Lektion 4) und an situativen Merkmalen (z.B. an der Tatsache, dass die Puddinganleitung auf dem Innenbeutel mit dem Puddingpulver abgedruckt ist).

3 Ausgangstextfunktion vs. Zieltextfunktion

Bei vielen Übersetzungsaufträgen wird (implizit oder explizit) verlangt, dass der Zieltext für seine Empfänger dieselbe Funktion haben soll wie der Ausgangstext für die Ausgangstextempfänger. Wenn also der AT ein Text mit primär instruktiver Funktion ist (Puddingrezept), wird erwartet, dass der ZT ebenfalls ein Text mit primär instruktiver Funktion ist (Puddingrezept). Das kann aber nur „funktionieren", wenn der ZK-Empfänger den ZT mit der gleichen Natürlichkeit rezipieren kann wie das in der Ausgangskultur (sofern der Text nicht defekt war) möglich war. In diesem Fall interessiert den ZK-Empfänger meist nicht sonderlich, ob er eine Übersetzung liest oder einen Originaltext – vielfach wird er es überhaupt nur merken, wenn „irgendetwas nicht stimmt", wenn also der ZT nicht seinen Erwartungen an einen solchen Text in einer solchen Situation entspricht. Die Tageszeitungen sind voll von Glossen, in denen unverständliche Bedienungsanleitungen angeprangert werden (wobei es sich durchaus nicht nur um übersetzte Bedienungsanleitungen handelt!).

In vielen Fällen sieht das aber anders aus: Der Leser einer literarischen Übersetzung erwartet vielleicht gar nicht, dass der Text sich liest „wie ein zielsprachliches Original", sonst könnte er ja auch ein zielsprachliches Original lesen. Der deutsche Empfänger der Übersetzung eines spanischen Gesetzestextes will sich möglicherweise nicht von dem spanischen Gesetz sein Handeln vorschreiben lassen, sondern nur das spanische Rechtssystem studieren. Und ein spanisches Bachillerato-Zeugnis, das beim Immatrikulationsamt einer deutschen Hochschule „zum Nachweis der Hochschulzugangsberechtigung" (wie es schön im Amtsdeutsch heißt) vorgelegt werden muss, wird ja durch die Übersetzung nicht zu einem deutschen Abiturzeugnis. Es gibt also Übersetzungsaufträge, bei denen vom ZT *nicht* die gleiche Funktion erwartet wird wie vom AT.

Bei manchen Ausgangstextsorten wird der eine Typ Übersetzung häufiger verlangt als der andere (Bedienungsanleitungen werden meist nach dem ersten Typ übersetzt), aber *automatisch* ergibt sich die Funktion der Übersetzung nicht aus dem Ausgangstext. Daher müssen wir den Übersetzungsauftrag interpretieren, um zu wissen, wie der betreffende Text zu übersetzen ist.

Das Schema 2 zeigt im Überblick, welche Typen und Arten von Übersetzung in der Praxis vorkommen können, und nennt jeweils ein Beispiel, bei dem diese Übersetzungsform die „normale", das heißt: die am häufigsten verlangte, ist. Das heißt: *Wenn vom Auftraggeber nicht anders verlangt*, würde man die betreffende Textart nach dem angegebenen Übersetzungstyp übersetzen.

Wir unterscheiden also dokumentarische Übersetzungen (in den obigen Beispielen: das Bachillerato-Zeugnis, der Gesetzestext für den Rechtsvergleich) und instrumentelle Übersetzungen (die Bedienungsanleitung). Dokumentarische Übersetzungen sind als Übersetzungen erkennbar (z.B. dadurch, dass „Übersetzung" darüber steht, möglichst nicht dadurch, dass die Zielsprache nicht korrekt verwendet wurde, ausgenommen bei der Wort-für-Wort-Übersetzung). In den Lektionen des praktischen Teils dieser Einführung kommen vor allem instrumentelle, funktionskonstante Übersetzungen in Frage. Unter dem Schema findet sich jeweils ein Beispiel aus der Praxis des professionellen Übersetzens bzw. ein Verweis auf die Lektion, in der dieser Übersetzungstyp verlangt wird. Im Glossar sind die Übersetzungsformen kurz definiert.

INTERKULTURELLER TEXTTRANSFER							
Trans- ferfunk- tion	Dokumentierung einer ausgangskul- turellen Kommunikationshandlung für zielkulturelle Adressaten				Herstellung eines zielkultu- rellen Kommunikationsin- struments auf der Basis des Ausgangstexts		
Trans- fertyp	Dokumentarische Übersetzung				Instrumentelle Übersetzung		
Trans- ferform	Wort- für- Wort- Über- setzung	Wörtli- che Über- setzung	Philolo- gische Über- setzung	Exoti- sieren- de Ü- berset- zung	Funkti- onskon- stante Über- setzung	Funkti- onsvari- ierende Über- setzung	Korres- pondie- rende Über- setzung
Text- sorten	Interli- near- glosse in der Linguis- tik	„wörtli- che" Zitate, Fremd- spra- chen- unter- richt	Lateini- sche und griechi- sche Klassi- ker	Moder- ne Lite- ratur (Roma- ne, Er- zählun- gen)	Fach- texte, Bedie- nungs- anlei- tungen	Vorlage für eige- ne Text- produk- tion	Gedich- te, von Dichter über- setzt

Schema 2: Übersetzungstypen und Übersetzungsformen (ausführli-
cher in Nord 1989b und – auf Englisch – in Nord 1997a)

Beispiele:
(1) Wort-für-Wort-Übersetzung oder Interlinearversion:
No   me   dice   la   verdad.
Nicht mir   er-sie-es sagt   die   Wahrheit.
(2) Wörtliche Übersetzung oder Grammar Translation:
Donar-li ets dels terronets e de les neules qui n'avia...
Darle terroncillos y barquillos quien los tenía...
[So sollte,] ihm Klümpchen und Waffeln geben, wer welche hatte...
(3) Philologische Übersetzung, z.B. Übersetzungen von Homers *Ilias*
oder der *Odyssee*, Schulausgaben von Shakespeares Werken
(4) Exotisierende Übersetzung, z.B. Lektion 6-Übersetzungsauftrag
(a)
(5) Funktionskonstante Übersetzung, z.B. Lektion 1-Formular, 2, 3,
Lektion 6-Übersetzungsauftrag (b),
(6) Funktionsvariierende Übersetzung (z.B. Lektion 1-Kurse, Lektion
5, *Don Quijote* für Kinder)
(7) Korrespondierende Übersetzung (z.B. Baudelaire-Gedichte, übersetzt von dem Dichter Stefan George)

4 Der Übersetzungsprozess

Betrachten wir nun den Übersetzungsprozess etwas näher. Das folgende Schema 3 (aus: Nord 1997b) zeigt, wie komplex dieser Prozess ist. Er verläuft auch nicht geradlinig von einem Punkt A (= AT) zu einem Punkt Z (= ZT), sondern gewissermaßen im Kreis. Daher nenne ich das Schema „Zirkelschema". Die Pfeile zeigen, dass innerhalb der großen Kreisbewegung oft kleinere Schleifen notwendig sind – und manchmal muss man auch, wenn man in eine Sackgasse geraten ist, ganz von vorne anfangen. Solche Modelle vereinfachen immer, aber sie dienen dazu, bestimmte wesentliche Merkmale des Prozesses dem Betrachter vor Augen zu führen.

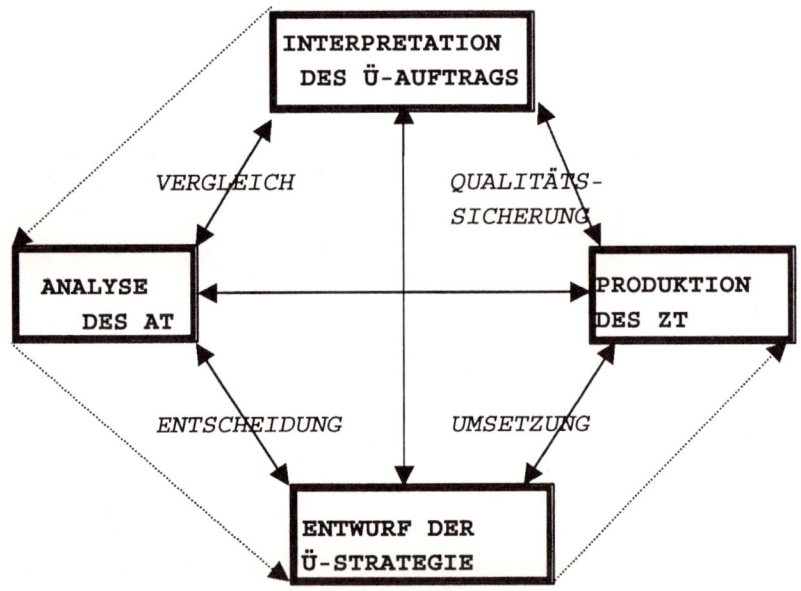

Schema 3: Zirkelschema des Übersetzungsvorgangs

✓ Der Prozess beginnt mit der Interpretation des Übersetzungsauftrags. Was soll getan werden? Habe ich überhaupt Zeit dazu? Ist meine Kompetenz so weit entwickelt, dass die Erledigung des

Auftrags ökonomisch ist, was das Verhältnis zwischen Aufwand und Ergebnis betrifft? Die Interpretation des Übersetzungsauftrags führt zu einer Art „Zieltextprofil", also einer Vorstellung davon, wie der zukünftige ZT aussehen muss, um den Anforderungen des Auftraggebers zu entsprechen.

✓ Nun wird der Ausgangstext im Hinblick auf seine funktionalen und sprachlichen Merkmale analysiert und das Ergebnis mit dem Zieltextprofil verglichen. Kann der Auftrag mit diesem AT überhaupt erfüllt werden? Vielleicht macht sich der Auftraggeber Illusionen über die Brauchbarkeit des Ausgangstexts? Dann sollte man es ihm sagen! Aber nehmen wir mal an, der Vergleich ergibt, dass Zieltextprofil und Ausgangstext kompatibel sind. Dann kann es also losgehen mit dem Übersetzen – oder?

✓ Zunächst sollten wir uns aber noch überlegen, welcher Übersetzungstyp hier gefordert ist und mit welcher Strategie das Übersetzungsziel am besten zu erreichen ist. Wir müssen uns von vornherein für einen Typ und eine Strategie entscheiden, damit wir bei der konkreten Übersetzungsarbeit nicht immer wieder aufs Neue grundsätzlich überlegen müssen.

✓ Dann kann es losgehen. Die gewählte Strategie muss in die Praxis umgesetzt werden und die Produktion des Zieltexts bestimmen. Dabei sind Rückbindungen an den Ausgangstext, an den Übersetzungsauftrag und an die Strategieentscheidungen immer wieder erforderlich. Aber am Schluss sollte ein fertiger Zieltext entstanden sein. Was machen wir nun?

✓ Nun kommt die „Qualitätssicherung" – ein Modewort in unserer qualitätssüchtigen Gesellschaft. Wenn wir das fertige Produkt mit den Anforderungen des Auftrags vergleichen, können wir feststellen, ob es „funktionsgerecht" ist oder nicht. Wenn nicht: Zurück auf Start und alles noch einmal von vorn (vielleicht in einem etwas schnelleren Durchlauf, bei dem nur die Stellen überarbeitet werden, die noch nicht optimal sind).

5 Die Übersetzungsprobleme

Das ging jetzt vielleicht etwas zu schnell. Die schwierigste Stelle in dem Prozess war nämlich dort, wo „theoretische" Entscheidungen „praktisch" umgesetzt werden müssen. Hier hilft uns vielleicht eine Übersicht über die Übersetzungsprobleme, die dabei gelöst werden müssen. Mit Übersetzungs*problemen* meine ich nicht die Fälle, in denen eine einzelne Übersetzerin, ein einzelner Übersetzer nicht weiterkommt, weil bestimmte Wissensdefizite da sind (Klartext: man weiß „ein Wort" nicht, man versteht den AT nicht!), während eine andere, kompetentere Person hier nicht stolpern würde. In diesen Fällen spreche ich von (subjektiven) Übersetzungs*schwierigkeiten*. Die Übersetzungsschwierigkeiten sollten im Lauf der Arbeit mit diesem Buch weniger werden, wenn sie vielleicht auch nicht ganz verschwinden – ein Übersetzungsproblem bleibt dagegen auch dann immer noch ein Übersetzungsproblem, wenn es für eine Person mit Übersetzungskompetenz leicht zu lösen ist oder wenn die „Lösung" in der Feststellung besteht, dass die betreffende Stelle ohne Veränderung in die andere Sprache übertragen (d.h.: „transkodiert") werden kann.

Damit wir ein Übersetzungsproblem, mit dem wir schon einmal zu tun hatten, wieder erkennen, geben wir ihm einen Namen, und damit wir über den zahlreichen Namen für die zahlreichen Probleme nicht den Mut verlieren, teilen wir die Übersetzungsprobleme in vier Gruppen ein, von denen hier in dieser Einführung sogar nur drei wirklich für das Übersetzenlernen wichtig sind. Die vierte Gruppe kommt dann später dran. Wir unterscheiden zwischen pragmatischen Übersetzungsproblemen (PÜP), konventionsbedingten Übersetzungsproblemen (KÜP), sprachenpaarspezifischen Übersetzungsproblemen (SÜP) und den textspezifischen Übersetzungsproblemen (TÜP) für die Fortgeschrittenen.

Bei den Übersetzungsproblemen ist es wie bei anderen Problemen auch: Gefahr erkannt – Gefahr gebannt! Das heißt. Wenn wir die Probleme schon erkennen, bevor wir mit dem Übersetzen anfangen, ist die Gefahr geringer, dass wir sie übersehen und dann einen Fehler machen, ohne dass uns dies überhaupt bewusst wird. Deshalb vergleichen wir ja am Anfang des Übersetzungsprozesses das Zieltextprofil mit dem Ausgangstext.

Dabei fangen wir am besten damit an, dass wir die beiden Situationen vergleichen, in denen die beiden Texte verwendet werden. Alles, was die Kommunikationssituation betrifft, fassen wir unter dem Begriff „Pragmatik" zusammen. Daher nennen wir die Probleme, die aus dem Unterschied zwischen AT- und ZT-Situation entstehen, „pragmatische Übersetzungsprobleme" (abgekürzt: PÜP). Die AT-Situation kennen wir oder können sie (z.B. aus der Quellenangabe) erschließen. Die ZT-Situation gibt es ja noch nicht, aber mit Hilfe des Übersetzungsauftrags können wir sie uns schon ein bisschen vorstellen. Die Faktoren der Situation analysieren wir am besten mit einem Abfrageschema, wie es in der übersetzungsrelevanten Textanalyse verwendet wird (vgl. Nord 1991a). Das sieht schematisch etwa so aus wie im Schema 4 (die Eintragungen sind beispielhaft gemeint).

Der zweite Bereich, in dem Übersetzungsprobleme auftauchen können, ist der Bereich der Konventionen. Jede Art von Verhalten ist in einer Gruppe durch Konventionen geprägt. Konventionen erleichtern das Miteinander, weil Verhalten berechenbar und erwartbar wird, wenn es nach konventionellen Mustern verläuft. Konventionen sind willkürlich in dem Sinne, dass auch immer eine andere Art des Verhaltens zur Konvention hätte werden können, es aber aus bestimmten historischen Konstellationen heraus nicht geworden ist. Konventionen sind daher auch kulturell bedingt oder kulturspezifisch. In früheren Publikationen (z.B. Nord 1987c und auch in der Vorgängerversion dieses Lehrbuchs) habe ich diese Probleme *kulturpaarspezifische Probleme* genannt. Weil dies aber häufig zu Missverständnissen geführt hat (auch die Empfängerpragmatik hat ja etwas mit der Kulturspezifik zu tun!), werden wir die Übersetzungsprobleme, die aus dem Unterscheid zwischen ausgangs- und zielkulturellen Konventio-

nen entstehen, hier „konventionsbedingte Übersetzungsprobleme"
nennen. Das Kürzel bleibt, wie es war: KÜP.

Faktor	AT-Analyse	PÜP	ZT-Profil
Sender	Ministerio de Agricultura, Pesca y Alimentación	→ → → → → → →	Das spanische Landwirtschaftsministerium
Intention	Appell an spanische Verbraucher, nur spanische Produkte zu kaufen	In einer dokumentarischen Übersetzung kein ÜP: AT-Appell muss ja nicht bei ZK-Empfänger ankommen!	Information über den AT-Appell
Empfänger	spanische Hausfrau	6 Essl. Zucker → 4 Essl. Zucker?	deutsche Hausfrau
Medium	3 Seiten spanisches Papierformat	es passen weniger Zeilen auf die Seite, wo lässt sich kürzen, ohne die Funktion zu stören?	Nicht mehr als 3 Seiten DIN A 4
Ort	Spanien	sardina (= fresca) ≠ Sardine (= in Öl)	Deutschland
Zeit	Sommer	ahora → im Sommer	Winter
Funktion(en)	Appell an AK-Empfänger (legt Wert auf gehaltvolle Ernährung)	este flan le aporta grasas, hidratos de carbono → ???	Appell an ZK-Empfänger (schlankheitsbewusst!)

Schema 4: Pragmatische Übersetzungsprobleme

Beim Vergleich zweier Kulturen folgt nicht *jedes* Verhalten unterschiedlichen Mustern in AK und ZK. Der Übersetzer muss daher wissen, wo die Konventionsunterschiede liegen, und je nach Überset-
zungsfunktion (instrumentell/dokumentarisch) für manche Verhaltens-
weisen die AK-Konventionen übernehmen und andere Verhaltenswei-
sen an die ZK-Konventionen anpassen. Das folgende Schema zeigt,
wie auch im Bereich der Konventionen Übersetzungsprobleme auftre-

ten können. Für die Beispiele im Schema 5 gehen wir von einer instrumentellen Übersetzung aus, bei der die ZK-Konventionen befolgt werden sollen.

Konven-tionsart	AT-Analyse	KÜP	ZT-Profil
Textsor-tenkonven-tionen	Adultos: una o dos pulverizaciones de EGARONE...	→ → → →	Wenn vom Arzt nicht anders verordnet, neh-men Erwachsene...
Stilkonven-tionen	El periódico dice...	→ → → →	In der Zeitung heißt es...
	Esa tarea que nos repugna	→ → →→	diese widerwärtige Ar-beit
Formale Konventio-nen	— zur Einleitung der wörtlichen Rede	→ → → →	„typografische" Anfüh-rungszeichen (unten)
Maßkon-ventionen	un piso de tres dormitorios	→ → → →	eine Vierzimmerwoh-nung / Vier-Raum-Wohnung / 4 ZKB
Zahlenan-gaben	un siglo	→ → → →	hundert Jahre
Überset-zungskon-ventionen	la reina Isabel	→ → → →	Königin Isabella
	la reina Sofía	→ → → →	Königin Sofía
	la reina Isabel II de Gran Bretaña	→ → → →	Königin Elisabeth II. von Großbritannien

Schema 5: Konventionsbedingte Übersetzungsprobleme

Schließlich gibt es auch Übersetzungsprobleme, die sich daraus ergeben, dass die Ausgangs- und die Zielsprache unterschiedliche Strukturen aufweisen, die nicht aufeinander abbildbar sind. Wir nennen sie
„sprachenpaarspezifische Übersetzungsprobleme", weil sie jeweils für
ein Sprachenpaar gelten (auch wenn sie gelegentlich in anderen
Sprachenpaaren ebenfalls vorkommen). Diese machen dem Übersetzer dann besonders viel Kummer, wenn er „an den Strukturen des

Ausgangstexts entlang" übersetzt. Wir betrachten auch diese Übersetzungsprobleme schematisch:

Bereiche des Sprachsystems	AT-Analyse	SÜP	ZT-Profil
Lexik (Wortschatz)	parque infantil	Relationsadjektiv	Kinderspielplatz
	comenzó a ser observado	Verbalperiphrase	wurde zuerst beobachtet
	versión simple / versión dúplex	Antonymierelation	Ø / Maisonettewohnung
	piscina	1:2-Entsprechung	a) Swimmingpool b) Planschbecken
Syntax (Grammatik und Satzbau)	este flan además de ser muy rico y apetitoso, es también...	Infinitivkonstruktion	dieser Pudding ist nicht nur lecker, sondern auch...
	seguro que también te entenderá	Gebrauch der Tempora	dann versteht sie dich sicher auch...
	arando la tierra	Gerundialkonstruktion	beim Pflügen
Suprasegmentale Merkmale (Intonation, Fokus etc.)	la misma amenaza de muerte	Wortfokus	sogar bis zur Morddrohung
	en realidad no son más que autoexcusas	Abtönung (Partikeln)	das sind doch nur Vorwände
	muy muy cierto	Verstärkung	Wie Recht du hast!

Schema 6: Sprachenpaarbezogene Übersetzungsprobleme

Sprachenpaarbezogene Übersetzungsprobleme erledigen sich oft von selbst, wenn die pragmatischen und die konventionsbedingten Übersetzungsprobleme zuerst abgefragt werden. Denn vielleicht ist ein spanisches Gerundium, für das es keine entsprechende Struktur im Deutschen gibt, gar kein Problem mehr, wenn aus pragmatischen

Gründen (z.B. wegen der Platzbeschränkung für den ZT) der betreffende Satz ohnehin wegfällt oder wenn aus Konventionsgründen hier
ohnehin ein nominaler Textbaustein zu verwenden ist. Es ist daher zu
empfehlen, die Übersetzungsprobleme in der hier aufgeführten Reihenfolge „von oben nach unten" (TOP DOWN) abzuarbeiten, um sich
unnötige Wiederholungsschleifen zu ersparen.

Zu den ausgangstextbezogenen Übersetzungsproblemen
(TÜP) schließlich gehören Wortspiele, Pointen, Wortschöpfungen und
ähnliche Formen individueller Sprachverwendung. Wenn diese Übersetzungsprobleme in einem bestimmten AT vorkommen, werden sie
dort kontextabhängig gelöst. Da der Lösungsweg aber nicht auf andere ähnliche Fälle übertragbar ist, ist hier vor allem die Kreativität des
Übersetzers gefordert. Sie sind daher zwar die reizvollsten Übersetzungsprobleme im Routinealltag einer Übersetzerin, eignen sich jedoch nicht für das systematische „Übersetzenlernen". Daher werden
sie hier weitgehend ausgeklammert. In manchen Lektionen findet sich
dennoch der eine oder andere Hinweis auf ein solches Problem, damit
es nicht zu langweilig wird! Daran ist auch zu erkennen, dass in bestimmten Textsorten – etwa in Werbetexten – diese Art von Übersetzungsproblem häufiger anzutreffen ist als in stark konventionalisierten
Textsorten.

Teil 2: Praktische Anwendung

Vorbemerkung:
Didaktische Progression und selbst gesteuertes Lernen

Der praktische Teil enthält 15 Lektionen und zwei Testaufgaben. Die Lektionen sind immer nach dem gleichen Schema aufgebaut, das sich an dem oben erläuterten Modell des Übersetzungsprozesses orientiert:

❖ Den Anfang bildet eine möglichst *originalgetreue Wiedergabe* des zu übersetzenden Ausgangstexts, die ja für einen ausgangskulturellen Empfänger bereits wichtige Signale über Situation und Funktion enthält und damit indirekt auch für das Übersetzen relevante Informationen über den Text liefert.

❖ Um unnötige Wiederholungen zu vermeiden, folgt dann der Übersetzungsauftrag, der eigentlich am Anfang des Prozesses steht, zusammen mit der *Auftrags- und Textanalyse.* Die Übersetzungsaufträge sind möglichst praxisorientiert. Ihre Interpretation führt zur Feststellung des gewünschten Übersetzungstyps und der zu wählenden Übersetzungsform. Im nächsten Schritt erfolgt die Funktionsanalyse des Ausgangstexts, welche die Grundlage für die Festlegung der zur Erreichung des Übersetzungsziels geeignetsten Übersetzungsstrategie legt. Danach werden kurz die zu erwartenden Übersetzungsprobleme und die für das Lernniveau angenommenen Übersetzungsschwierigkeiten erläutert.

❖ Im folgenden Abschnitt finden sich gegebenenfalls die Hilfstexte. Das sind *Background-Texte,* also spanische oder deutsche Texte, die Hintergrundinformationen zum Thema liefern, *Paralleltexte*, also deutschsprachige Texte der gleichen Textsorte, die zur Erarbeitung der Textsortenkonventionen oder auch für die Terminologie verwendet werden und gelegentlich sogar als *Mustertexte* dienen können, und *„Vergleichstexte"*, also Texte ähnlicher Textsorten, aus denen im Kontrast mit dem AT ebenfalls Rückschlüsse auf textsortentypische Merkmale gezogen werden können.

❖ Dann folgt eine „didaktisierte" Fassung des Ausgangstexts. Das heißt, dass die Übersetzungsprobleme im Text durch hochgestellte Ziffern[1] kenntlich gemacht, in einer Liste benannt und einer Kategorie des jeweiligen Problemtyps zugeordnet werden. Ausgehend von dieser Liste kommt man über das Stichwortverzeichnis zum systematischen Teil, in dem die Übersetzungsprobleme im Zusammenhang behandelt und an Beispielen aus dem Textmaterial der Lektionen illustriert werden.

❖ Das vorgelegte Material stellt eine Maximalpräsentation dar, aus der je nach Ausbildungsstand und Unterrichtsphase die geeigneten Teile auszuwählen sind. Während zu Beginn des Übersetzenlernens die didaktisierte Form des Ausgangstexts als Vorlage dienen kann, muss später die Übersetzung anhand der Originalform angefertigt werden, wobei man die didaktisierte Fassung als Kontrollmittel einsetzen kann. Auch die Feststellung von Übersetzungsmethode, Übersetzungsstrategie und Übersetzungsproblemen muss gelernt und geübt werden. Daher sollten die ausführlichen Erläuterungen zur Übersetzungsaufgabe nur am Anfang als Anleitung verstanden werden. Später müssen sie von den Lernenden selbst erarbeitet werden. Ebenso empfiehlt es sich, am Anfang des Kurses das Recherchiermaterial zu stellen, damit auch Recherchiertechniken geübt werden können. Später sollten die Lernenden in der Lage sein, sich nach Anleitung oder selbstständig Recherchiermaterial zu beschaffen (auch im Internet!).

---

[1] Eine Ziffer hinter einem Wort oder dem letzten Teil einer lexikalischen Mehrworteinheit (z.B. *granadina*[1], *Costa del Sol*[2]) bezieht sich auf diese Einheit, eine Ziffer vor einem Wort z.B. [3]*que preside la Sierra Nevada*) bezieht sich auf die gesamte folgende syntaktische Einheit.

Lektion 1
Überarbeitung des Anmeldeformulars einer Sprachenschule

 **Colegio de Estudios Hispánicos**

HOJA DE INSCRIPCION
(Registration form, Bulletin d'Inscription, Einschreibungsformular)

2 FOTOS
2 PHOTOS

CURSOS INTERNACIONALES DE VERANO DE LENGUA Y CULTURA ESPAÑOLAS

Apellidos, Nombre ....
(Surname and Christian names, noms et prénoms, Vor- und Nachname)

Nacionalidad ....
(Nationality, Nationalité, Nationalität)

Fecha de nacimiento ....
(Date of Birth, Date naissance, Geburtsdatum)

Profesión ....
(Occupation, Profession, Beschäftigung)

Dirección ....
(Address, Adresse, Heimatanschrift)

Pasaporte n.° .... Teléfono ....
(Passport n°, Passeport n°, Passnummer) (Tel. n.°)

¿Cómo ha conocido al CEH? ....
(How did you hear of CEH? Comment avez-vous connu le CEH? Wie erfuhren Sie vom CEH?)

¿Ha asistido alguna vez a los Cursos CEH? ....
(Have you attended previous CEH courses? Avez-vous déjà suivi les Cours CEH? Haben Sie schon einmal an einem CEH Kurs teilgenommen?)

¿Qué idiomas habla? ....
(What languages do you speak? Quelles langues parlez-vous? Welche Sprachen sprechen Sie??)

IMPORTANTE

Enviar esta Hoja de Inscripción junto con dos fotografías y dos cupones de respuesta internacional
(2 photographs and 2 international reply coupons. 2 photos et 2 coupons de réponse internationale. 2 Fotos und 2 Antwortscheine)

Send this form to: **COLEGIO DE ESTUDIOS HISPANICOS**
Calle Bordadores, n.° 1, bajo
37003 SALAMANCA, España
Teléf. (923) 21 48 37
Telex: 26800 BOX 249
Director: A. HERNANDEZ

C U R S O S (1)

		Julio	Agosto	Septiembre
1.	Curso Intensivo de Lengua Española	☐	☐	☐
2.	Curso Intensivo de Lengua y Cultura Españolas	☐	☐	☐
3.	Curso Superintensivo de Lengua y Cultura Españolas	☐	☐	☐
4.	Curso Especial Intensivo de Lengua Española	☐	☐	☐
5.	Curso Especial de Lengua Española para Principiantes	☐	☐	☐
6.	Curso Intensivo de Inmersión Total	☐☐	☐☐	☐☐
7.	Curso de Lengua y Cultura Españolas	☐	☐	☐
8.	Curso Superior de Estudios Hispánicos	☐	☐	☐
9.	Certificado de Español Comercial	☐	☐	☐
10.	Diploma de Español Comercial	☐		☐
11.	Diploma opcional de Turismo y Relaciones Públicas	☐	☐	☐
12.	Cursos Especiales de Estudiantes de Bachillerato	☐	☐	
13.	Cursos Optativos 1, 2, 3, 4, 5, 6, 7	☐	☐	☐
	Curso Optativo 8, Canciones Españolas	☐	☐	☐
	Curso Optativo 9, Guitarra Española	☐	☐	☐
14.	Idiomas Modernos	☐	☐	☐

Conocimientos del Español:

	Nulo (None)	Elemental (Elementary)	Intermedio (Intermediate)	Avanzado (Advanced)
Hablado	☐ ☐	☐	☐	☐
Escrito	☐ ☐	☐	☐	☐

ALOJAMIENTO (1)

Familia: Individual ☐   doble ☐
Habitación con derecho a cocina: Individual ☐   Doble ☐
Residencia Universitaria: Individual ☐   Doble ☐
Piso/Apartamento ☐   Sin alojamiento ☐   Seguro Turístico ☐

(1) Ponga una cruz en el recuadro correspondiente. Put a cross in the appropriate box. Marquez d'une croix.

CEH – Auftrags- und Textanalyse

Übersetzungsauftrag

Das Formular, das einem Prospekt über die Sprachenschule beigelegt ist, soll überarbeitet und neu gedruckt werden. Die Vorderseite soll wie bisher mehrsprachig (Spanisch/Englisch/Französisch/Deutsch) sein; die bisher nur spanischsprachige Rückseite soll dagegen für deutsch-, englisch- und französischsprachige Interessenten in ihrer Sprache ausgeführt werden, hier: ins Deutsche, weil man festgestellt hat, dass die ausländischen SchülerInnen mit der Auswahl der Kurse nicht zurechtkommen.

Interpretation des Auftrags

Gefordert ist eine instrumentelle Übersetzung, für die Vorderseite funktionskonstant, für die Rückseite funktionsvariierend, da die Funktion des Prospekts, über die Besonderheiten der Kurse zu informieren, mit übernommen werden muss. Das heißt: Die deutschsprachigen Interessenten sollen in die Lage versetzt werden, das Anmeldeformular richtig auszufüllen und die für sie in Betracht kommenden Kurse auszuwählen.

Funktionsanalyse

Der Text ist rein informativ (→ Darstellungsfunktion): Die Leserin wird informiert, welche Daten an den betreffenden Stellen des Formulars einzutragen sind (Vorderseite) bzw. welche Kurse die Schule anbietet (Rückseite). Scheinbar wertende Elemente wie *super-* oder *especial* haben hier ebenfalls eine informative Funktion, weil sie die Besonderheiten des Kurses andeuten, die im Prospekt (auf Spanisch! – siehe Background-Text) ausführlich dargestellt sind.

Übersetzungsstrategie

Die Übersetzung des Formulars muss sich an den zielkulturellen Konventionen der Textsorte orientieren, damit die Leser sofort wissen, was sie eintragen müssen. Die Kursbezeichnungen müssen möglichst informativ sein und die Abstufungen im Hinblick auf Stundenzahl und Gruppengröße deutlich machen, da die Adressaten den spanischen Prospekt nicht verstehen. Der Zieltext auf der Rückseite des Formulars darf nicht wesentlich mehr Platz benötigen als der Ausgangstext.

Übersetzungsprobleme

a) Pragmatische Übersetzungsprobleme ergeben sich bei den Faktoren SENDER (Idiomas modernos – Deutsch für Deutsche?), MEDIUM (Platzbeschränkung, Mehrsprachigkeit) und EMPFÄNGER (z.B. Realia: *Bachillerato*; Eigenname: *Colegio de Estudios Hispánicos*).

b) Konventionsbedingte Übersetzungsprobleme ergeben sich aus den Textsortenkonventionen des Anmeldeformulars (z.B. tabellarische Form, Ellipsen, Textbausteine) und den Konventionen der Familiennamenbildung.

c) Sprachenpaarspezifische Übersetzungsprobleme ergeben sich im Bereich der Lexik (z.B. durch die durch Präfigierung, Komposition, Kürzung etc. gebildeten Neologismen) und – in geringem Maße – der Syntax (Tempora).

Schwierigkeitsgrad der Aufgabe

Der Schwierigkeitsgrad der Aufgabe ist gering. Das Formular ist auf der Vorderseite bereits mit deutschsprachigen Formulierungen ausgestattet, die lediglich zu überprüfen und gegebenenfalls zu korrigieren sind. Lexikalische Schwierigkeiten ergeben sich bei der Übersetzung der Kursbezeichnungen. Zu ihrer Lösung können zum einen die angeführten Background-Texte und zum anderen Paralleltexte (Originalprospekte und Anmeldeformulare von deutschen Sprachenschulen) herangezogen werden.

Background-Texte (Auszüge aus dem Prospekt)

1. Curso Intensivo de Lengua Española: 4 horas por día. Total = 80 horas. Grupos de 15 a 20 alumnos como máximo.

2. Curso Intensivo de Lengua y Cultura Españolas: 5 horas por día. Total = 100 horas. Grupos de 15 a 20 alumnos como máximo.

3. Curso Superintensivo de Lengua y Cultura Españolas: 6 horas por día. Total = 120 horas. Grupos de 17 alumnos como máximo.

4. Curso Especial Intensivo de Lengua Española: 5 horas por día. Total = 100 horas. Grupos de 10 alumnos como máximo.

5. Curso Especial de Lengua Española para Principiantes: 5 horas por día. Total = 100 horas. Grupos de 12 máximo.

6. Curso Intensivo de Inmersión Total (2 semanas): 6 horas por día. Total = 60 horas en dos semanas. Grupos de 10 máximo.

7. Curso de Lengua y Cultura Españolas: 3 horas por día. Total = 60 horas. Grupos de 17 máximo.

8. Curso Superior de Estudios Hispánicos: 20 horas semanales. Grupos de 17 máximo. Es imprescindible un conocimiento avanzado de la lengua española. Se realizará una prueba especial a la llegada al curso a los alumnos matriculados en este curso.

9./10. Certificado/Diploma Superior de Español Comercial: 6 horas por día. Total = 120 horas. Diploma superior: 2 meses.

11. Diploma Opcional de turismo y Relaciones Públicas: 4 horas por día, 2 meses.

12. Cursos Especiales para Estudiantes Extranjeros de Bachillerato. Liceos y Colegios Europeos. High Schools Americanos.

13. Cursos Optativos: 1 – Español Comercial; 2 – Conversación Complementaria; 3 – Tribuna Libre sobre la España Actual (Política, Instituciones, Sociedad, Economía); 4 – Civilización Española (Literatura, Historia, Arte, Geografía, Música y Folklore); 5 – Folklore (música, folklore, tradiciones y fiestas populares de España y en especial de Castilla); 6 – Literatura Hispanoamericana (principales autores, análisis de obras y textos); 7 – Gramática Comparativa (diferencias gramaticales entre la lengua española y la inglesa, su problemática en la enseñanza).

14. Todos los cursos optativos serán de una hora diaria. 8 – Canciones españolas (clases prácticas de canciones tradicionales y folklóricas de España): 8 clases; 9 – Guitarra Española (cursillos de guitarra en pequeños grupos, 12 clases).

15. Idiomas Modernos (cursos de lengua inglesa, francesa, alemana, italiana y catalana, en grupos de 10 máximo, impartidos por profesores nativos, 1 hora por día).

CEH – Didaktisierung

Colegio de Estudios Hispánicos[1,2]

HOJA DE INSCRIPCION
(Einschreibungsformular[3])

2 FOTOS
2 PHOTOS

CURSOS INTERNACIONALES DE VERANO DE LENGUA Y CULTURA ESPAÑOLAS
5   (wird nicht übersetzt)[4]

Apellidos, Nombre ....Vor- und Nachname[5]

Nacionalidad...........................Nationalität[6]

Fecha de nacimiento ....Geburtsdatum

Profesión...............................Beschäftigung[3]

10 Dirección ....Heimatanschrift[3]

Pasaporte n.°..........................Passnummer[5]

Teléfono ....Tel. n.°[7]

¿Cómo ha conocido al CEH?....Wie erfuhren Sie vom CEH?[8,9]

¿Ha asistido alguna vez a los   Haben Sie schon einmal an einem

15 Cursos CEH? ....CEH Kurs[10] teilgenommen?

¿Qué idiomas habla?...............Welche Sprachen sprechen Sie?[5]

IMPORTANTE........................?[4]

Enviar esta Hoja de Inscripción junto con dos fotografías y dos cupones
de respuesta internacional........... (2 Fotos und 2 Antwortscheine)[4]

 UNION POSTALE
UNIVERSELLE

COUPON-RÉPONSE   **CN 01**
INTERNATIONAL   (ancien C 22)

Ce coupon est échangeable dans tous les pays de l'Union postale universelle contre un ou plusieurs timbres-poste représentant l'affranchissement
minimal d'un envoi prioritaire ou d'une lettre ordinaire expédiée à l'étranger
par voie aérienne.

Dieser Schein wird in allen Ländern des Weltpostvereins gegen ein oder mehrere Wertzeichen im Gesamtwert der Mindestgebühr für eine Vorrangssen-
dung oder für einen gewöhnlichen, auf dem Luftweg beförderten Auslands-
brief umgetauscht.

20   **CURSOS (1)**[12]

                                              Julio, Agosto, Septiembre

  1. Curso Intensivo de Lengua Española.....................................

  2. Curso Intensivo de Lengua y Cultura Españolas ....

  3. Curso Superintensivo de Lengua Española[13] ....

25 4. Curso Especial Intensivo de Lengua Española......................

  5. Curso Especial de Lengua Española para Principiantes..........

  6. Curso Intensivo de Inmersión total[11].....................................

  7. Curso de Lengua y Cultura Españolas ....

  8. Curso Superior de Estudios Hispánicos[2] ....

30 9. Certificado de Español Comercial ....

  10.Diploma de Español Comercial ....

  11.Diploma opcional de Turismo y Relaciones Públicas[14] ....

  12.Cursos Especiales de Estudiantes de Bachillerato[2]................

  13.Cursos optativos 1, 2, 3, 4, 5, 6, 7[4].....................................

35 14.Curso optativo 8, Canciones Españolas.................................

  15.Curso optativo 9, Guitarra Española.......................................

  16.Idiomas Modernos[15]...

Conocimientos de Español:

	Nulo	Elemental	Intermedio	Avanzado[16]
40 Hablado	☐	☐	☐	☐
Escrito	☐	☐	☐	☐

                               ALOJAMIENTO (1)[12]

Familia: Individual[17] ☐   doble[17] ☐

Habitación con derecho a cocina: Individual   ☐   Doble ☐

45 Residencia Universitaria: Individual ☐   Doble ☐

Piso/Apartamento[18] ☐Sin alojamiento ☐   Seguro turístico ☐

(1) Ponga una cruz en el recuadro correspondiente.[19]

CEH – Übersetzungsprobleme

[1] Eigenname .... PÜP .... Empfängerbezug/Kulturreferenz

[2] Realienbezeichnung ..... PÜP .... Empfängerbezug/Kulturreferenz

[3] Synonymie .... SÜP .... Lexik/Wortfeld

[4] Informationsdefizit .... PÜP .... Medienbezug/Mehrsprachigkeit

[5] Textsorte .... KÜP .... Textsortenkonventionen/
    Anmeldeformular

[6] Polysemie .... SÜP .... Lexik/Wortfeld

[7] Abkürzung .... KÜP .... Formale Konventionen/Schreibung

[8] Aspekt .... SÜP .... Lexik/Verb

[9] Akronym .... SÜP .... Lexik/Wortbildung/Kürzung

[10] Rechtschreibung .... SÜP .... Lexik/Wortbildung/Komposition

[11] Terminologie .... SÜP .... Lexik/Wortfeld

[12] Fußnotenverweis .... KÜP .... Formale Konventionen/
    Kennzeichnung

[13] Präfigierung .... SÜP .... Lexik/Wortbildung/Neologismen

[14] Lehnübersetzung .... SÜP .... Lexik/Wortbildung/Neologismen

[15] Perspektive .... PÜP .... Senderbezug

[16] Tabelle .... KÜP .... Textsortenkonventionen/
    Textbaustein

[17] Ellipse .... KÜP .... Stilkonventionen/Syntax

[18] Faux amis .... SÜP .... Lexik/Wortfeld

[19] Formel .... KÜP .... Textsortenkonventionen/
    Anmeldeformular

Lektion 2
Überarbeitung der Informationsbroschüre
eines Pannenhilfsdienstes

Text SEAT Seite 2

Servicio de Asistencia en Carretera Seat. La mayor flota de Coches-Taller en las carreteras de España.

Carreteras nacionales, comarcales, interiores o costeras. No importa donde vaya, los coches-taller Seat estarán allí. Todos los días. Aunque sea domingo o festivo. Y le asistirán sin cobrarle la mano de obra. Tanto si su coche es Seat, como si no.
Disfrute de las vacaciones sin problemas. Los coches-taller Seat están en todas las carreteras de España.

First and Second class highways, small interior roads or near the coast, wherever you go, the SEAT workshop-vehicles will be there. Every day. Even on Sunday or holiday. They will assist you without charging you for work. Even if you car is not a SEAT. Enjoy your leave without problems! SEAT workshop-vehicles are present on every highway in Spain!

Routes nationales, départementales, communales ou côtières. Oú vous alliez, les voitures de dépannage SEAT y seront aussi. Tous les jours que ce soit dimanche ou jours fériés. Et elles vous dépanneront que votre voiture soit une SEAT ou non.
Profitez de vos vacances sans problèmes. Les voitures de dépannage SEAT roulent sur toutes les routes d'Espagne.

Es ist einerlei ob Sie nun Autobahn, Landstrasse, kleine Strassen im Landesinnern oder an der Kueste gebrauchen, die SEAT Werkstattwagen werden ueberall anwesend sein. Auch sonntags und feiertags. Sie werden Sie betreuen ohne dafuer Arbeitslohn zu berechnen. Sei es nun ein SEAT-Wagen oder ein anderer. Geniessen Sie Ihren Urlaub ohne Probleme!
SEAT Werkstattwagen gibt es auf allen Strassen in Spanien.

Strade nazionali, regionali, interne o costiere. Non importa dove Lei andrà, le macchine-officina SEAT saranno lí. Ogni giorno. Benché sia domenica o giorno festivo. E la assisteranno senza esigerle la mano d'opera. Tanto se la Sua macchina è SEAT, quanto se non lo è.
Si diletti delle Sue vacanze senza problema. Le macchine-officina SEAT sono in ogni strada di Spagna.

Text SEAT Seite 3

 # Donde vea esta señal, encontrará un Servicio de Asistencia de la Red Seat.

Si su coche es Seat, Audi o Volkswagen, podrá ser atendido en más de 1000 talleres de Asistencia de la Red Seat.

Incluso en domingos y festivos, la Red Seat cuenta con 200 talleres de guardia, que estarán abiertos para solucionarle cualquier problema.

If you car is a SEAT, an Audi or a Volkswagen, it can be looked after in any of the thousand service workshops pertaining to the SEAT-network.

200 workshops on duty, even on Sundays and holidays, will solve your problems.

Si votre voiture est une Seat, Audi ou Volkswagen, vous pourrez être assisté dans n'importe quel atelier de réparation du réseau SEAT.

Même les dimanches et jours fériés, le réseau Seat met à votre disposition 200 ateliers de garde qui resteront ouverts pour résoudre le moindre problème.

Ist Ihr Wagen ein SEAT, Audi oder Volkswagen so kann dieser in jeder beliebigen SEAT Dienststelle betreut werden, in was immer fuer einer der tausend Werkstaetten.

Sei es nun ein Sonntag oder Feiertag, 200 SEAT-Werkstaette sind im Dienst und bereit Ihre Probleme zu Loesen.

Se la Sua macchina è SEAT, Audi o Volkswagen, Lei potrà essere attenduto in ognuna delle mille officine d'assistenza della Rete SEAT.

Anche la domenica ei giorni festivi la Rete SEAT conta sulle 200 officine di guardia che resteranno aperte per risolvere qualsiasi problema.

Text SEAT Seite 4

 # Teléfono Rojo de la Red Seat 24 horas. Problema resuelto.

Además la Red Seat pone a su disposición un servicio telefónico permanente. EL TELEFONO ROJO DE LA RED SEAT.

Marque el (91) 754 33 44 y recibirá toda la información sobre los Puntos y los Talleres de Guardia más cercanos a donde usted se encuentre, o le ayudará localizando las grúas de Asistencia y Concesionarios para ir en su auxilio.

Besides the Chain Seat put at your disposal an allday telephonic service. THE RED LINE OF THE CHAIN SEAT.

Dial the (91) 754 33 44 and you will receive all the information about the nearest places and garages on guard, or you will be helped finding the assistance cranes and concessionaires to come to your aid.

En plus le Réseau Seat met à votre disposition une permanence télephonique. LE TELEPHONE ROUGE DU RESEAU SEAT.

Composez le (91) 754 33 44 et soit vous recevrez toute sorte d'informationn sur les centres et les ateliers de garde les plus proches, soit nous vous indiqueront les grues d'assistance et les concessionaires que vous déponnerez.

Ausserdem das Netz Seat setzt zu ihrem diensten einen tag-und-nacht telephonbetrieb. DER ROTER FERNSPRECHER DES NETZS SEAT.

Rufen sie der (91) 754 33 44 an und sie werden allerband von erkundigung ueber die naechte wachthabende plaetze und reparaturstelle, bekommen oder sie werden geholfen werden, da sie beihilfekraene und die konzessionaer finden werden un zu ihrer hilfe zu kommen.

Inoltre la Rete Seat mette alla vostra disposizione un servicio telefonico permanente. IL TELEFONO ROSSO DELLA RETE SEAT.

Telefoni al (91) 754 33 44 e ricevra tutta l'informazione sui loughi e ufficine di guardiai piu vicini da dove lei si trovi, o la aiutera i trovando la gru di assistenza e concessionari per venire nel vostro aiuto.

VACACIONES SEAT – Auftrags- und Textanalyse

Übersetzungsauftrag

Die Broschüre, die neben den Texten eine Liste aller SEAT-Vertrags-
werkstätten in sämtlichen spanischen Regionen mit ihren Telefonnummern enthält, wird in einer fünfsprachigen Ausgabe an der spanischen Grenze an alle Autofahrer verteilt. Über die bereits gedruckte
deutsche Fassung haben sich viele Autofahrer beklagt; die Firma VW
verlangt daher eine neue Übersetzung der Texte und des entsprechenden Teils des Titelblattes ins Deutsche. Die Überschriften zu den
Abschnitten sollen spanisch bleiben. Die Telefonnummern stimmen
noch.

Interpretation

Es handelt sich um eine instrumentelle, funktionskonstante Übersetzung. Das heißt: Deutschsprachige Autofahrer/innen sollen durch
den Text in die Lage versetzt werden, die SEAT-Pannenhilfe im Not-
fall in Anspruch nehmen zu können (informative Funktion). Gleichzeitig soll durch das Pannenhilfe-Angebot für SEAT-AUDI-VW geworben
werden (appellative Funktion).

Funktionsanalyse

Die appellative Funktion des Textes beruht zum einen auf den – zum
Teil redundant präsentierten – Informationen (wann, wo, für wen ist
der Pannenhilfsdienst da, wie kann man ihn erreichen, welche Leis-
tungen bietet er) und zum anderen auf der appellativen Sprache (Ellipsen, Anrede, Metapher: *teléfono rojo*, Emphase: *incluso, cualquier,
todo*). Im Ausgangstext wird ein Teil der appellativen Funktion auch
durch die Überschriften (Druck, Schlagwörter, Kombination aus nonverbalen und verbalen Textteilen, Redundanzen im Zusammenwirken
mit dem Text) übernommen.

Übersetzungsstrategie

Die Informationen müssen vollständig und korrekt im Zieltext erscheinen. Die appellative Funktion muss durch zielkulturelle Mittel (wie im AT, aber ggf. etwas abgeschwächt, damit nicht zu penetrant!) erreicht werden. Da die Überschriften nicht übersetzt werden, muss die in ihnen enthaltene Information, wo nötig, in den Text verschoben werden. Damit der Zielempfänger nicht das Gefühl hat, dass ihm die Informationen der Überschriften vorenthalten werden, sind die für deutschsprachige Leser „transparenten" Elemente aus den Überschriften (z.B. ‚Problem' für *problema*) möglichst zu verwenden.

Übersetzungsprobleme

a) Pragmatische Übersetzungsprobleme ergeben sich aus den Faktoren EMPFÄNGER (Empfängerreferenz, Eigennamen, Realia, Präsuppositionen) und MEDIUM (Platzbeschränkung, Mehrsprachigkeit).

b) Konventionsbedingte Übersetzungsprobleme ergeben sich aus allgemeinen Stilkonventionen (Ellipse, Relativsatz, Verbal- vs. Nominalstil, Urteilssatz, Personifizierung) und spezifischen Konventionen (Zahlen, Hervorhebung).

c) Sprachenpaarspezifische Übersetzungsprobleme ergeben sich im Bereich der LEXIK (Komposition, Metonymie, spezifische Verben, Appellativierung, Relationsadjektiv), der SYNTAX (Futur, Gerundium, Infinitivkonstruktionen) und der SUPRASEGMENTALIA (Fokussierung).

Übersetzungsschwierigkeiten

Schwierigkeiten bereitet die Lexik, vor allem im Bereich der Komposita (*vacaciones SEAT*, *coches-taller*), der Metonymie (*cobrar la mano de obra*) und der Terminologie (*servicio de asistencia en carretera*, *talleres de guardia, Puntos*); eine syntaktische Schwierigkeit ergibt sich aus dem falschen Bezug in *le ayudará localizando*.

SEAT – Didaktisierung

Titelseite VACACIONES SEAT[1,2] EN ESPAÑA

[Vacaciones sin problemas] · *Wird nicht übersetzt.*
Seite 2
[Servicio de Asistencia en Carretera Seat. La mayor flota de
5 Coches-Taller en las carreteras de España.][3]
Wird nicht übersetzt. Informationsdefizit im Text ausgleichen!
[4]Carreteras nacionales[5], comarcales[5], interiores[6] o costeras[6]. No
importa[7] donde vaya[8], los coches-taller Seat[2] estarán[9] allí. [4]Todos
los días. [4]Aunque sea[10] domingo o festivo. Y le asistirán[9] sin co-
10 brarle[11] la mano de obra[12]. [4]Tanto si su coche es Seat[13], como si
no.
        Disfrute[14] de las vacaciones sin problemas. Los coches-
taller Seat están en todas las carreteras de España.
Seite 3
15 [Donde vea esta señal, encontrará un Servicio de Asistencia de la
Red Seat.] *Wird nicht übersetzt. Informationsdefizit ausgleichen!*
Si su coche es Seat, Audi o Volkswagen, podrá ser atendido en
más de 1000 talleres de Asistencia[15] de la Red Seat[16]. Incluso[17]
en domingos y festivos, la Red Seat cuenta[18] con 200 talleres de
20 guardia, [19]que estarán abiertos para solucionarle[11] cualquier problema.
Seite 4
[Teléfono Rojo de la Red Seat 24 horas. Problema resuelto.]
        Wird nicht übersetzt. Informationsdefizit ausgleichen!
25 Además, la Red Seat pone[18] a su disposición un servicio telefónico permanente[2]. EL TELEFONO ROJO[12] DE LA RED SEAT[20].
        Marque[14] el (91) 754 33 44[21] y recibirá toda la información
sobre los Puntos[15] y los Talleres de Guardia[15] más cercanos a
[19]donde usted se encuentre, o le ayudará [*Bezug!] localizando[22]
30 las grúas de Asistencia y Concesionarios para ir[23] en su auxilio.

VACACIONES SEAT – Übersetzungsprobleme

[1] Sendername................ PÜP.....Senderbezug/Senderreferenz

[2] Komposition .... SÜP.....Lexik/Neologismen

[3] Informationsdefizit .... PÜP.....Medium/Mehrsprachigkeit

[4] Ellipse .... KÜP.....Stilkonventionen/Syntax

[5] Realienbezeichnung ...... PÜP.....Empfängerbezug/Kulturreferenz

[6] Relationsadjektiv .... SÜP.....Lexik/Adjektiv

[7] Urteilssatz .... KÜP.....Stilkonventionen/Syntax

[8] Empfängeranrede.......... PÜP.....Empfängerbezug/Empfänger-
referenz

[9] Futur........................... SÜP.....Syntax/Tempora

[10] Verbal- / Nominalstil ...... KÜP.....Stilkonventionen/Syntax

[11] Infinitivkonstruktion........ SÜP.....Syntax/Nebensatzverkürzung

[12] Metonymie .... SÜP.....Lexik/Wortfeld

[13] Appellativierung............. SÜP.....Lexik/Neologismen

[14] Imperativ...................... PÜP.....Empfängerbezug/Empfänger-
referenz

[15] Großschreibung............. KÜP.....Kennzeichnungskonventionen

[16] Eigenname................... PÜP.....Empfängerbezug/Kulturreferenz

[17] Satzteilfokus................. SÜP.....Suprasegmentalia/Fokussierung

[18] Personifizierung............. KÜP.....Stilkonventionen/Lexik

[19] Hervorhebung................ KÜP.....Kennzeichnungskonventionen

[20] Zahlen......................... KÜP.....Schreibkonventionen

[21] Relativsatz .... KÜP.....Stilkonventionen/Syntax

[22] Gerundium .... SÜP.....Syntax/Nebensatzverkürzung

[23] spezifische Verben .... SÜP.....Lexik/Wortfeld

Lektion 3
Übersetzung einer Werbeanzeige

LA SARDINA ESTÁ DIVINA

Siempre lo está. Pero ahora hay que aprovechar que es su
mejor momento. Venga del Cantábrico o de Levante, de Canarias o de
Andalucía, o de Galicia la sardina es exquisita.
Es un alimento completísimo. Tiene minerales, proteínas y vitaminas.
¡Y por variedades de preparación no queda! Aquí le ponemos
algunas como ejemplo:

A LA PLANCHA
Hechas en casa o al aire libre, ¡qué ricas,
unas sardinitas asadas!

EN ESCABECHE
¡Qué guiso! Sabroso, intenso.
Mejor frío para este tiempo. ¡Iniguaiable!

REBOZADA
Usted la limpia, la abre, harina, huevo y...
a la sartén. ¡Finísimas!

EN EMPANADA
¡Toda una comida! Una sabrosa empanada
de sardinas para compartir en raciones.

RELLENA
Con jamón picado, huevo y pimiento.
Luego un caldo, al horno y... ¡de primera!

Y CRUDA
Una sardina fresquísima, bien limpia. Un poco de
limón y un poco de sal. ¡Todo un descubrimiento!

FROM
FONDO DE REGULACIÓN Y ORGANIZACIÓN DEL MERCADO
DE PRODUCTOS DE LA PESCA Y CULTIVOS MARINOS

MINISTERIO DE AGRICULTURA, PESCA Y ALIMENTACION

SARDINA – Auftrags- und Textanalyse

Übersetzungsauftrag

Im Auftrag des spanischen Landwirtschaftsministeriums soll in den Ländern der Europäischen Union verstärkt für spanische Produkte geworben werden. Die Anzeige für spanische Sardinen soll im August gleichzeitig in spanischen Zeitschriften und auf deutsch in der deutschen Zeitschrift ESSEN & TRINKEN erscheinen.

Interpretation

Es handelt sich um eine instrumentelle, funktionskonstante Übersetzung. Das heißt: Die Zielempfänger sollen durch die Anzeige angeregt werden, frische Sardinen aus Spanien zu kaufen.

Funktionsanalyse

Nonverbale Textelemente (Illustrationen, Drucktypen, Farben und Lay-out), Textinhalt (Darstellung eines alltäglichen Nahrungsmittels als besondere Delikatesse) und sprachliche Form (Elative, wertende Adjektive, Ausrufe, Anrede, Aufzählungen, Ellipsen etc.) stehen ganz im Dienst der appellativen Funktion. Der Slogan hat darüber hinaus überwiegend phatische Funktion.

Übersetzungsstrategie

Die nonverbalen Elemente können beibehalten werden, da sie nicht kulturspezifisch sind. Die Darstellung des Textinhalts muss insofern an die Zielkultur adaptiert werden, als frische Sardinen in der Zielkultur kein alltägliches Nahrungsmittel sind. Sardinen werden hier in der Regel mit Ölsardinen gleichgesetzt (siehe Background-Text). Daher muss dieser Assoziation vorgebeugt und die Besonderheit frischer Sardinen (Exotik!) als appellatives Element genutzt werden. Die sprachlichen Mittel sollten dem Repertoire von zielsprachlichen Werbetexten entstammen.

Übersetzungsprobleme

a) Pragmatische Übersetzungsprobleme ergeben sich aus den Faktoren SENDER (Senderreferenz, Sendereinstellung), EMPFÄNGER (Realienbezeichnungen, Eigennamen), ORT (Lebenswelt) und MEDIUM (Platzbeschränkung). Da der Faktor ZEIT für Ausgangs- und Zieltext gleich ist, verursacht die Deixis des ersten Abschnitts kein Problem.

b) Konventionsbedingte Übersetzungsprobleme ergeben sich aus allgemeinen Stilkonventionen (Ellipse, Anaphora/Kataphora) und aus Textsortenkonventionen (Kochrezept, Slogan, Überschrift).

c) Sprachenpaarspezifische Übersetzungsprobleme ergeben sich bei den Faktoren LEXIK (Synonymie, synonymische Varianten), SYNTAX (Infinitiv- und Partizipialkonstruktionen, Adjektivstellung) und SUPRASEGMENTALIA (Fokussierung).

Übersetzungsschwierigkeiten

Da die aktive Kompetenz für die Produktion von Werbetexten vermutlich nicht ausreicht, sind für die sprachliche Gestaltung des Zieltexts Werbetexte und ggf. Kochbuchtexte oder Texte zum Thema "Essen und Trinken" aus Zeitschriften als Hilfstexte heranzuziehen. Ein paar Beispiele sind unten abgedruckt.

Background-Text (Der Neue Brockhaus, 5. Aufl. 1973)

Sardine [ital.] *die, -/-*, **Pilchard** *der, -s/s*, **Cl´upea pilchardus**, bis 20 cm langer Heringsfisch an den europ. Küsten des Atlantiks; kommt eingesalzen oder in Olivenöl eingelegt in den Handel (**Ölsardine**).

Vergleichstexte

Produkte, die den Alltag leichter machen (von *schöner essen* erprobt und empfohlen, Heft 8/85):

Fleischklößchen: kleine, würzige Klößchen aus Rind- und Schweinefleisch. 20 Stück in einer Packung. Man kann sie kochen, braten, im

Backofen goldbraun backen oder frittieren. Eine Packung enthält 40 g Eiweiß, 48 g Fett und 18 g Kohlenhydrate.

Fleischklößchen: als Einlage in Suppen und Eintöpfen, mit pikanter Sauce als Imbiss, wie Frikadellen gebraten zu Bratkartoffeln. Oder kalt (mit Kartoffelsalat) zum Picknick.

Maiskörner: Knackig, süß und vielseitig zu verwenden sind die Maiskörner aus der Dose. Nur auf ein Sieb geben, abspülen – fertig zum Verbrauch. Ein idealer Vorrat für die Schnellküche.

Ganzer Fisch in Folie: Ist ganz einfach und schmeckt toll: Der Fisch wird im Ganzen in Folie gegart, dazu gibt es Knoblauchsahne, Kräutersauce und Schalenkartoffeln mit grobem Salz.

Brigitte-EXTRA: Kochen wie ein Profi (Heft 18/94)

Eine raffinierte Nuss-Soße zum Salat oder schaumig-leichte Fischklößchen, pikante Zabaione oder eine feine Möhren-Terrine – wollten Sie das nicht schon mal ausprobieren? Hier zeigen wir Ihnen, wie's ganz einfach geht.

Hähnchen: erstaunlich abwechslungsreich. „Hähnchenfleisch ist sehr kalorienarm und lässt sich raffiniert zubereiten", weiß Margareth Schmuck, Leiterin einer Profi-Kochschule in Straßburg. Sie verrät hier viele Tipps und Tricks im Umgang mit diesem Geflügel, das ursprünglich aus Asien stammt und sich hervorragend zum Schmoren, Braten und Grillen eignet. Ob gefüllt oder nicht, Hähnchen sind aus der guten Küche nicht wegzudenken!

Möhren: ein unglaublich feines Gemüse. „Möhren werden leider häufig als Babykost verkannt", meint Profi-Köchin Margareth Schmuck. „Dabei sind sie ein wunderbar feines Gemüse!" Dazu noch voller gesunder Vitamine und Ballaststoffe... Sie zeigt hier, wie Möhren glasiert werden, wie Sie sie als Plätzchen, Chutney oder Terrine zubereiten können. Und nicht zuletzt, wie ein Möhrensüppchen zum Hit des Menüs werden kann!

Eier: Leichtes Essen, raffinierter Nachtisch. Pikantes und Süßes! Egal, ob Sie braune oder weiße Eier nehmen, die Farbe hat mit der Qualität nichts zu tun – die hängt allein von der Hühnerrasse ab.

SARDINA – Didaktisierung

[1]LA SARDINA[2] ESTÁ DIVINA[3]

Siempre lo[4] está. Pero ahora[5] hay que aprovechar que es su mejor momento. Venga del Cantábrico[6,7] o de Levante[6], de Canarias[6]
o de Andalucía[6], o de Galicia[6] [*Satzzeichen fehlt*] la sardina es ex-
5 quisita[3]. Es un alimento completísimo[8]. Tiene minerales, proteínas[9] y vitaminas. ¡Y [10]por variedades de preparación no queda!
Aquí[11] le[12] ponemos[13] algunas como ejemplo:

A LA PLANCHA[14]

Hechas[15] en casa o al aire libre, ¡qué ricas[3], unas sardinitas[16] asa-
10 das!

EN ESCABECHE[14]

¡Qué guiso! Sabroso[3], intenso[3]. Mejor frío para este[5] tiempo.
¡Inigualable[8]!

REBOZADA[14]

15 Usted[12] [17]la limpia, la abre, harina y huevo [18]y... a la sartén.
¡Finísimas[3,8]!

EN EMPANADA[14]

¡Toda una comida[8]! Una sabrosa[3,19] empanada de sardinas [20]para
compartir en raciones.

20 RELLENA[14]

Con jamón[2] picado[15], huevo y pimiento. Luego un caldo, al horno
[18]y... ¡de primera[8]!

Y CRUDA[14]

Una sardinita[16] fresquísima[8], bien limpia. Un poco de limón y un
25 poco[21] de sal. ¡Todo un descubrimiento[8]!
Ministerio de Agricultura, Pesca y Alimentación[22,23]

SARDINA – Übersetzungsprobleme

[1] Slogan .... KÜP.....Textsortenkonventionen

[2] Lebenswelt .... PÜP.....Ortsbezug /Kulturelles Milieu

[3] Synonymie................... SÜP.....Lexik/Wortfeld

[4] Anaphora...................... KÜP.....Stilkonventionen/Textkonstitution

[5] Deixis .... PÜP.....Zeitbezug

[6] Eigenname .... PÜP.....Empfängerbezug

[7] Aufzählung .... PÜP.....Stilmittel für Appellfunktion

[8] Elativ .... PÜP.....Senderbezug/Sendereinstellung

[9] synonym. Varianten .... SÜP.....Lexik/Wortfeld

[10] Satzteilfokus.................. SÜP.....Suprasegmentalia/Fokussierung

[11] Kataphora .... KÜP.....Stilkonventionen/Textkonstitution

[12] Anrede .... PÜP.....Empfängerbezug/Empfänger-
referenz

[13] Erste Person .... PÜP.....Senderbezug/Senderreferenz

[14] Überschriften................ KÜP.....Textsortenkonventionen

[15] Partizipialkonstruktion.... SÜP.....Syntax/Nebensatzverkürzung

[16] Diminutive .... PÜP.....Senderbezug/Sendereinstellung

[17] Kochrezept................... KÜP.....Textsortenkonventionen

[18] Anakoluth .... PÜP.....Stilmittel für Appellfunktion

[19] Adjektivstellung .... SÜP.....Syntax/Wortstellung

[20] Infinitivkonstruktion........ SÜP.....Syntax/Nebensatzverkürzung

[21] Wiederholung .... PÜP.....Stilmittel für Appellfunktion

[22] Sendername.................. PÜP.....Senderbezug/Senderreferenz

[23] Realienbezeichnung ...... PÜP.....Empfängerbezug/Kulturreferenz

Lektion 4
Übersetzung und Bearbeitung des Aufdrucks von Packung und Innenbeutel eines Puddingpulvers

Flan Potax®

Recuerde que este flan además de ser muy rico y apetitoso es también alimenticio. Al prepararlo con leche y azúcar este flan le aporta grasas, hidratos de carbono y proteínas, como la ternera, el cordero, los huevos o el pescado. Este flan es pues, además de una deliciosa golosina, un alimento en toda la regla.

Un sobre de flan más medio litro de leche y 60 grs. de azúcar le aporta:

H. Carbono	52,4
Proteínas	16,5
Grasa	19,0
Calorías	453

Contiene 6 sobres para medio litro de leche cada uno.

Flan Potax®

Paquete FAMILIAR
6 sobres

24 flanes individuales

INSTRUCCIONES

FLAN.- De MEDIO LITRO de leche fría se separa una taza en la que se disuelve el contenido de este sobre.

Se pone a hervir el resto de la leche con azúcar (de 4 a 6 cucharadas). Al comenzar a hervir se vierte el contenido de la taza y se remueve constantemente.

Tan pronto como espese se retira del fuego, se vierte en un molde bastante caramelizado y se deja enfriar.

NATILLAS.- Se prepara del mismo modo que el flan pero con UN LITRO de leche y 10 cucharadas de azúcar.

CREMA PARA RELLENO.- Se prepara del mismo modo que el flan, con un CUARTO LITRO de leche y 4 cucharadas de azúcar. Rellenar antes de que la crema enfríe.

INGREDIENTES:

Fécula de maíz, Vainillina, Colorantes (E-102 y E-110).
No contiene azúcar ni huevo.

Elaborado por
CPC ESPAÑA, S. A.
División Consumo - Tasada y Beltrán
Vía Augusta, 59, 1.º - Barcelona-6

Reg. Sanit. Ind. n.º 26.4/B.
Peso neto 32 gramos cada sobre.

FLAN POTAX – Auftrags- und Textanalyse

Übersetzungsauftrag

Die spanische Nährmittelfirma CPC España möchte ihr Puddingpulver
in der Familienpackung im nächsten Jahr in der Bundesrepublik
Deutschland auf den Markt bringen und benötigt eine deutschsprachige Betextung der Packung und des Innenbeutels.

Interpretation

Es handelt sich um eine instrumentelle, funktionskonstante Übersetzung. Das heißt: Der Zieltext auf der Packung soll die deutschsprachigen Empfänger über das enthaltene Produkt korrekt informieren und
sie animieren, dieses Puddingpulver (anstatt eines anderen Fabrikats)
zu kaufen. Der Zieltext auf dem Innenbeutel soll sie in die Lage ver-
setzen, aus dem Beutelinhalt einen ihren Erwartungen und ihrem Geschmack entsprechenden Pudding zuzubereiten.

Funktionsanalyse

(a) Bei dem Packungsaufdruck handelt es sich um eine Textkombina-
tion. Die Vorderseite der Packung gibt eine Kurzinformation über Markennamen und Packungsinhalt und spricht damit die an einem Puddingpulver interessierte Kundin an (phatische Funktion); die nonverbalen Gestaltungselemente (Namenszug, Hervorhebung durch Großbuchstaben, Farbe und Einrahmung sowie die Abbildung des Puddings) haben appellative Funktion. Der Aufdruck auf der linken Seite
der Packung hat überwiegend appellative Funktion, die von der Sach-
information über den Nährwert (Tabelle) und dem Vergleich mit anderen Hauptnahrungsmitteln getragen sowie durch Bewertungsadjektive
und eine direkte Anrede an den Empfänger gestützt wird. Auf der
rechten Packungsseite informiert ein Teiltext über die Zutaten und die
Haltbarkeit, während die Garantiezusage wiederum appellative Funktion hat.

(b) Der Innenbeutelaufdruck enthält eine konventionelle Zubereitungsanleitung mit rein informativer Funktion. Sie informiert über die zusätz-

lichen Zutaten und die Handlungsschritte, die für die richtige Zubereitung des Puddings nötig sind. Durch die konventionelle Form wird die Aufmerksamkeit des Empfängers nicht von den Informationen abgelenkt.

Übersetzungsstrategie

Die rein informativen Textteile müssen die Informationen in zielkulturell üblicher Form wiedergeben. Die appellativen Textteile müssen auf die kulturspezifische Ansprechbarkeit und die Erwartungen der Zielempfänger abgestimmt werden. Die Konventionen der Zielkultur in Bezug auf Textsortenmerkmale (Garantiezusage, Zubereitungsanleitung), Maßangaben etc. sind einzuhalten.

Übersetzungsprobleme

a) Pragmatische Übersetzungsprobleme ergeben sich aus den Faktoren EMPFÄNGER (Empfängerreferenz, Eigennamen, Realienbezeichnungen, soziokulturelle Einbettung: Geschmack, Präsuppositionen: Kochen), INTENTION (Informationsgewichtung, Vergleich), ORT (gesetzliche Vorschriften, Lebenswelt) und MEDIUM (Platzbeschränkung).

b) Konventionsbedingte Übersetzungsprobleme ergeben sich aus den unterschiedlichen Textsortenkonventionen (Tabelle, Garantieerklärung, Adresse, Formeln, Textsorte Kochrezept, Maßangaben), allgemeinen Stilkonventionen (Relativsätze, Nominal- vs. Verbalstil) und Schreibkonventionen (Zahlen, Abkürzungen).

c) Sprachenpaarspezifische Übersetzungsprobleme ergeben sich aus den Faktoren LEXIK (Wortfeld: Synonymie, synonymische Varianten, spezifische Verben; Neologismen: Komposition; Morphologie: Pluralisierung) und SYNTAX (Infinitiv- und Partizipialkonstruktion, Adjektivstellung, Artikel).

Übersetzungsschwierigkeiten und Recherche

Die Konventionen der betreffenden Textsorten sowie die nötigen Hintergrundinformationen sind aus Hilfstexten zu erschließen.

Modelltext und Paralleltext

Für die Zubereitung als Pudding benötigen Sie:
1/2 l Milch und 2 Eßlöffel Zucker (40 g)

1. Von der Milch 6 Eßlöffel abnehmen und damit das Puddingpulver gut anrühren.
2. Die übrige Milch mit dem Zucker zum Kochen bringen.
3. Die Milch von der Kochstelle nehmen, das angerührte Puddingpulver hineingeben und unter ständigem Rühren 1 Minute aufkochen lassen.
4. Den fertigen Pudding in eine mit kaltem Wasser ausgespülte Form füllen und kaltstellen. Später stürzen.

Für die Zubereitung als Cremespeise benötigen Sie:
3/4 l Milch, 2 Eßlöffel Zucker (40 g), 1 Ei

1. Von 3/4 l kalter Milch 6 Eßlöffel abnehmen, damit das Puddingpulver, 2 Eßlöffel Zucker und 1 Eigelb verquirlen.
2. Die übrige Milch wie unter Punkt 2. und 3. (siehe oben) zubereiten.
3. Das Eiweiß zu Eischnee schlagen, sofort unter den fertig gekochten Pudding heben und in Gläser oder eine Schale geben.

Zutaten: Stärke, Salz, mit Farbstoff E 102, E 110, naturidentische Aromastoffe.

Puddingfabrik POLAK KG - 2952 Weener (Ems)
Hersteller des beliebten Feinkost-Pudding:

4 029700 102001

Garantie für hohe Qualität

Lindt & Sprüngli ist seit mehr als 125 Jahren ein Begriff für feine Pralinés und Chocoladen. Alle Erzeugnisse unseres Hauses unterliegen während der Herstellung einer dauernden und strengen Kontrolle auch durch unser Schweizer Stammhaus. So garantieren wir Ihnen, dass jederzeit nur frische Ware höchster Qualität und aus besten Rohstoffen zur Auslieferung gelangt. Sollten Sie dennoch einmal Grund zur Beanstandung haben, bitten wir Sie, uns Packung mit Inhalt und ausgefüllter Garantiekarte zuzusenden. Wir tauschen Ihnen bei berechtigten Beanstandungen diese Packung um und vergüten Ihnen zusätzlich Ihre Portoauslagen.

Vergleichstexte

Creme Caramel *

¹/₄ l Milch, 150 ccm Sahne, 3 Eier, 2 Eßl. Zucker; für den Karamel: 100 g Zucker.

Milch und Sahne in einem Topf lauwarm werden lassen. Inzwischen Eier und Zucker so lange schlagen, bis sich der Zucker aufgelöst hat. Die warme Milch hineinrühren und zur Seite stellen. Den Zucker für den Karamel mit 50 ccm Wasser bei schwacher Hitze langsam schmelzen lassen. Dann die Temperatur erhöhen und, ohne zu rühren, so lange kochen, bis der Sirup goldbraun ist. Den Karamel schnell in vier kleine mit kaltem Wasser ausgespülte Puddingförmchen gießen und mit der Eiermilch auffüllen. Die Förmchen in die zur Hälfte mit heißem Wasser gefüllte Fettpfanne des Backofens stellen. Bei 180 Grad/Gas Stufe 3 etwa 40 Minuten backen, bis die Creme fest geworden ist. Die fertige Creme kühl stellen. Vorsichtig auf kleine Teller stürzen. (Ohne Kühlzeit 1 Stunde)

Dieses Rezept ist für 4 Personen berechnet und enthält:

Eiweiß: 33 g	*5740 Joule/1373 Kalorien*
Fett: 72 g	*pro Person ca.*
Kohlenhydrate: 143 g	*1435 Joule/340 Kalorien*

* Die Creme Caramel, in Spanien „flan" genannt, gehört zu den klassischen Nachspeisen der südeuropäischen Küche. Der Karamel — das ist geschmolzener gebräunter Zucker — bildet eine Glasur auf einer Creme aus Eiern, Milch und Sahne.

FLAN POTAX – Didaktisierung

Flan[1] Potax[2]

Paquete familiar[3] - 6 sobres - 24 flanes[4] individuales

Recuerde[5] que este flan [6]además de ser[7] muy rico[8] y apetitoso[8] es también alimenticio. [7]Al prepararlo con leche y azúcar este flan
5 le[9] aporta grasas, hidratos de carbono y proteínas[10], [11]como la ternera, el cordero, los huevos o el pescado. Este flan es pues, [6]además de una deliciosa[8,13] golosina[8], un alimento en toda la regla.

Un sobre de flan más medio litro[14] de leche y 60 grs.[15] de azúcar le aporta:

10	H. Carbono[15]	52,4[16]
Proteínas	16,5
Grasa	19,0
Calorías[16]	453

Contiene 6 sobres para medio litro de leche cada uno.

15 INGREDIENTES[17]: Fécula de maíz, Vainillina, Colorantes [18](E-102 y E-110). [19]No contiene azúcar ni huevo.

Elaborado[20] por [21]CPC España, A.A., [22]División Consumo - Tasada y Beltrán, Vía Augusta, 59 1.° - Barcelona-6. [18]Reg. Sanit. Ind. n.° 26.4/B.
20 Peso neto 32 gr[15] cada sobre.
[23]Consumir preferentemente antes de...

LA GARANTIA CPC[3,17]

[24]C.P.C. España S.A. garantiza la alta[13] calidad de este producto y la devolución del [3]importe de su compra, [23]en caso de insatis-
25 facción. Para ello, escriba al [22]Apdo. 9.459 de Barcelona. Explíquenos el motivo y adjunte una solapa del producto. Muchas gracias por su colaboración.[25]

INSTRUCCIONES[17,26]

FLAN.- De MEDIO LITRO de leche fría se separa una taza [27]en la
30 que se disuelve el contenido de este sobre. Se pone a hervir[28] el
resto de la leche con azúcar [19](de 4 a 6 cucharadas). [7]Al comenzar a hervir se vierte[28] el contenido de la taza y [23]se remueve
constantemente. Tan pronto como espese se retira del fuego[19], se
vierte en un molde bastante caramelizado[1] y se deja enfriar[28].

35 NATILLAS.- [29]Se prepara del mismo modo que el flan pero con
UN LITRO de leche y 10 cucharadas de azúcar.

CREMA PARA RELLENO.- [29]Se prepara del mismo modo que el
flan, con un CUARTO LITRO de leche y 4 cucharadas de azúcar.
[29]Rellenar antes de que la crema enfríe[28].

Vergleichstext aus Österreich

XXX-Pudding mit Schokoladegeschmack

Zutaten: ½ Liter Milch, 5 dag Zucker (= 3 Eßlöffel), 1 Päckchen XXX-
Puddingpulver
1. Von dem ½ Liter kalter Milch 4-6 Eßlöffel voll entnehmen und damit das XXX-
Puddingpulver glatt abrühren.
2. Die übrige Milch mit dem beigefügten Zucker erhitzen. Die kochende Milch von
der Kochstelle nehmen, das feinverrührte XXX-Puddingpulver langsam eingemen-
gen und dann 1 Minute aufkochen lassen.
3. Den XXX-Pudding in eine kalt ausgespülte Form füllen, kaltstellen und – sobald
er fest ist – stürzen.

Bestandteile: Maisstärke, Schokoladenpulver, Magerkakao, mit Vanillin aromati-
siert.

FLAN POTAX – Übersetzungsprobleme

[1] Realienbezeichnung .... PÜP .....Empfängerbezug/Kulturreferenz

[2] Eigennamen .... PÜP .....Empfängerbezug/Kulturreferenz

[3] Komposition .... SÜP .....Lexik/Neologismen

[4] Pluralisierung .... SÜP .....Lexik/Morphologie

[5] Imperativ .... PÜP .....Empfängerbezug/Empfänger-
referenz

[6] Informationsgewichtung . PÜP .....Intentionsbezug/Indirekter Appell

[7] Infinitivkonstruktion .... SÜP .....Syntax/Nebensatzverkürzung

[8] Synonymie .... SÜP .....Lexik/Wortfeld

[9] Höflichkeitsform .... PÜP .....Empf.bezug/Empfängerreferenz

[10] synonymische Varianten SÜP .....Lexik/Wortfeld

[11] Vergleich .... PÜP .....Intentionsbezug/Indirekter Appell

[12] Artikel........................... SÜP .....Syntax/Substantiv

[13] Adjektivstellung .... SÜP .....Syntax/Wortstellung

[14] Maßangaben .... KÜP .....Schreibkonventionen

[15] Abkürzung..................... KÜP .....Schreibkonventionen

[16] Nährwerttabelle .... KÜP .....Textsortenkonventionen/Text-
bausteine

[17] Überschrift..................... KÜP .....Textsortenkonventionen

[18] gesetzliche Vorschriften. PÜP .....Ortsbezug/Kulturelles Milieu

[19] Lebenswelt .... PÜP .....Ortsbezug/Kulturelles Milieu

[20] Partizipialkonstruktion.... SÜP .....Syntax/Nebensatzverkürzung

[21] Sendername.................. PÜP .....Senderbezug/Senderreferenz

[22] Adresse......................... KÜP .....Textsortenkonv./Textbausteine

[23] Formeln......................... KÜP .....Textsortenkonv./Textbausteine

[24] Garantieerklärung.......... KÜP .....Textsortenkonventionen

[25] Textlänge .... PÜP .....Medienbezug/Platzbeschränkung

[26] Kochrezept..................... KÜP .....Textsortenkonventionen

[27] Relativsatz .... KÜP .....Stilkonventionen/Syntax

[28] spezifische Verben .... SÜP .....Lexik/Wortfeld

[29] Nominal- vs. Verbalstil... KÜP .....Stilkonventionen/Syntax

Lektion 5
Informationsübersetzung eines Zeitschriftenartikels

DULCES Y GOLOSINAS

SIGLO XIII, MEDITERRÁNEO

TURRON: UN POSTRE MUSULMAN Y JUDIO PARA EL PALADAR CRISTIANO

Este popular postre navideño tiene unos orígenes muy antiguos, pues lo más probable es que proceda de la repostería árabe, en incluso de ciertas preparaciones judías. Se introdujo en España, y después en Italia y Francia, durante los siglos XI-XII. Sin embargo, en su forma actual, es decir, como masa elaborada con almendras peladas (crudas o tostadas) y miel, y con diversas adiciones o sustituciones (clara de huevo, gelatina, avellanas, nueces, piñones), era un dulce conocido ya en Valencia en el siglo XIII.

El origen del nombre admite más de una explicación. En un villancico catalán de la primera mitad del siglo XV se dice: *Donar-li ets dels terronets e de les neules qui n'avia... (Darle terroncillos y barquillos quien los tenía),* y este *terró* pudo pasar al napolitano como *torroni.* Por su parte, la Real Academia hace proceder el vocablo del castellano antiguo *turrar* (en latín, *torrere),* por el tostado de almendras, avellanas o piñones con miel. El turrón ha mantenido un estrecho parentesco con el *nougat* provenzal —el origen es probablemente el mismo—, y por otra parte el guirlache, que no se popularizó en España hasta el siglo XIX, debe su nombre al francés *grileaje,* que significa tostado.

La variedad actual de turrones es muy amplia, pero entre los más populares son de cita obligada el de Jijona, a base de almendra picada, amarga y dulce, y miel, del que se fabrican más de 5.000 toneladas anuales; el de Alicante, elaborado con azúcar y almendras enteras; el de crema o yema, con la especialidad de la superficie quemada; los ya citados guirlaches, y los dulces y decorativos turrones de mazapán.

Aus der spanischen Wochenzeitschrift *Tiempo* vom 19.12.88

TURRON – Auftrags- und Textanalyse

Übersetzungsauftrag

Der Text ist zu übersetzen als Vorlage für einen Sonderteil in der ersten Dezemberausgabe dieses Jahres der Frauenzeitschrift *Brigitte*, Arbeitstitel: Berühmte Weihnachtsspezialitäten aus aller Welt. Die mediengerechte Bearbeitung sowie Lay-out und Textgestaltung übernimmt die Redaktion.

Interpretation

Es handelt sich um eine funktionsvariierende instrumentelle Übersetzung. Im Gegensatz zum Ausgangstext sind die Adressaten nicht die Leser/innen der Zeitschrift, sondern die Mitarbeiterinnen der Redaktion, die den Text für ihre Adressatinnen weiter bearbeiten. Gefordert sind eine vollständige Wiedergabe des Textinhalts sowie eine sprachliche Form, die den Bearbeitungsaufwand möglichst gering hält.

Funktionsanalyse

Der Text hat eindeutig informative Funktion (darin enthalten auch metasprachliche Funktion); für den spanischen Leser kann darüberhinaus, sofern er Katalane oder Valencianer ist, indirekt eine leichte appellative Funktion hinzutreten, da mit einigen Informationen sein „Heimatstolz" angesprochen wird. Diese Nebenfunktion muss für den Zieltextempfänger nicht erzielt werden.

Übersetzungsprobleme

a) Pragmatische Übersetzungsprobleme ergeben sich aus dem Faktor EMPFÄNGER (Eigennamen, Realia, Konnotationen, Metasprache). Der Faktor ANLASS bleibt gleich (Weihnachten), sodass hier kein Problem entsteht. ORT, ZEIT und MEDIUM der ausgangskulturellen Kommunikation werden in einer expliziten Quellenangabe dokumentiert.

b) Kulturpaarspezifische Übersetzungsprobleme ergeben sich aus
    den Unterschieden bei den allgemeinen Stilkonventionen (Ver-
    knüpfung, Urteilssatz, Relativsatz, Nominal- vs. Verbalstil, Perso-
    nifizierung) und bei spezifischen Kennzeichnungs- und Schreib-
    konventionen (Metasprache, Zahlen, Zeitangaben).

c) Sprachenpaarspezifische Übersetzungsprobleme tauchen auf im
    Bereich der LEXIK (Neologismen: Entlehnung, Wortfeld: Meto-
    nymie, Antonymie, Hyperonymie, spezifische Verben, Relations-
    adjektiv, Pluralisierung, Modalverben), der SYNTAX (Parenthese,
    Partizipialkonstruktionen, Adjektivstellung, disjunktive Aufzählung)
    und der SUPRASEGMENTALIA (Fokussierung).

Übersetzungsschwierigkeiten

Der Text weist mehrere Defekte auf (*en incluso*, fehlendes *y* im letzten
Satz des vorletzten Absatzes). Der Bezug von *terró* ist nur dann eindeutig zu erkennen, wenn man weiß, dass dieses Wort das Simplex
zu *terronets* ist.

Turrón – Didaktisierung

DULCES[1] Y GOLOSINAS[1]

SIGLO XIII[2], MEDITERRANEO[3]

TURRON[4]: UN POSTRE[1] MUSULMAN[5] Y JUDIO[5,6] PARA EL
PALADAR CRISTIANO[5]

5   Este[7] popular[8] postre navideño[5] tiene unos orígenes muy anti-
    guos, pues[9] [10]lo más probable es que proceda de la repostería[3]
    árabe, en [!] incluso de ciertas preparaciones judías. Se introdujo
    en España, [11]y después en Italia y Francia, durante los siglos XI-
    XII[2]. Sin embargo, en su forma actual, es decir, como masa elabo-
10 rada[12] con almendras peladas (crudas[13] o tostadas) y miel, y con
    diversas adiciones[14] o sustituciones[14] [11](clara de huevo, gelatina,
    avellanas, nueces, piñones), era un dulce conocido[12] ya en Valen-
    cia[16] en el siglo XIII.

El origen del nombre admite[17] más de una[18] explicación. En un vi-
15 llancico catalán de la primera mitad del siglo XV se dice: [19]*Donar-li
ets dels terronets e de les neules qui n'avía*... (*Darle terroncillos*[20]
y barquillos[20] *quien los tenía*), y este[7] *terró*[21,22] pudo[23] pasar al napolitano como *torroni*[21].

[9]Por su parte, la Real Academia[4] hace proceder[24] el vocablo del
20 castellano antiguo *turrar* (en latín, *torrere*[21]), [28]por el tostado de almendras, avellanas o piñones con miel. El turrón ha mantenido[17]
un estrecho parentesco con el *nougat*[25] provenzal[5] – [11]el origen es
probablemente el mismo – y por otra parte el guirlache[4], [26]que
no[27] se popularizó en España hasta[27] el siglo XIX, [!] debe su
25 nombre al francés *grileaje*[21], [26]que significa tostado.

[28]La variedad actual de turrones es muy amplia, pero entre los
más populares son [28]de cita obligada el de Jijona[16], a base de almendra picada, [11]amarga y dulce, y miel, [26]del que se fabrican
más de 5.000[2] toneladas anuales; el de Alicante[4], elaborado[12] con
30 azúcar y almendras enteras; el de crema o[29] yema, [28]con la especialidad de la superficie quemada; los ya citados guirlaches, y los
dulces[8] y decorativos[8] turrones de mazapán[16].
Quelle: Tiempo, 19-25 diciembre 1988, pág. 138.[30,31]

Background-Text

Nougat, (eindeutschend auch:) Nugat ['nu:gat], der od. das, -s, (Sorten:) –s [frz. nougat, über das Provenz. u. Vlat. zu lat. nux (Gen.: nu-
cis) = Nuß]: *aus fein zerkleinerten gerösteten Nüssen od. Mandeln,
Zucker u. Kakao zubereitete Masse (als Süßware bzw. als Füllung
von Süßwaren)*: mit N. gefüllte Pralinen... (Duden 1993ff.)

Turrón - Übersetzungsprobleme

[1] Synonymie .... SÜP.....Lexik/Wortfeld

[2] Zahlen .... KÜP.....Schreibkonventionen

[3] Metonymie .... SÜP.....Lexik/Wortfeld

[4] Realia .... PÜP.....Empfängerbezug/Kulturreferenz

[5] Relationsadjektiv .... SÜP.....Lexik/Adjektiv

[6] Konnotationen .... PÜP.....Empf.bezug/Empfängereinstellung

[7] Anaphora .... KÜP.....Stilkonventionen/Textkonstitution

[8] Adjektivstellung .... SÜP.....Syntax/Wortstellung

[9] Verknüpfung .... KÜP.....Stilkonventionen/Lexik

[10] Urteilssatz .... KÜP.....Stilkonventionen/Lexik

[11] Parenthese .... SÜP.....Syntax/Satzbau

[12] Partizipialkonstruktion.... SÜP.....Syntax/Nebensatzverkürzung

[13] Antonymie .... SÜP.....Lexik/Wortfeld

[14] Pluralisierung............. SÜP.....Lexik/Morphologie

[15] Hyperonymie .... SÜP.....Lexik/Wortfeld

[16] Eigennamen .... PÜP.....Empfängerbezug/Kulturreferenz

[17] Personifizierung........... KÜP.....Stilkonventionen/Lexik

[18] Wortfokus.................. SÜP.....Suprasegmentalia/Fokussierung

[19] Zitat........................ PÜP.....Textfunktion/Teiltext

[20] Diminutiva .... PÜP.....Senderbezug/Sendereinstellung

[21] Metasprache .... KÜP.....Kennzeichnungskonventionen

[22] Metasprache .... PÜP.....Empfängerbezug/Kulturreferenz

[23] Modalverb .... SÜP.....Lexik/Modalität

[24] Spezifische Verben........ SÜP.....Lexik/Wortfeld

[25] Entlehnung................. PÜP.....Lexik/Neologismen

[26] Relativsatz .... KÜP.....Stilkonventionen/Syntax

[27] Satzteilfokus.............. SÜP.....Suprasegmentalia/Fokussierung

[28] Nominal- vs. Verbalstil... KÜP.....Stilkonventionen/Syntax

[29] Disjunktion................. SÜP.....Syntax/Aufzählung

[30] Quellenangabe .... PÜP....Medienbezug/Medienreferenz

[31] Quellenangabe .... PÜP....Senderbezug/Senderreferenz

---

Lektion 6
Übersetzung einer Bildergeschichte

■ HISTORIAS DE MIGUELITO

HISTORIAS DE MIGUELITO – Auftrags- und Textanalyse

Übersetzungsaufträge

(a) Die Bildergeschichte soll für eine Veröffentlichung im Wochen-
endmagazin einer großen deutschen Tageszeitung übersetzt werden. Bei entsprechendem Erfolg sollen später weitere Bilderge-
schichten des spanischen Zeichners Romeu abgedruckt werden.

(b) Eine Gruppe Schülerinnen und Schüler möchte die Geschichte
auf ihrem Abiturfest als Sketch aufführen.

Interpretation

Für Auftrag A ist eine dokumentarisch-exotisierende Übersetzung gefordert, die zwar auf die Leser auch unterhaltsam wirken soll, ihnen
aber nicht so leicht eine Identifikation erlaubt, weil die Figuren als *spanisch* markiert sind (vgl. *Garfield*, *Snoopie* oder *Mafalda*) und Romeu
als *spanischer* Zeichner eingeführt wird.

Bei Auftrag B könnte man dagegen, obwohl das Medium verändert
wurde, von einer instrumentell-funktionskonstanten Übersetzung ausgehen. Das heißt: Die Zieltextempfänger sollen über die kleine Pointe
der Bildergeschichte, die eine alltägliche, allgemein-menschliche Situation schildert, ebenso schmunzeln wie der Ausgangstextempfänger
und sich genauso mit den Personen der Geschichte identifizieren können.

Funktionsanalyse

Die Geschichte lebt von dem Kontrast zwischen den beiden Figuren,
der sich sprachlich in dem wortreichen Vortrag Miguelitos (in relativ
gewählter Sprache) und den kurzen, trockenen Kommentaren seines
Bruders Hugo manifestiert und zeichnerisch durch die zunehmende
Erregung Miguelitos bei gleichzeitig wachsender Überlegenheit Hugos
dargestellt wird. Die Wirkung oder Pointe kommt dadurch zustande,
dass der Leser sich mit Hugo identifizieren kann, der Miguelitos Wort-
schwall durch seine Schlussbemerkung ad absurdum führt (appellati-

ve Funktion). Die appellative Funktion des Texts beruht auch auf den in sprachüblicher Form dargestellten Inhalten, die dem Empfänger (des Ausgangstexts) vertraut sind.

Übersetzungsstrategie

Der appellativen Funktion muss durch eine Adaptation der sprachlichen Form an die zielkulturellen Konventionen und Gegebenheiten Rechnung getragen werden. Da das Thema der Geschichte selbst nicht kulturspezifisch ist, jedoch durch kulturspezifische Inhalte verdeutlicht wird, verändert eine Fremdheit der Inhalte für den zielkulturellen Empfänger die Wirkung. Auftrag A: Eine vollständige Übertragung der dargestellten Inhalte ist nicht erforderlich, da es sich um beispielhafte Informationen handelt. Damit sind platzbedingte Kürzungen gerechtfertigt, solange die Wirkung trotz der Exotisierung so weit wie möglich erhalten bleibt.

Übersetzungsprobleme

Die Übersetzungsprobleme sind für beide Aufträge gleich, jedoch muss die Lösung je nach Auftrag unterschiedlich ausfallen.

a) Pragmatische Übersetzungsprobleme ergeben sich aus dem Faktor SENDER (hier vor allem textinterner Senderbezug – Sprecherspezifik), aus den Faktoren MEDIUM (Platzbeschränkung), ORT (Kulturelles Milieu) und EMPFÄNGER (Eigennamen).

b) Kulturpaarspezifische Übersetzungsprobleme ergeben sich aus den allgemeinen Stilkonventionen (Relativsätze, Hypotaxe, Urteilssatz).

c) Sprachenpaarspezifische Übersetzungsprobleme ergeben sich im Bereich des Faktors LEXIK (Wortfeld, Zahlen, Adjektivsteigerung/ Elativ, Modalverben, Präfigierung, Demonstrativpronomina, Faux amis), SYNTAX (Tempora: Futur, Imperfekt; Adjektivstellung, Infinitivkonstruktion) und SUPRASEGMENTALIA (Abtönung, Fokussierung).

d) Einige besondere, nicht verallgemeinerbare, ausgangstextspezifi-
   sche Übersetzungsprobleme (TÜP) liegen in den Stilmitteln (Klimax, rhetorische Fragen, Parallelismus).

Übersetzungsschwierigkeiten

Obwohl der Text sowohl thematisch als auch von der Textsorte her in
die Lebenswelt der Lernenden passt und auch sprachlich keine großen Schwierigkeiten bietet, wird die Übersetzung durch die pragmatischen Beschränkungen (Platz!) bei Auftrag A und durch das Fehlen
von Hilfstexten erschwert. Auftrag B bietet dagegen weniger Schwierigkeiten, weil die Adressaten für die Übersetzerinnen „ihresgleichen"
sind.

Man könnte daher mit Auftrag A anfangen, den dabei entstandenen
Zieltext für Auftrag B bearbeiten und den so entstandenen Text wiederum für die Sprechblasen passend machen.

Vergleichstext

MIGUELITO – Didaktisierung

[1]HISTORIAS DE MIGUELITO[2], ROMEU[3]

M: [4]¿No te ocurre, Hugo[2,5] [,] [6]que cuando tienes por delante una tarea pesada[7], penosa[7] o [8]que simplemente no te gusta...

H: [9]¡Ya empezamos!

5   **M:**...de pronto encuentras miles[10] de otras cosas urgentísimas[11] e insoslayables[11,9] que has[12] de hacer antes que nada?

H: [9]Me agota.

M: En realidad[13] no son más que[14] autoexcusas[15] para demorar[16] el enfrentamiento con esa[17] tarea [8]que nos repugna.

10   **H:** Con ese verbo, en política...[18] uf[19].

M: Y despliegas[20] una actividad frenética[21], hay correo que contestar, [14]las uñas de los pies, urgentísimo[11] cortarlas y hay que sulfatar el rododendron[22] del balcón.

H: Cierto.

15   **M:** [13]Aunque todo eso haga semanas que lo arrastras... y descubres recados, llamadas que hacer, las siete[22] que debes en la panadería, comprar un cupón[23], a la farmacia a por juanolas[23]...

H: Muy cierto.

M: Luego te llega el bajón. [24]¿Para qué tanta actividad? [24,25]¿No

20   es mío mi tiempo y no es el tiempo precioso y no se ha de derrochar en la más voluptuosa[26] inactividad?

H: [27]Muy muy cierto.

M: Lees un poco, haces pipi, te castigas los barrillos, te preparas una merienda, te aburres aposta, conectas y desconectas la tele,

25   miras la hora y...

H: ¿Y?

M:. y [27]de súbito, en el último instante, cuando ya es demasiado[28] tarde, llega el arrepentimiento, [!] las prisas e inútilmente te abalanzas sobre tu detestado[26] deber, ¿entiendes?

30   **H:** Sí. Y cuando en diez minutos llegue Mamá, [29]seguro que también te entenderá[30]. ¿Pero de librará[30] eso de lavar los platos? Hoy te tocaba[31] a ti, ¿no?

MIGUELITO – Übersetzungsprobleme

1 Überschrift .... KÜP .... Textsortenkonventionen
2 Eigennamen .... PÜP .... Empfängerbezug/Kulturreferenz
3 Autorname .... PÜP .... Senderbezug/Senderreferenz
4 Textlänge .... PÜP .... Medienbezug/Platzbeschränkung
5 Anrede .... PÜP .... Empf.bezug/Empfängerreferenz
6 Hypotaxe .... PÜP .... Medienbezug/Innere Situation
7 Synonymie .... SÜP .... Lexik/Wortfeld
8 Relativsatz .... KÜP .... Stilkonventionen/Syntax
9 Register .... PÜP .... Senderbezug/Sprecherspezifik
10 Zahlwort .... SÜP .... Lexik/Zahlwörter
11 Elativ .... PÜP .... Senderbezug/Sendereinstellung
12 Modalverb .... SÜP .... Lexik/Modalität
13 Abtönung .... SÜP .... Suprasegmentalia/Abtönung
14 Satzteilfokus .... SÜP .... Suprasegmentalia/Fokussierung
15 Präfigierung .... SÜP .... Lexik/Neologismen
16 Spezifische Verben .... SÜP .... Lexik/Wortfeld
17 Demonstrativpronomen . SÜP .... Lexik/Pronomina
18 Anakoluth .... TÜP .... Syntaktische Stilmittel
19 Interjektion .... PÜP .... Senderbezug/Sprecherspezifik
20 Unpersönl. Konstruktion SÜP .... Empf.bezug/Empfängerreferenz
21 Faux amis .... SÜP .... Lexik/Wortfeld
22 Sitten und Gebräuche.... PÜP .... Ortsbezug/Kulturelles Milieu
23 Realienbezeichnung ...... PÜP .... Empfängerbezug/Kulturreferenz
24 Rhetorische Frage .... TÜP .... Syntaktische Stilmittel
25 Parallelismus .... TÜP .... Syntaktische Stilmittel
26 Adjektivstellung .... SÜP .... Syntax/Wortstellung
27 Klimax .... TÜP .... Lexikalische Stilmittel
28 Wortfokus .... SÜP .... Suprasegmentalia/Fokussierung
29 Urteilssatz .... KÜP .... Stilkonventionen/Syntax
30 Futur .... SÜP .... Syntax/Tempora
31 Imperfekt .... SÜP .... Syntax/Tempora

Lektion 7
Übersetzung eines Werbefaltblatts für einen Bauträger

PARA INFORMACION
Y
ADJUDICACION

OFICINA DE PROMOCION:

Edificio DRACMA
Avda. Castellón, 12 (Paseo Marítimo)
Teléf. 172 49 51 - CULLERA (Valencia)

DOMICILIO SOCIAL:

COOPERATIVA DE VIVIENDAS
"EL FERROBUS"
Avda. Blasco Ibáñez, 94 bajo
Teléfono 360 07 16 (tardes de 5 a 8 h.)
46021 VALENCIA

En el lugar más tranquilo de la playa de San Antonio

torres de San Antonio

CULLERA
VALENCIA

COOPERATIVA DE VIVIENDAS
"EL FERROBUS"
FASE VIII · Complejo Residencial TORRES DE SAN ANTONIO

GRAFICAS RONDA, S.L. · Maestro Valls, 10 · 46022 VALENCIA

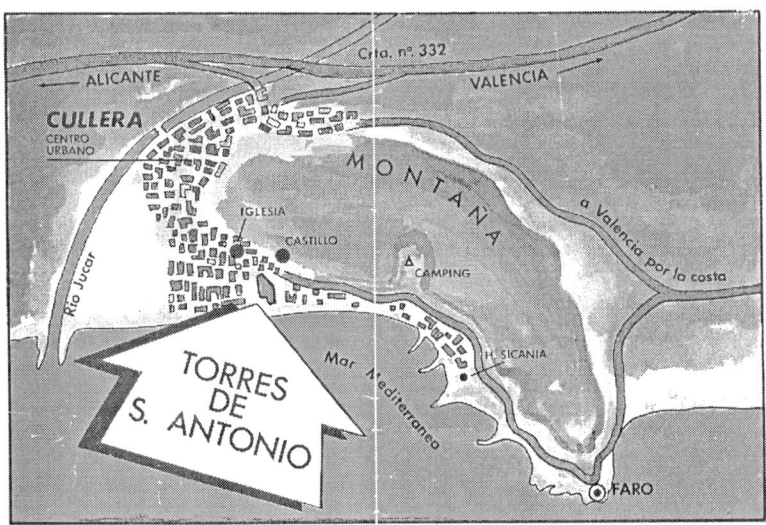

En el lugar más tranquilo de la playa de San Antonio, Complejo Residencial "TORRES DE SAN ANTONIO", reuniendo las siguientes ventajas:

— Emplazamiento inmejorable.

— Orientación mediodía (soleamiento adecuado).

— Arquitectura singular.

— Materiales de primera calidad.

Apartamentos de 2, 3 y 4 dormitorios, todos en versión simple y duplex.

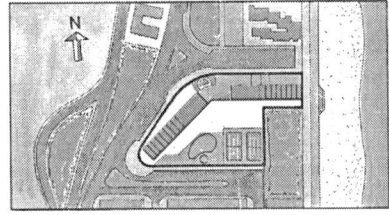

EQUIPAMIENTO:

— Dos Piscinas.
— Dos Pistas de Tenis.
— Dos Frontones.
— Dos Pistas de Squash.
— Pista Polideportiva.
— Gimnasio.

— Sauna.
— Parque infantil.
— Local Social
   (en dos plantas de 600 m²).
— 2 Plantas de Aparcamiento
   (dispone de plazas suficientes
   para todas las viviendas).

PRECIOS:

— Dos dormitorios
   (94 m²) .... 4.199.000'— Pts.
— Tres dormitorios
   (113 m²) .... 4.918.000'— Pts.
— Cuatro dormitorios
   (121 m²) .... 5.800.000'— Pts.

En este precio está incluída la
vivienda y la participación en todo el
equipo deportivo y social del
complejo.

Nuestro Complejo Residencial va a
ejecutarse en régimen de V.P.O.,
ofreciendo la siguiente financiación:

— 34% aproximadamente de
   aportación del socio, hasta la
   entrega de llaves.
— 66% de préstamo hipotecario a
   bajo interés (6, 8 u 11%) a 13
   años de plazo de amortización, a
   partir de la entrega de llaves.

Entre otras ventajas cabe destacar:

— Exención tributaria en 1.ª
   transmisión.
— Desgravación en el impuesto
   sobre la renta del 15% de las
   cantidades invertidas
— Y todas las ventajas que se
   derivan de ser viviendas de
   Protección Oficial y constituirse
   en Régimen de Cooperativa.

TORRES DE SAN ANTONIO – Auftrags- und Textanalyse

Übersetzungsauftrag

Das dreiteilige Faltblatt (auf der einen Seite befinden sich der Teil mit den Adressen, das Titelblatt mit sloganartigem Aufmacher *En el lugar más tranquilo...* sowie die Informationen zu Preisen und Finanzierungsmöglichkeiten, auf der anderen die allgemeinen Angaben zur Ausstattung mit dem Lageplan und die Darstellung des Gemeinschaftseigentums) soll außer auf Spanisch auch in deutscher, englischer und französischer Fassung hergestellt werden, weil die Nachfrage ausländischer Urlauber ungebrochen hoch ist. Alle Fassungen sollen zeitgleich im Verkaufsbüro der Baugenossenschaft EL FERROBUS in Cullera (Valencia) ausliegen. Layout und Aufmachung sind für alle Versionen gleich. Hier geht es um die Erstellung des deutschen Textes.

Interpretation

Es handelt sich um eine instrumentelle, funktionskonstante Übersetzung. Das heißt: Der Zieltext soll die deutschsprachigen Leser aus der BRD, der Schweiz und aus Österreich (evtl. aber auch deutschkundige Bewohner anderer Länder) dazu animieren, eine Ferienwohnung in der Wohnanlage TORRES DE SAN ANTONIO zu erwerben. Die Funktion der Texte ist also primär appellativ.

Funktionsanalyse

Die Appellfunktion geht von der Attraktivität der Sachinformationen (= Darstellungsfunktion im Dienst der Appellfunktion), der Überzeugungskraft der Bewertungen (= Ausdrucksfunktion im Dienst der Appellfunktion) und der Werbewirksamkeit bestimmter Formeln aus.

Übersetzungsstrategie

Die Sachinformationen müssen den Tatsachen entsprechen. Um die Appellwirkung zu sichern, müssen die Bewertungen in der Zielkultur als positiv eingestuft werden; die sprachliche Form (einschließlich der Klischees) muss den Konventionen der Zielkultur entsprechen, um Vertrauen zu erzeugen.

Übersetzungsprobleme

a) Pragmatische Übersetzungsprobleme ergeben sich im Zusammenhang mit den Unterschieden bei den Faktoren EMPFÄNGER (Kulturwissen: Realia; Sprachwissen: Eigennamen), ORT (kulturelles Milieu: Präsuppositionen im Hinblick auf Wohnsitz/ Steuerpflicht), INTENTION (Ausrichtung auf die Ansprechbarkeit des Empfängers) und MEDIUM (Platzbeschränkung). Der SENDER wird unter dem Text namentlich und mit Adresse genannt; die Verbalisierung des Senderbezugs im Text beschränkt sich auf ein Possessivpronomen der 1. Pers. Plural zur stilistischen Variation.

b) Konventionsbedingte Übersetzungsprobleme ergeben sich aus den unterschiedlichen Textsortenkonventionen (Immobilienwerbung: Klischees, Tabellen, Maßangaben, Adresse), bei den allgemeinen Stilkonventionen (Ellipse, Relativsätze, stilistische Variation) und den formalen Konventionen (Interpunktion, Kennzeichnungskonventionen, Maßkonventionen).

c) Sprachenpaarspezifische Übersetzungsprobleme ergeben sich in den Bereichen LEXIK (Wortfeld: Synonymie/Antonymie, Hyperonymie, Metonymie, Faux Amis; Neologismen: Adjektivierung, Entlehnung, Präfigierung, Komposition; Orthographie: Großschreibung; Relationsadjektiv) und SYNTAX (Gerundium, Parenthese).

Übersetzungsschwierigkeiten und Recherche

Terminologie und Konventionen der Textsorte sind aus Parallel- und Vergleichstexten zu erschließen. Da die Möglichkeiten der Steuerersparnis und die Vorteile des öffentlich geförderten Wohnungsbaus nur für Steuerinländer (= Spanier) gelten und die deutschen Adressaten aus verschiedenen Ländern kommen, ist eine exakte und für alle zutreffende Übersetzung nicht erforderlich. Ein Hinweis auf die unterschiedlichen Bedingungen ist jedoch angebracht.

Vergleichstexte

TORRES DE SAN ANTONIO – Didaktisierung

Adressenteil

[1]PARA INFORMACION
Y
ADJUDICACION
OFICINA DE PROMOCION:

5

Edificio DRACMA[2]
[3]Avda. Castellón, 12 (Paseo Marítimo)
Teléf. 172 49 51[4] – CULLERA (Valencia)
DOMICILIO SOCIAL:
COOPERATIVA DE VIVIENDAS

10

"EL FERROBUS"
Avda. Blasco Ibáñez, 94 bajo
Teléfono 360 07 16[4] (tardes [5]de 5 a 8 h.)
46021 Valencia

Titelblatt

15 [6]En el lugar más tranquilo[7] de la playa de San Antonio[2]

torres de San Antonio[2]
CULLERA / VALENCIA[2]
COOPERATIVAS DE VIVIENDAS[8,9] "EL FERROBUS"[2, 10]

FASE VIII[4] – Complejo Residencial[11] TORRES DE SAN ANTONIO

Allgemeine Angaben zur Ausstattung

20 En el lugar más tranquilo de la playa de San Antonio, Complejo Residencial "TORRES DE SAN ANTONIO", reuniendo[12] las siguientes ventajas:[13, 14]

- Emplazamiento inmejorable[1].
- Orientación mediodía[15] (soleamiento adecuado[16]).

25 - Arquitectura singular[1].
- Materiales de primera calidad[1].

Apartamentos[19] de 2, 3 y 4 dormitorios[18], todos en versión simple[19] y duplex[20].

Gemeinschaftseigentum

[21]EQUIPAMIENTO[22]:

30 - Dos[4] Piscinas[11,23].
- Dos Pistas de Tenis.
- Dos Frontones[9].
- Dos Pistas de Squash[20].
- Pista Polideportiva[24].
35 - Gimnasio[17].
- Sauna.
- Parque infantil[25].
- Local Social[11] [26](en dos plantas de 600 m^2).
- 2 Plantas de Aparcamiento [26](dispone de plazas suficientes
40 para todas las viviendas).

Preise und Steuervorteile

[21]PRECIOS:
- Dos dormitorios[18]
  (94 m^2).................................. 4.199.000'— Pts.[27]
- Tres dormitorios [18]
45 (113 m^2).................................. 4.918.000'— Pts.[27]
- Cuatro dormitorios [18]
  (121 m^2).................................. 5.800.000'— Pts.[27]

En este precio está incluida la vivienda y la participación en todo el equipo[28] deportivo y social del complejo.

50 Nuestro[29] Complejo Residencial va a ejecutarse en régimen de V.P.O.[9, 30], ofreciendo[12] la siguiente financiación:
- 34% aproximadamente de aportación del socio[31], hasta la entrega de llaves.
- 66% de préstamo hipotecario a bajo interés (6, 8 u 11%) a 13
55 años de plazo de amortización, a partir de la entrega de llaves[32].

[33]Entre otras ventajas cabe destacar:
- Exención tributaria[25] en 1.ª transmisión[34].
- [34]Desgravación en el impuesto sobre la renta del 15% de las
60 cantidades invertidas.
- Y todas las ventajas [35]que se derivan de ser viviendas de Protección Oficial[9] y constituirse en Régimen de Cooperativa[9].

TORRES DE SAN ANTONIO – Übersetzungsprobleme

[1] Klischee...................... KÜP.....Textsorte Immobilienwerbung
[2] Eigennamen .... PÜP.....Empfängerbezug/Kulturreferenz
[3] Adresse....................... KÜP.....Textsortenkonvent./Textbaustein
[4] Zahlen .... KÜP.....Schreibkonventionen
[5] Zeitangabe .... KÜP.....Schreibkonventionen
[6] Ellipse.......................... KÜP.....Stilkonventionen/Syntax
[7] Superlativ .... PÜP.....Senderbezug/Sendereinstellung
[8] Sendername................. PÜP.....Senderbezug/Senderreferenz
[9] Realienbezeichnung ..... PÜP.....Empfängerbezug/Kulturreferenz
[10] Anführungszeichen...... KÜP.....Kennzeichnungskonventionen
[11] Synonymie .... SÜP.....Lexik/Wortfeld
[12] Gerundium .... SÜP.....Syntax/Nebensatzverkürzung
[13] Liste/Tabelle................ KÜP.....Textsortenkonvent./Textbaustein
[14] Textlänge .... PÜP.....Medium/Platzbeschränkung
[15] Adjektivierung.............. SÜP.....Lexik/Neologismen
[16] Bewertung................... PÜP.....Intentionsbezug/Indirekter Appell
[17] Faux amis .... SÜP.....Lexik/Wortfeld
[18] Maße........................... KÜP.....Maßkonventionen
[19] Antonymie................... SÜP.....Lexik/Wortfeld
[20] Entlehnung .... SÜP.....Lexik/Neologismen
[21] Überschrift................... KÜP.....Textsortenkonventionen
[22] Hyperonymie .... SÜP.....Lexik/Wortfeld
[23] Großschreibung........... KÜP.....Formale Konventionen/Kenn-
                                                    zeichnung
[24] Präfigierung................. SÜP.....Lexik/Neologismen
[25] Relationsadjektiv .... SÜP.....Lexik/Adjektiv
[26] Parenthese.................. SÜP.....Syntax
[27] Preisangabe .... PÜP.....Ortsbezug/Rezeptionsort
[28] stilistische Variation..... KÜP.....Stilkonventionen/Textkonstitution
[29] Erste Person .... PÜP.....Senderbezug/Senderreferenz
[30] Kürzung...................... SÜP.....Lexik/Neologismen
[31] Empfängerparaphrase. PÜP.....Empf.bezug/Empfängerreferenz
[32] Metonymie .... SÜP.....Lexik/Wortfeld
[33] Lebenswelt.................. PÜP.....Ortsbezug/Kulturelles Milieu
[34] Komposition .... SÜP.....Lexik/Neologismen
[35] Relativsatz .... KÜP.....Stilkonventionen/Syntax

Lektion 8
Übersetzung eines Faltblatts für ein Touristikunternehmen

LAGO DE LA ALBUFERA

Recorriendo los parajes de "CAÑAS Y BARRO", visitando el Museo Nacional de Cerámica

DE MARTES A SABADOS
(excepto festivos) • TARDES

Salida frente a la Oficina Municipal de Turismo (Ayuntamiento), a las 16'00 horas. (Durante los meses de Junio, Julio, Agosto y Septiembre, salida a las 17'00 horas.)

ITINERARIO: Se inicia visitando el **Museo Nacional de Cerámica**. A continuación, recorrido hasta la Albufera, la más importante zona arrocera de España. Se visitará una "barraca", típica vivienda del labrador valenciano, y posteriormente se realizará un paseo en barca típica por el lago de la Albufera. A continuación, recorrido por la Urbanización Turística de la Dehesa del Saler, para regresar a Valencia.

> **Precio por persona: 1.500 Ptas.**

FROM TUESDAYS TO SATURDAYS
(except Holidays) • IN THE AFTERNOON

Departure in front of the Tourist Office (Town Hall), at 4.00 p. m. (During the months of June, July, August and September, departure at 5.00 p. m.)

ITINERARY: The tour starts with a visit to the **National Ceramics Museum**, drive along the Harbour in order to arrive at the "Albufera", the most important rice area in Spain. A visit will be paid to a "Barraca", typical house of the valencian farmer continuing with a sailing by boat along the picturesque Albufera Lake. Afterwards, drive along the Tourist resort of the "Dehesa del Saler", returning at Valencia.

> **Price per person: 1.500 Ptas.**

DE MARDIS A SAMEDIS
(sauf jours feriées) • L'APRES-MIDI

Départ face au Bureau Municipal du Tourisme (Hôtel de la Ville), à 16h00. (Pendant les mois de Juin, Juillet, Août et Septembre, départ à 17h00.)

ITINERAIRE: On commencera le parcours en visitant le **Musée National de Ceramiques**. Après la visit, départ en longeant le port jusqu'à "La Albufera", la plus importante region productrice de riz d'Espagne. On visitera une "Barraca", maison typique du paysan valencian. Ensuite on effectuera une promenade en bateau sur le pittoresque lac de la "Albufera". On continuera par une visite à l'Urbanisation Touristique de la "Dehesa del Saler", et retour à Valence.

> **Prix par personne: 1.500 Ptas.**

VISITA DE VALENCIA

MUSEOS DE PINTURA CATEDRAL · LA LONJA

DE MARTES A SABADOS
(excepto festivos) • MAÑANAS

Salida frente a la Oficina Municipal de Turismo (Ayuntamiento), a las 10'00 horas.

ITINERARIO: Comienza el recorrido visitando el **Museo Histórico Municipal y Palacio del Ayuntamiento**, para proseguir hacia la **Lonja de Mercaderes**, el Mercado Central y la **Catedral**, en cuya Puerta de los Apóstoles se reúne, todo los jueves, el famoso **Tribunal de las Aguas**, para juzgar los asuntos de la Huerta Valenciana. Posteriormente, se realizará una visita exterior a las Torres de Cuarte y Serranos y al **Museo de Bellas Artes**.

> **Precio por persona: 1.500 Ptas.**

FROM TUESDAYS TO SATURDAYS
(except Holidays) • IN THE MORNING

Departure in front of the Tourist Office (Town Hall), at 10'00 a. m.

ITINERARY: The tour starts visiting the **Municipal Historic Museum** and the **Town Hall Palace**, proceeding afterwards to the **Mercant's "Lonja"**, the Central Market and the **Cathedral**, with the Apostle's Gate, where the meeting of the famous **"Jury of the Waters"** is held every Thursday in order to solve the problems of the Valencian fields. Later on, outside view of the Towers of Cuarte and Serranos and the **"Bellas Artes" Museum**.

> **Price per person: 1.500 Ptas.**

DE MARDIS A SAMEDIS
(sauf jours feriées) • LE MATIN

Départ, face au Bureau Municipal de Tourisme (Hôtel de la Ville), à 10h00.

ITINERAIRE: Le parcours commencera par la visite du **Musée Historique Municipal** et le **Palais de la Mairie**. On se dirigera ensuite vers la **"Lonja"** des marchands, le Marché Central et la **Cathedrale** où devant la porte des Apôtres se reuni, tous les jeudis, le célèbre **Tribunal des Eaux**, pour juger les affaires de la "huerta" de Valence. Ensuite on effectuera une visite exterieure aux tours de Cuarte et Serranos et le **Musée des Beaux Arts**.

> **Prix par personne: 1.500 Ptas.**

EXCURSIONES VALENCIA – Werbung Galerías Preciados

Galerías Preciados
Grandes Almacenes de Valencia
C/ Colón, 27

La moda y sus complementos, hogar, viaje y artículos de piel, deportes, librería, música, "Souvenirs", Cafetería.
Se admiten Tarjetas de Crédito y pago en moneda extranjera.

Galerias Preciados
Grands Magasins de Valence
C/ Colón, 27

La mode et ses compléments, maison, voyage et maroquinerie, sport, librairie, musique, souvenirs, snack-bar.
On admet cartes de crédit et paiement monnaie etrangère.

Galerías Preciados
Deparment Store
C/ Colón, 27, Valencia

Fashion and accesories, hardware, travel agency and leather goods, sportswear, bookshop, music, souvenirs, cafeteria.
Credit cards and foreign currency accepted.

EXCURSIONES VALENCIA – Allgemeine Geschäftsbedingungen

CONDICIONES GENERALES. – Las visitas y excursiones que figuran en este programa, comprenden: El transporte en autocar, las entradas a monumentos, el almuerzo en las de día completo y los servicios de guía. No se incluyen toda clase de extras. Los precios, horarios e itinerarios del programa pueden ser modificados si las circunstancias lo imponen, en cuyo caso los clientes podrán optar por aceptar las modificaciones que se produzcan, de las que se informará antes de iniciarse el servicio, o solicitar el reembolso del importe abonado, a través de la oficina emisora del ticket, sin opción a indemnización o reembolso parcial. Una vez iniciada la visita o excursión, todos los componentes han de someterse a la correcta disciplina del guía, quien se halla suficientemente facultado para introducir cuantas modificaciones aconsejen o impongan las circunstancias, bien por razones de coincidencia, tanto de orden oficial o privado, como por otras. El abandono o separación del grupo durante la excursión, por causas no imputables a la Organización, supone la pérdida de todo derecho de reclamación total o parcial o indemnización. La Agencia de Viajes hace constar que opera como intermediario entre los clientes y la compañía de transporte, restaurantes o cualquier otro prestatario. Tampoco se responsabiliza de retrasos, pérdidas, accidentes, daños u otras irregularidades que puedan ocurrir. La inscripción a cualquiera de estas ecxursiones supone la conformidad y aceptación a estas condiciones.

EXCURSIONES VALENCIA – Auftrags- und Textanalyse

Übersetzungsauftrag

Es handelt sich um ein dreiteiliges Faltblatt mit 2 Tour-Informationen in spanischer, französischer und englischer Sprache und einem kleinen Stadtplan, unter dem die Allgemeinen Geschäftsbedingungen aufgeführt sind (ebenfalls in den drei Sprachen). Auf der Rückseite des Faltblatts befindet sich eine Werbung für das Kaufhaus *Galerías Preciados*. Bei einer Neuauflage des Faltblatts soll anstelle der französischen eine deutsche Fassung der Texte abgedruckt werden. Layout und Anordnung der Texte sollen unverändert bleiben.

Interpretation

Es handelt sich um eine instrumentelle, funktionskonstante Übersetzung. Das heißt: Der Zieltext soll die deutschsprachigen Leser über die Stadtrundfahrt und die Ausflugfahrt zur Albufera informieren, ihnen die allgemeinen Geschäftsbedingungen bekannt geben und für das Kaufhaus *Galerías Preciados* werben.

Funktionsanalyse

Die Texte *Visita de Valencia* und *Lago de la Albufera* haben primär informative Funktion. Durch die *Condiciones generales* will sich der Veranstalter gegen Haftungsansprüche absichern, die Informationen dieses Textes haben sozialverbindlichen Charakter. Der Text *Galerías Preciados* informiert über die Abteilungen des Kaufhauses – hier sollen die Informationen (ähnlich wie bei den Tourbeschreibungen) indirekt eine gewisse appellative Funktion haben.

Übersetzungsstrategie

Für alle Teiltexte gilt, dass die Informationen vollständig und genau zu übersetzen sind. Die sprachliche Form muss jeweils den Konventionen der Zielkultur entsprechen. Das gilt besonders für die *Condiciones generales*, deren sozialverbindliche Wirkung von der Akzeptabilität der Form abhängt.

Übersetzungsprobleme

a) *Pragmatische Übersetzungsprobleme* ergeben sich aus den Faktoren EMPFÄNGER (Realia, Eigennamen), REZEPTIONSZEIT (Albufera-Text: die Zielempfänger sind vor allem im *Sommer* in Spanien), REZEPTIONSORT (Adresse des Kaufhauses) und MEDIUM (Platzbeschränkung).

b) *Konventionsbedingte Übersetzungsprobleme* ergeben sich aus den unterschiedlichen Konventionen der Textsorten Tourprogramm (Zeitangaben, Preisangaben, Tempora, Ellipse), Adresse und Allgemeine Geschäftsbedingungen (Senderbezug, Aufzählungen, Variation, Klischees, Relativsätze, Nominalstil), aus den allgemeinen Stilkonventionen (Relativsatz, Apposition, Nominal- vs. Verbalstil, stilistische Variation, Anaphora) und aus den formalen Konventionen (Schreibkonventionen, Interpunktion).

c) *Sprachenpaarbezogene Übersetzungsprobleme* ergeben sich im Bereich der LEXIK (Wortfeld: synonymische Varianten, Hendiadyoin, Hyperonymie; Neologismen: Komposition; Modalverben, Relationsadjektiv), der SYNTAX (Gerundium, Partizipial- und Infinitivkonstruktionen, Parenthese, Apposition, distributive Nebenordnung) und der SUPRASEGMENTALIA (Fokussierung).

Übersetzungsschwierigkeiten und Recherche

Terminologie und Konventionen der Textsorten sind aus Parallel- und Vergleichstexten zu erschließen. Der landeskundliche Hintergrund sowie die Verfahren der Einfügung zusätzlicher Informationen in Texte mit landeskundlicher Thematik können aus Reiseführern und anderen Background-Texten recherchiert werden.

Parallel-, Vergleichs- und Backgroundtexte

MERIAN-Heft 7/XXIII *Valencia/Costa Brava*
Valencia und seine Provinz
Valencia del Cid (600 000 E.): Drittgrößte Stadt Spaniens (nach Madrid und Barcelona): am Rio Turia in der fruchtbaren Huerta von Valencia gelegen. Handels- und Industriezentrum, Sitz eines Erzbischofs und Universitätsstadt. [...] Neuzeitliches Zentrum ist die Plaza del Caudillo mit dem Ayuntamiento (Rathaus). Die **Kathedrale La Seo** liegt nahe der weiten Plaza de la Reina. Sie wurde auf Fundamenten eines Diana-Tempels, eines westgotischen Gotteshauses und einer Moschee errichtet. [...] Ins linke Querschiff tritt man durch die gotische Puerta de los Apóstoles, wo nach alter Tradition an jedem Donnerstagmittag das von Bauern gebildete „Tribunal de las Aguas" (Wassergericht) tagt. Das Läuten der Wasserglocke auf dem oktogonalen, 68 m hohen Glockenturm Miguelete regelte früher die Bewässerung der Huerta. Die **Lonja de la Seda** (Seidenbörse) erinnert an die jahrhundertelange Handelsbedeutung der Stadt.[...] In der Calle Guillén steht die Toranlage **Torres de Cuarte** von Pedro Bonfill 1441 bis 1460 erbaut, nach dem Vorbild des Castel Nuovo in Neapel. Älter ist der am Río Turia gelegene Torbogen **Torres de los Serranos** von 1138, der sich auf römischen Grundmauern erhebt. Zum linken Ufer des Rio Turia führt die 1598 erbaute, in der Barockzeit umgestaltete **Puente del Real**. Nach Überschreiten des Turia gelangt man zum **Museo Provincial de Bellas Artes de San Pío V.**, das in einem Barockkloster untergebracht ist.
Albufera-See: Die Lagune Albufera, südlich von Valencia, hieß bei den Mauren Al Buhera, d.h. „kleines Meer". Der See ist vom Mittelmeer durch eine 20 km lange und 4,5 km breite Nehrung getrennt. Klassisches Gebiet für Reisanbau, Fischerei und Jagd auf Wasservögel.

Polyglott Reiseführer *Costa Brava / Valencia*, München 1979:
AUSFLÜGE
1. Albufera, 16 km. Die Küstenstraße führt über El Saler, wo es einen schönen Strand mit ausgedehnten Pinienwäldern, einen modernen Touristenkomplex und einen der besten Golfplätze Spaniens (18 Löcher) gibt, zum Süßwassersee La Albufera. Er ist durch mehrere Ausflüsse mit dem Meer verbunden. Der See ist sehr fischreich, kleine Fischerdörfer liegen an seinen Ufern. [...] Um den See herum liegen

Gemüsegärten und Reisfelder, in denen die dort verstreuten typischen mit Stroh und Schilf gedeckten weißen Bauernhäuser („Barracas") der Landschaft ein besonderes Gepräge geben.

Sehr reizvoll ist eine Bootsfahrt auf dem See, besonders am Abend, wenn das Wasser im Licht der Dämmerung in vielen Farben schimmert. Zwischen der *Albufera* und dem Meer breitet sich die *Dehesa* aus: ein mit Pinien bestandener Landstreifen, der sich ideal zum Campingsport eignet. Wegen der unmittelbaren Meeresnähe ist dieses Gebiet auch bei Feriengästen sehr beliebt.

Paralleltexte

Rundfahrten, Ausflüge

Stadtrundfahrten (deutsch/engl.) ab Hauptbahnhof: Anfang Mai - Ende Oktober: werktags 15 Uhr, So. 10.30 Uhr, November - April nur So. 10.30 Uhr. Karten nur im Vorverkauf in der Tourist-Information.

Stadtrundgänge ab Tourist-Information: Anf. Mai - Ende Oktober tägl. 14.30 Uhr.

Hafenrundfahrten: Ab Martini-Anleger; 11/4 Std., Ende März - Ende Oktober, 10.00, 11.30, 13.30, 15.15 und 16.40 Uhr.

Schiffsfahrten weserabwärts bis Bremerhaven. Mitte Mai - Mitte September 8.30 Uhr ab Martini-Anleger.

Schiffsfahrten nach Worpswede. Ab Bremen-Vegesack über Lesum und Hamme. Mitte Mai - Ende August, sonntags 9.15 Uhr; während der Hauptsaison zusätzlich auch mittwochs.

Helgoland-Fahrten mit dem Bremer Seebäderdienst. Ab Bremen/Bremerhaven. Mitte Mai - Mitte Sept. täglich. Inselaufenthalt ca. 4 Stunden.

Sehenswertes

Roland: Errichtet 1404.
Rathaus: Gotischer Grundbau 1405-
1409. Renaissancefassade 1609-1612.
Führungen (falls keine Empfänge):
Mo.-Fr. 10, 11, 12 Uhr, März - Ende
Oktober auch Sa. u. So. 11 und 12 Uhr.
Ratskeller: einer der ältesten Stadt-
weinkeller (1408).
Die Bremer Stadtmusikanten am
Rathaus (Westfront). Bronzeplastik
von Professor Gerhard Marcks (1953).
St.-Petri-Dom: Baubeginn 1042. Älteste
Teile: die Krypten. Ganzjährig Besich-
tigung möglich; Bleikeller nur in den
Sommermonaten (Mai - Oktober).

Verkehrsverein der Freien Hansestadt Bremen e.V.
Postfach 100 747 · Hillmannplatz 6 · 2800 Bremen 1 ·
Telefon: (04 21) 30 800-0 · Telefax: (04 21) 30 800-30 · Telex 2 44 854.
Während Ihres Aufenthaltes in Bremen sollte Ihre Anlaufstelle die
Tourist-Information des Verkehrsvereins am Hauptbahnhof sein
(geöffnet: Mo.-Do. 8-20 h. Fr. 8-22 h, Sa. 8-18 h, So. 9.30-15.30 h).

EXCURSIONES VALENCIA – Didaktisierung
Tour 1

VISITA DE VALENCIA
MUSEOS DE PINTURA   }   wird nicht übersetzt
CATEDRAL - LA LONJA   (vgl. Übers.auftrag)

DE MARTES A SABADOS[1]
5 [2](excepto festivos) – MAÑANAS

Salida frente a la Oficina Municipal de Turismo[3] (Ayuntamiento[3]),
a las 10'00 horas[4].

ITINERARIO: Comienza el recorrido visitando[5] el [6]Museo Histórico Municipal[7] y Palacio del Ayuntamiento[7], [8]para proseguir hacia
10 la Lonja de Mercaderes[7], el Mercado Central[3] y la Catedral[7], en
cuya Puerta de Los Apóstoles[7] se reúne, todos los jueves, el
famoso[10] Tribunal de las Aguas[3], [8]para juzgar los asuntos de la
Huerta[3] Valenciana. [11]Posteriormente, se realizará[12] una visita
exterior a las Torres de Cuarte[7] y Serranos[7] y al Museo de Bellas
15 Artes[7].

Precio por persona 1.500 Ptas.[13]

Tour 2

LAGO DE LA ALBUFERA
Recorriendo los parajes de   wird nicht übersetzt
20 "CAÑAS Y BARRO", visitando   vgl. Übersetzungsauftrag
el Museo Nacional de Cerámica

DE MARTES A SABADOS[1]
[2](excepto festivos) – TARDES

Salida frente a la Oficina Municipal de Turismo[3] (Ayuntamiento[3]),
25 a las 16'00 horas[4]. [14](Durante los meses de Junio, Julio, Agosto y
Septiembre, salida a las 17'00 horas.)

ITINERARIO: Se inicia visitando[5] el Museo Nacional de Cerámica[7]. [11]A continuación, [16]recorrido hasta la Albufera[7], [17]la más importante zona arrocera[18] de España. Se visitará[12] una "barraca"[3],
30 [17]típica vivienda del labrador[3] valenciano, [11]y posteriormente se
realizará[12] un paseo en barca típica por el lago de la Albufera. [11]A
continuación recorrido por la Urbanización Turística[3] de la Dehesa
del Saler[7], [8]para regresar a Valencia.

Precio por persona 1.500 Ptas.[13]

Werbung

35
Galerías Preciados[7]
Grandes Almacenes de Valencia
C/ Colón, 27[19]
[20]La moda y sus complementos, hogar, viaje y artículos de
piel, deportes, librería, música, "Souvenirs", Cafetería.
40   [21]Se admiten Tarjetas de Crédito y pago en moneda extranjera.

[22]**Condiciones generales**
Las visitas y excursiones [9]que figuran en este programa, comprenden: El [23]transporte en autocar, las [23]entradas a monumentos, el almuerzo en las de día completo y los [23]servicios de guía.
45 [24]No se incluyen toda clase de extras. Los precios, horarios e itinerarios del programa [25]pueden ser modificados si las circunstancias lo imponen, [9]en cuyo caso los clientes[26] podrán[12] optar por
aceptar las modificaciones [9]que se produzcan, [9]de las que se informará[12] [8]antes de iniciarse el servicio, o solicitar el reembolso
50 del importe abonado, a través de la oficina [17]emisora del ticket, sin
opción a indemnización o reembolso parcial. Una vez iniciada[27] la
visita o excursión, todos los componentes[26] han de someterse a la
correcta[10] disciplina del guía, [9]quien se halla suficientemente facultado para introducir [9]cuantas modificaciones [29]aconsejen o im-
55 pongan las circunstancias, [30]bien por razones de coincidencia,
[30]tanto de orden oficial o privado, [30]como por otras. El [29]abandono
o separación del grupo durante la excursión, por causas no imputables a la Organización[31], supone la pérdida de todo derecho
de reclamación total o parcial o indemnización. La Agencia de
60 Viajes[32] hace constar que opera como intermediario entre los
clientes[26] y la compañía de transporte, restaurantes o cualquier
otro prestatario[33]. Tampoco se responsabiliza de retrasos, pérdidas, accidentes, daños u otras irregularidades[33] [9]que puedan ocurrir. La inscripción a cualquiera de estas excursiones supone la
65 [29]conformidad y aceptación a estas condiciones.

NOTA.-[34] La Organización[31] se reserva la facultad de modificar las
frecuencias de cada una de las excursiones [9]que figuran en este
programa, aumentando[5] o reduciendo[5] éstas[35] por alta o baja temporada.

EXCURSIONES VALENCIA – Übersetzungsprobleme

[1] synonym. Varianten .... SÜP.....Lexik/Wortfeld
[2] Parenthese .... SÜP.....Syntax/Satzbau
[3] Realienbezeichnung....... PÜP.....Empfängerbezug/Kulturreferenz
[4] Zeitangaben.................. KÜP.....Schreibkonventionen
[5] Gerundium.................... SÜP.....Syntax/Nebensatzverkürzung
[6] Hervorhebung .... KÜP.....Stilkonventionen/Syntax
[7] Eigennamen.................. PÜP.....Empfängerbezug/Kulturreferenz
[8] Infinitivkonstruktion .... SÜP.....Syntax/Nebensatzverkürzung
[9] Relativsatz .... KÜP.....Stilkonventionen/Syntax
[10] Adjektivstellung .... SÜP.....Lexik/Adjektiv
[11] Verknüpfung................. KÜP.....Textsortenkonvent./Tourprogramm
[12] Futur .... SÜP.....Syntax/Tempora
[13] Preisangaben .... KÜP.....Schreibkonventionen
[14] Aufbau .... PÜP.....Zeitbezug/Rezeptionszeit
[15] Tabelle .... KÜP.....Textsortenkonvent./Textbausteine
[16] Ellipse .... KÜP.....Stilkonventionen/Syntax
[17] Apposition .... KÜP.....Stilkonventionen/Syntax
[18] Relationsadjektiv .... SÜP.....Lexik/Adjektiv
[19] Adresse...................... PÜP.....Ortsbezug/Rezeptionsort
[20] Zitat........................... PÜP.....Funktionsbezug/Teiltext
[21] Formeln....................... KÜP.....Textsortenkonvent./Textbausteine
[22] Überschrift................... KÜP.....Textsortenkonventionen
[23] Komposition .... SÜP.....Lexik/Neologismen
[24] Satzteilfokus................ SÜP.....Suprasegmentalia/Fokussierung
[25] Nominal- vs. Verbalstil... KÜP.....Stilkonventionen/Syntax
[26] Empfängerparaphrase ... PÜP.....Empf.bezug/Empfängerreferenz
[27] Partizipialkonstruktion.... SÜP.....Syntax/Nebensatzverkürzung
[28] Modalverb .... SÜP.....Lexik/Modalität
[29] Hendiadyoin .... SÜP.....Lexik/Wortfeld
[30] distributive Nebenordng. SÜP.....Syntax/Reihung
[31] Senderparaphrase........ PÜP.....Senderbezug/Senderreferenz
[32] stilistische Variation....... KÜP.....Stilkonventionen/Textkonstitution
[33] Hyperonymie................ SÜP.....Lexik/Wortfeld
[34] Punkt.......................... KÜP.....Formale Konvent./Interpunktion
[35] Anaphora .... KÜP.....Stilkonventionen/Textkonstitution

Lektion 9
Übersetzung eines Kochrezepts

PASTEL AMALIA

Cantidades: Para 4 personas
Tiempo de cocción: Media hora de horno
Ingredientes: 3 huevos; 4 cucharadas soperas de azúcar; 2
cucharadas colmadas de harina; un poco de azúcar vainillado; 100
gramos (1/4 lb.) de fruta confitada.

Se toman tres huevos y se separan las claras de las yemas. Estas
se mezclan en una fuente con el azúcar, y cuando la mezcla está
bien ligera, se le añade cucharada a cucharada la harina, y luego
las claras de huevo mondadas hasta formar una nieve muy espesa, sin dejar de batir y levantar la pasta para hacerla ligera.
A continuación se unta de manteca o mantequilla un molde redondo y se llena con la pasta, cociendo el pastel en el horno suave,
procurando que el calor le dé por todos los lados de modo regular.
Cuando el pastel está cocido, se deja enfriar y se desmolda, adornándose por encima con la fruta confitada.

Es excelente comido con mermelada de melocotones o albaricoques.

(Aus: Genoveva Bernard: Un menú para cada día, Barcelona [6]1973)

PASTEL AMALIA – Auftrags- und Textanalyse

Übersetzungsauftrag

Der Text ist zu übersetzen für ein konventionell aufgemachtes Kochbuch mit dem Titel *Süßspeisen aus aller Welt*, das in Kürze in einem
Frankfurter Verlag erscheinen soll.

Interpretation

Es handelt sich um eine instrumentelle, funktionskonstante Übersetzung. Das heißt: Die Zielempfänger sollen in die Lage versetzt werden, das betreffende Gericht herzustellen.

Funktionsanalyse

Die Hauptfunktion des Textes ist die Darstellungsfunktion (Unterfunk-
tion: Instruktion). Die Gestaltung folgt im wesentlichen den spanischen
Konventionen für diese Textsorte. Der Text richtet sich an ausgangskulturelle Empfänger in einer ausgangskulturellen Lebenswelt.

Übersetzungsstrategie

Die Informationen müssen, soweit erforderlich, für die Zielkultur bear-
beitet werden. Die Form des Textes muss den zielkulturellen Konventionen für Kochrezepte entsprechen.

Übersetzungsprobleme

a) Pragmatische Übersetzungsprobleme ergeben sich aus dem unterschiedlichen EMPFÄNGERBEZUG (Realia) und ORTSBEZUG
   (Lebenswelt).

b) Konventionsbedingte Übersetzungsprobleme ergeben sich aus
   den unterschiedlichen Textsortenkonventionen für Kochrezepte
   im Spanischen und Deutschen.

c) Sprachenpaarspezifische Übersetzungsprobleme ergeben sich im
   Bereich der Lexik (Wortfeld: Süßspeisen!). Da der ZT-Satzbau
   den zielkulturellen Konventionen angepasst werden muss, stellen
   die Gerundien kein syntaktisches Problem dar.

Vergleichs- und Backgroundtext

Soufflés, die keine Wünsche offen lassen

Käsesoufflé

(Bild Seite 6/7)

Bitte beachten Sie hierzu auch die Phasenbeschreibung S. 8/9.

30 g Butter (oder Margarine), ca. 30 g Mehl, ¼ l Milch, Salz, weißer Pfeffer aus der Mühle, 3 Eier, 100 g Emmentaler oder Gruyère (Greierzer), ein wenig Butter oder Margarine, Fett für die Form

Aus Fett und Mehl eine Schwitze bereiten, mit Milch zu einer Sauce verkochen, würzen. Eier trennen, Eigelb neben dem Herd in die Sauce arbeiten. Käse reiben, auch ihn einarbeiten. Sauce mit etwas Fett abreiben, damit sie keine Haut bekommt. Eiweiß mit einer Prise Salz steif schlagen, vorsichtig unterheben. Die Form fetten, Masse einfüllen und das Ganze in den Ofen (auf dem Boden!) einschieben. Bei 180 Grad etwa 25 bis 30 Minuten backen. Beilage: Ein frischer, reichlich gekräuterter Salat.

Krabbensoufflé

Eine kleine, raffinierte Vorspeise für 4 Personen. Wenn Sie die rosa Tiefseekrabben verwenden, sieht das Soufflé schöner aus, nehmen Sie die grauen Nordseekrabben, schmeckt es dafür intensiver.

150 g ausgelöstes Krabbenfleisch, ½ Zitrone (Saft), Pfeffer, Salz, etwas gemahlener oder im Mörser zerstoßener Koriander (Körner), ein Hauch Cayennepfeffer oder Chilipulver, 30 g Butter oder Margarine, 1 EL Mehl, 0,2 l Milch, ½ Glas trockener, säurebetonter Weißwein (Riesling oder Silvaner), 3 Eier, Fett für die Form

Das Krabbenfleisch mit Zitronensaft im Mixer oder Universal-Zerkleinerer pürieren und würzig abschmecken. Aus Fett, Mehl, Milch und Wein eine Béchamel bereiten (siehe Seite 8/9). Etwas abkühlen lassen – danach das Krabbenfleisch einziehen. Erst die festgeschlagenen Schnee der 3 Eiweiß in mehreren Partien zugeben und vorsichtig unterheben. In eine reichlich gefettete Form füllen und etwa 25 Minuten bei 200 Grad backen. Beilage: Nicht nötig, es sei denn,

ein kleiner, erfrischender Salat – etwa grüne Böhnchen. TIP: Sehr hübsch, wenn man die Soufflés in Portionsförmchen abfüllt, dann nur 15 Minuten bäckt und gestürzt auf vorgewärmten Tellern serviert.

Aprikosensoufflé

Im Frühsommer bereitet man dieses Soufflé mit frischen Aprikosen zu – die jetzt erhältlichen griechischen Aprikosen, die oft ein wenig mehlig sind und zum Rohessen so angenehm, eignen sich hierzu bestens. Im Winter dagegen nimmt man getrocknete Aprikosen. Oder auch Früchte aus der Dose – das geht besonders schnell, doch ist die Qualität nicht so optimal. Herstellung des Pürees aus frischen Früchten Ca. 750 g Aprikosen entsteinen, klein schneiden und mit etwas Zucker und Zitronensaft weich kochen. Die Zuckermenge richtet sich nach der Reife der Früchte, der Zitronensaft nach Säure und persönlichem Geschmack. Wenn die Aprikosenstücke sich aufzulösen beginnen, einen guten Schuß Kirschwasser zufügen und alles durch ein feines Sieb streichen. Noch mal aufkochen und unter ständigem Rühren recht trocken einkochen – Vorsicht, brennt leicht an! ... aus getrockneten Früchten 300 g getrocknete Aprikosen über Nacht in einem Sirup aus 100 g Zucker und ¼ l Wasser einweichen, auch einen Schuß Kirschwasser dazugeben. Nun köcheln, bis die Früchte weich sind. Durchpassieren und einkochen, wie oben angegeben. ... aus Dosenfrüchten Früchte abtropfen lassen, durchpassieren, etwas trocken dünsten – wie angegeben – und mit Kirschwasser parfümieren.

400 g Aprikosenpüree, 4 Eiweiß, 1 EL Zucker, 1 Schuß Kirschwasser, Fett und Zucker für die Form, Puderzucker zum Bestäuben

Die Eiweiß in einer recht weiten Schüssel erst mit dem Zucker geschmeidig-fest schlagen. Vorsichtig unter das Aprikosenpüree heben. Form (oder Portionsförmchen) ausfetten und sie mit Zucker ausstreuen, nicht haften-

So fettet man eine Auflaufform richtig

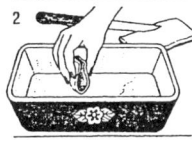

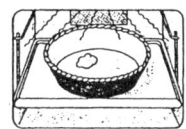

① sehen, ob auch wirklich alle Partien genügend gefettet sind (wenn nicht, bleibt das Soufflé oder ein Gebäck ja hängen), stellt man die Form kurz in den Tiefkühler: Wo nun keine weiße Schicht die Oberfläche überzieht, wird nachgefettet. Und so bekommen Sie am besten weiche Butter: Ein Stück in einen kleinen Topf oder ein Schälchen geben und in die Nähe des Herdes stellen – niemals auf eine heiße Platte! ② Deftige, rustikale Aufläufe vertragen einen kräftigen Geschmack – dann kann man, das ist besonders sparsam, mit einer Speckschwarte die warme Form ausreiben. ③ Ein Stück Butter (Margarine, Schweineschmalz oder ein anderes Fett) in die Form legen, diese in den Ofen schieben, das Fett schmelzen lassen. Dann die Form mit Topflappen herausnehmen und das flüssige Fett durch Schwenken überall verteilen. ④ Die Form in den Ofen stellen und sie werden lassen. Herausnehmen und ein Stück eiskalte Butter in der Form spazierenführen. Man kann das mit den Fingern machen oder, wenn man Angst hat sich zu verbrennen, mit einer Gabel. Je weniger heiß die Form ist, desto dicker wird die Fettschicht! Diese Methode ist besonders zeitsparend: Man stellt die Form während des Vorheizens schon in den Ofen und bereitet die Zutaten vor

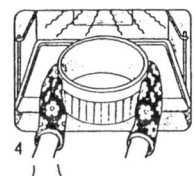

① Sehr weiche, aber noch nicht ganz flüssige Butter oder Margarine mit einem Pinsel in der kalten Form verstreichen. Will man sparsam sein, ist dies die beste Methode. Um zu

den Zucker abschütten. Masse bis in ¾ Höhe einfüllen und in den auf 200 Grad vorgeheizten Ofen schieben. In großer Form etwa 25 Minuten, in den kleinen Förmchen etwa 12 Minuten bakken. Herausnehmen und sofort mit Puderzucker überstäuben. Dazu gibt's eine Sauce aus pürierten Himbeeren – nur aufkochen mit etwas Zucker, einen Schuß Himbeergeist oder Cognac – wenn gewünscht – und durchpassieren. Mit Minzeblatt garnieren. Und noch ein guter TIP: Sehr hübsch sieht es aus,

Übersetzungsschwierigkeiten

Für Übersetzer, die keine Back-Fachleute sind, erscheint besonders die Übersetzung von *pastel* schwierig, weil im Deutschen die spezifische Art des „Gebäcks" angegeben werden muss. Als Entscheidungshilfe kann der beigegebene Vergleichs- und Backgroundtext (S. 85) dienen.
Der Ausgangstext enthält einen Defekt (*mondadas* statt *montadas*).

PASTEL AMALIA – Didaktisierung

PASTEL[1] AMALIA[2, 3]

[4]Cantidades: Para 4 personas
[4]Tiempo de cocción: Media[5] hora de horno

[6]Ingredientes: 3 huevos; 4 cucharadas soperas[5,7] de azúcar; 2 cu-
5 charadas colmadas[5] de harina; un poco[5] de azúcar vainillado; 100
grs.[7] (1/4 lb.)[5,7] de fruta confitada[8].

Se toman[9] tres[10] huevos y se separan las claras de las yemas. Estas[10] se mezclan en una fuente con el azúcar, y [12]cuando la mezcla está bien ligera, se le añade[13] cucharada a cucharada la
10 harina, y luego[11] las [14]claras de huevo [15]mondadas [!] hasta formar una nieve muy espesa, [15]sin dejar de batir y levantar la pasta para hacerla ligera.
A continuación[12] se unta[13] de manteca o mantequilla un molde redondo y se llena con la pasta, cociendo[16] el pastel en el horno
15 suave, [17]procurando[16] que el calor le dé por todos los lados de modo regular. Cuando el pastel está cocido[13], se deja enfriar y se desmolda, adornándose[16] por encima con la fruta confitada.

[4]Es excelente comido con mermelada de melocotones o albaricoques.

PASTEL AMALIA – Übersetzungsprobleme

[1] Syonymie...................... SÜP.....Lexik/Wortfeld

[2] Name (Rezept!).............. KÜP.....Textsortenkonventionen/Koch-
                                                rezept

[3] Situationswissen............ PÜP.....Empfängerbezug/Kulturreferenz

[4] Makrostruktur................. KÜP.....Textsortenkonventionen/Koch-
                                                rezept

[5] Maßangaben.................. KÜP.....Textsortenkonventionen/Koch-
                                                rezept

[6] Textform....................... KÜP.....Textsortenkonventionen/Koch-
                                                rezept

[7] Abkürzungen.................. KÜP.....Textsortenkonventionen/Koch-
                                                rezept

[8] Realienbezeichnungen... PÜP.....Empfängerbezug/Kulturreferenz

[9] Unpersönl. Konstruktion. KÜP.....Textsortenkonventionen/Koch-
                                                rezept

[10] Anaphora...................... KÜP.....Textsortenkonventionen/Koch-
                                                rezept

[11] Verknüpfung.................. KÜP.....Textsortenkonventionen/Koch-
                                                rezept

[12] Satzbau....................... KÜP.....Textsortenkonventionen/Koch-
                                                rezept

[13] Spezifische Verben........ KÜP.....Textsortenkonventionen/Koch-
                                                rezept

[14] Mikrostruktur................. KÜP.....Textsortenkonventionen/Koch-
                                                rezept

[15] Klischee....................... KÜP.....Textsortenkonventionen/Koch-
                                                rezept

[16] Gerundialkonstruktion.... SÜP.....Syntax/Nebensatzverkürzung

[17] Lebenswelt................... PÜP.....Ortsbezug/Kulturelles Milieu

Lektion 10
Übersetzung eines Touristeninformationstexts

El conjunto turístico HUERTO DEL CURA ofrece además:

–HOTEL HUERTO DEL CURA (4 estrellas)
–Cafetería.
–Restaurante, Grill.
–Discoteca.
–Piscina.
F. García Sanchiz, 8. Tel. 45 80 40 (5 líneas)

–CAMPING PALMERAL
(Caravanning de luxe)
–Todos los servicios.
–Piscina.
–Restaurante.
Prol/Curtidores s/n. Teléfono 45 80 66

–GARDEN CENTER DEL HUERTO DEL CURA
–Venta de todas las variedades de plantas
exhibidas en el HUERTO DEL CURA.
–Proyectos y realización de jardines.
Complementos y material de jardinería.

–SITUACION:

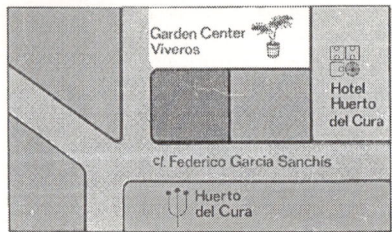

Garden Center
Víveros

Hotel
Huerto
del Cura

cl. Federico García Sanchís

Huerto
del Cura

CONJUNTO TURISTICO HUERTO DEL CURA
ELCHE (ALICANTE)
segarra - c. sorolla, 34 - elche - 1974
Dep. Legal V. 3352 - 1973

el huerto
del cura

JARDIN ARTISTICO NACIONAL

Faltblatt innen Teil 1

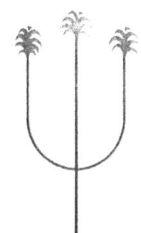

ELCHE, con sus 600.000 palmeras, de origen fenicio, probablemente, es el más importante palmeral de Europa y constituye un parque natural de valor paisajístico y botánico histórica y universalmente reconocido.

Ubicado en este singular marco, en el mismo casco urbano de la milenaria ciudad, el Huerto del Cura ofrece en sus 13.000 metros cuadrados de superficie una perfecta síntesis de la riqueza varietal y el arte de la jardinería propio de estas tierras.

Las palmeras, verdaderas protagonistas del recinto, pertenecen casi todas a la especie llamada Fénix Datilífera, de la familia de las Corifinas, con una vida máxima de 250 a 300 años.

Cultivadas principalmente en Persia y extendidas por toda el Africa, pueden llegar a alcanzar alturas de hasta treinta metros. Su fruto —dátil— madura en diciembre y es ampliamente conocido por su dulzura y jugosidad.

Las hojas o palmas, una vez transformadas en blancas, se usan el Domingo de Ramos, e incluso para la fabricación de cestos, sombreros, escobas o elementos de artesanía.

Entre un millar de palmeras crecen en el Huerto del Cura otros cultivos típicos del Mediterráneo español como limoneros. naranjos, granados o alga-

Dama de Elche

Faltblatt innen Teil 2

Bougainvilleas en flor

rrobos. Aquí, la gracia de la Naturaleza y la imaginación del hombre han hecho posible que junto a la
flora tradicional arraiguen multitud de flores y
plantas tropicales, de las que merecen señalarse las
exóticas variedades de cactus.

El Huerto del Cura debe su nombre al Capellán
don José M. Castaño, sacerdote ilicitano, hijo de hortelanos, de quienes heredó el cariño hacia las palmeras
y la dedicación a su cuidado, que fue su propietario
hasta 1918.

Se conserva todavía la casa de los hortelanos, de
arquitectura ilicitana, y cuyo mayor interés reside en
la utilización de troncos de palmeras como pilares y
vigas.

Frente a la casa hay un estanque llamado "la
alberca de la Dama", porque junto a él, reflejándose
en sus aguas, se encuentra una fiel reprodución de la
Dama de Elche, cumbre del arte ibérico-fenicio, encontrada en tierras ilicitanas en el año 1897 y que
actualmente se conserva en el museo del Prado. La
presencia de esta reproducción recuerda su origen y
su vinculación a este paisaje.

Merece especial mención la Palmera Imperial,
llamada así por estar dedicada a la Emperatriz Elisabeth de Austria, que visitó el Huerto en 1894.

Esta palmera constituye un fenómeno botánico
único en el mundo, no tanto por la vistosidad de su
tamaño y sus ocho brazos a modo de candelabro, sino
por el hecho, verdaderamente insólito, de que,
habiendo sido una palmera macho hasta la edad de 65
ó 70 años, le brotaron, de modo equidistante, siete
troncos que actualmente crecen del tronco padre, alimentándose por el tallo común.

Faltblatt innen Teil 3

Este fenómeno comenzó a ser observado por el Capellán Castaño hacia el año 1880; la edad de la Palmera Imperial puede calcularse, pues, en unos 150 años. Dado que las palmeras pueden vivir hasta 300 años, representa un momento de relativa juventud.

Existen otros ejemplares de palmeras con múltiples brazos, pero en estos casos el crecimiento de los brotes ha partido desde la base, o éstos son demasiado jóvenes. Se supone que su origen es la fecundación de la Palmera Imperial en palmeras vecinas. Entre ellas destaca la llamada "De l'alba", porque su forma recuerda los fuegos artificiales de la Festa de Elche. Este ejemplar posee otra rareza: uno de sus troncos hijos, macho, produce a veces dátiles. Este es un caso de hermafroditismo muy raro, ya que las palmeras son de pies unisexuales.

El Huerto del Cura posee también monumentos, como los dedicados a personajes vinculados a su historia:

—D. Jaime I de Aragón, conquistador de la Ciudad, y a quien se debe la primera prohibición de talar palmeras.

—La Emperatriz Elisabeth de Austria, por su visita en 1894.

—D. Juan Orts Román, Cronista de Elche, Académico de Bellas Artes y último propietario del Huerto hasta su muerte en 1958. A él debe el Huerto cuanto es.

Sus crónicas, su vida entera fue una dedicación constante a este jardín y sus "hermanas las palmeras".

El Huerto del Cura fue declarado Jardín Artístico Nacional en 1943.

Palmeras exóticas

HUERTO DEL CURA - Auftrags- und Textanalyse

Übersetzungsauftrag

In den spanischsprachigen Faltprospekt wird am Eingang des *Huerto del Cura* für ausländische Touristen jeweils ein schmales, zweiseitig bedrucktes Blatt mit einer Übersetzung des Texts eingelegt. Die bisherige deutsche Fassung des Texts (siehe unten) soll nun durch eine neue ersetzt werden.

Interpretation

Es handelt sich um eine instrumentelle, funktionskonstante Übersetzung. Die Zielempfänger/innen sollen durch die Erläuterungen des Prospekts über die Sehenswürdigkeiten des *Huerto del Cura* informiert werden.

Funktionsanalyse

Der AT ist im wesentlichen informativ. Expressive Elemente (u.a. wertende Adjektive und Substantive) sollen die Bedeutung des *Huerto* unterstreichen, spielen als Appellfaktoren jedoch eine untergeordnete Rolle, da der Empfänger den Text erst in die Hand bekommt, wenn er bereits den *Huerto* betreten hat. Der Text begleitet den Leser auf seinem Rundgang durch den Garten (= Wegweiserfunktion).

Übersetzungsstrategie

Die Übertragung der Informationen hat absoluten Vorrang. Sie sollten sinnvoll und in logischer Abfolge angeordnet sein. Die notwendigen Informationen zum kulturellen Hintergrund müssen gegebenenfalls ergänzt werden.

Übersetzungsprobleme

a) Pragmatische Übersetzungsprobleme ergeben sich aus dem EMPFÄNGERBEZUG (Kulturwissen, Sprachwissen – Erläuterung der Namen) und aus dem ZEITBEZUG (Zeit der AT-Produktion: 1974 vs. Zeit der ZT-Produktion: heute).

b) Konventionsbedingte Übersetzungsprobleme ergeben sich vor allem aus allgemeinen Stilkonventionen (stilistische Variation, Relativsätze, Apposition).

c) Sprachenpaarspezifische Übersetzungsprobleme finden sich vor allem auf dem Gebiet der LEXIK (Relationsadjektiv, Synonymie, spezifische Verben, Zahlwörter, Wortfeldprobleme, Verbalaspekt).

Übersetzungsschwierigkeiten

Der Text ist relativ schlecht geschrieben und weist eine Reihe von Defekten auf. Redundanzen und unlogische Informationsfolge, pathetische und schwammige Ausdrucksweise, lange, z.T. unübersichtlich konstruierte Sätze beeinträchtigen den Lesegenuss. Diese Defekte sollen im Zieltext nicht erscheinen. Zur Hintergrundinformation und als Vorlage für die Lösung der pragmatischen Übersetzungsprobleme sind eine Reihe von Backgroundtexten sowie die dem Original beigelegte Übersetzung beigefügt, die auch Anregungen für die Bewältigung mancher Formulierungsschwierigkeiten bieten.

Vergleichs- und Backgroundtexte
Achtung! Eine Reihe von Angaben in den Backgroundtexten widersprechen einander und auch dem Ausgangstext! Angaben überprüfen!

KNAURs Kulturführer in Farbe 1981
Elche
Alicante/Valencia
Die Stadt ist iberischen Ursprungs, hieß unter den Griechen Helice und unter den Römern Colonia Julia Ilici Augusta. Die lange maurische Herrschaft gab der Stadt ihr Gepräge. Noch heute mutet Elche mit seinen engen Straßen und Gassen, mit den weißen Häusern und den flachen Dächern afrikanisch an. (...) Drei Dinge machen den Ruhm von Elche aus: der Palmenwald, das mittelalterliche Mysterienspiel und die „Dama de Elche".
Palmenhain: Der größte Palmenwald in Europa umgibt mit den rund 170 000 Dattelpalmen die Stadt von drei Seiten. Teilweise sind diese über 200 Jahre alt und erreichen nicht selten eine Höhe von 40 m. Alljährlich bezieht ganz

Spanien die Palmsonntagspalmen von Elche. Die Anlage des Palmenwaldes geht wohl auf die Karthager zurück, doch in der Maurenzeit fand der Wald besondere Pflege; sahen doch die Söhne Afrikas in der Palme den Baum ihrer Heimat. Im *Huerto del Cura*, einem Teilstück des Palmenwaldes, erhebt sich ein besonderes Prachtstück von einer Palme, die „Palmera Imperial", deren Stamm sich in sieben Zweigstämme gabelt.

Misterio de Elche: Das mittelalterliche Mysterienspiel wird alljährlich am 14. und 15. August in der Kirche Santa María aufgeführt und stellt den Tod und die Himmelfahrt Mariens dar. (...)

Dama de Elche: Die weibliche Büste aus Kalkstein, an der noch Spuren von Bemalung festzustellen sind, wurde 1897 im 2 km südlich von Elche gelegenen La Alcudia gefunden und hat den Namen der Stadt in aller Welt bekannt gemacht. Dieses Werk, das aus dem 3. bis 4. Jh. v. Chr. stammt, befindet sich allerdings heute im Archäologischen Museum in Madrid. Im Archäologischen Museum von Elche befindet sich eine Kopie der Büste.

Baedeckers Autoreiseführer Spanien und Portugal (Stuttgart 1972)
Elche. – Die durch ihren in Europa einzigartigen Palmenwald berühmte Stadt, mit 106 000 Einwohnern, liegt zwischen Alicante und Murcia etwa 15 km von der Mittelmeerküste entfernt in einer der heißesten Gegenden Spaniens am Río Vinalalpó, unweit nördlich der Stelle des iberischen Ilici. (...)

UMGEBUNG. – Unmittelbar nordöstlich vor der Stadt liegt der teilweise als Stadtpark dienende Palmenwald (*El Palmeral*), der einzige größere Palmenbestand in Europa (...). Die über 170 000 Palmen, meist 20-25 m und vereinzelt auch bis 33 m hoch, stehen ‚den Fuß im Wasser, den Kopf im Feuer des Himmels', wie ein arabisches Wort sagt. Unter ihnen wachsen Granatbäume und in deren Schatten Futterkräuter, Gemüse usw. Besonders hervorzuheben sind in der *Huerta del Cura* (‚Pfarrgarten', Eintrittsgebühr)

die *Palmera Imperial*, eine angeblich 200 Jahre alte männliche Palme, aus deren Hauptstamm sieben Seitenstämme herausgewachsen sind, ferner die *Palmera Romeo y Julieta* (...). Die Dattelpalme (*phoenix dactylifera*; span. Palmera) erfordert eine sorgfältige Pflege. Die Früchte, die an Güte hinter den Datteln der Sahara zurückstehen, werden von November bis Frühjahr geerntet, wobei der einzelne Baum nur alle zwei Jahre trägt. Vom April an wird ein Teil der männlichen Palmen zum Bleichen eingebunden. Die gebleichten Zweige werden zum Palmsonntag in ganz Spanien verkauft und an den Balkonen befestigt.

Vergleichstext (im Original eingelegte Übersetzung)

HUERTO DEL CURA
National Garten erklärt

ELCHE, mit seinen 600.000 Palmen, phönizischer Abstammung, ist sicherlich der grösste Palmengarten Europas. Die natürlichen Parkanlagen von landschaftlicher Schönheit, gehören in die Geschite der Botanik und sind als solche in der garzen Welt anerkannt.

In diesem aussergewöhnlichen Rahmen baulicher Erschliessung der Jahrtausende alter Stadt, bietet der «Huerto del Cura» mit seinen 13.000 m2 grossen Fläche eine reiche Abwechlung in der typischen Eigenart dieser Landschaft.

Die Palmen, wahrhaftige Helden, gehören fast alle zu der Gattung der Phoenix dactylifera der Grossfamilie der Coriphinen. Sie haben eine Lebensdauer von maximal 250 bis 300 Jahren.

Ursprünglich angebaut in Persien, ist sie heute in ganz Afrika verbreitet. Die Palme kann eine Höhe bis zu dreissig Meter erreichen. Ihre Frucht, die Dattel wird im Dezember geerntet, sie ist weitgehend als besonders süss und saftig bekannt.

Die Blätter oder Palmzweige, einmal getrocknet und weiss, werden am Palmsonntag benützt. Ausserdem sind sie geeignet zur Herstellung von Körben, Hüten und Besen. Sie bilden auch einen Bestandteil der Handarbeiten.

Unter tausenden von Palmen des «Huerto del Cura», pflegt und züchtet man Zitronen, Orangen, Granat-Johannisbrotbäume, u.a., die typisch für das spanische Mittelmeergebiet sind.

Die Anmut der Natur und die Phantasie der Menschen haben es möglich gemacht, dass zusammen mit der traditionellen Blume die Vielfalt der Blüte und tropischen Planzen, insbesondere die häufig vorkommenden exotischen Kakteen unsere Aufmerksamkeit verdienen.

Der «Huerto del Cura» verdankt seinen Namen dem Kaplan Don José Maria Castaño. Als Sohn von Bauern kam er in Elche zur Welt und war hier als Priester tätig. Seine Liebe zu den Palmen hatte er von den Eltern geerbt. Als Besitzer hegte und pflete er sie bis 1918.

Das Eltrenhaus ist heute noch erhalten, es wurde im einheimischen Stil erbaut. Als Ouer-und Stützbalken wurden dazu Stämme von Palmen benutzt.

Gegenüber des Hauses, liegt der Teich genannt «La alberca de la Dama» (die Herberge der Dame). Das Spiegelbild auf seiner Wasseroberfläche lässt die genaue Nachbildung der Skulptur der Dame von Elche erkennen.

Das Meisterwerk iberischer-phönizischer Kunst wurde auf heimischem Boden im Jahre 1897 entdeckt und wird im Madrider Museum Prado aufbewahrt.

Das Vorhandensein dieser Nachbildung erinnert an sein Original und seine Verbundenheit zu der Landschaft.

Besondere Aufmerksamkeit verdient die Kaiser-Palme, sie wurde zu Ehren von Kaiserin Elisabeth von Österreich, die im Jahre 1894 den «Huerto» besuchte benannt und ihr gewidmet. Diese Palme in ihrer Beschaffenheit ist ein Phänomen der Botanik. Einzigartig in der ganzen Welt. Nicht allein ihr auffälligen Grösse und achtarmigen Kandelaber-Form wegen. Der besondere Grund ihrer Einzigartigkeit besteht darin, dass sie bis zu 65 oder 70 Jahren männlichen Blütenstand trug, dann fingen sieben Baumstämme an, vom Vaterstamm auszuschlagen, sie wachsen heute aus dem Vaterstamm und werden gemeinsam von und mit diesem ernährt.

Dieses Phänomen wurde erstmals von Kaplan Castaño i. Jahre 1880 entdeckt; das Alter der Kaiser-Palme beträgt, schätzungsweise 150 Jahre. Da die Lebensdauer bis zu 300 Jahre beträgt, kann man sie als noch relativ jung bezeichnen. Es gibt noch andere Exemplare von Palmen denen mehrere Arme auswachsen, aber in diesen Fällen waren die Sprosse von Grund an geteilt und wurden so mit am Wachstum behindert, oder sie sind noch zu jung. Man nimmt an, dass die Ursache der Befruchtung der in näherer Umgebung stehenden Palmen, die Kaiser-Palme ist.

Führend unter diesen wiederum ist die sogenannte «De l'alba» Ihre Form erinnert an die Feste von Elche und gleicht einem Feuerwerk. Dieses Exemplar hat noch eine andere Eigenheit, einer seiner aus dem Vaterstamm gewachsenen Stämme männlicher Blüte, erzeugt manchmal Datteln. Dieses doppelgeschlechtliche Verhalten ist bei Palmen sehr selten, da fast alle Palmen eingeschlechtlich sind.

Der «Huerto del Cura» besitzt auch Monumente von Persönlichkeiten die mit ihrer Geschichte verbunden sind D. Jaime I. von Aragon, Eroberer der Stadt, der als Erster das Fällen der Palmen verbot.

Die Kaiserin Elisabeth von Österreich, die 1894 die Stadt besuchte.

Don Juan Orts Román, Chronist von Elche, Akademiker für schöne Künste, letzter Eigentümer des «Huerto» bis zu seihem Tode im Jahre 1958. Ihm verdankt der «Huerto» was er heute ist.

Seine Liebe zu Elche, sein ganzes Leben widmete er konstant diesem Garten und seinen Schwestern den Palmen.

Der «Huerto del Cura» wurde als National Garten erklärt in 1943.

HUERTO DEL CURA – Didaktisierung

ELCHE, [1]con sus 600.000 palmeras, [1]de origen fenicio, [1]probablemente, es el más importante palmeral[2] de Europa y constituye un parque natural de valor paisajístico y botánico histórica y universalmente reconocido.

5 [3]Ubicado en este singular marco, en el mismo[4] caso urbano de la milenaria ciudad, el Huerto del Cura[5] ofrece en sus 13.000 metros cuadrados[27] de superficie una perfecta síntesis de la riqueza varietal[6] y el arte de la jardinería propio de estas tierras. Las palmeras, verdaderas protagonistas del recinto[7], pertenecen casi todas

10 a la especie[8] llamada Fénix Datilífera[5], de la familia de las Corifinas, con una vida máxima de 250 a 300 años.

[3]Cultivadas principalmente en Persia y extendidas por toda el Africa, [9]pueden llegar a alcanzar alturas de hasta treinta metros. Su fruto – dátil – madura en diciembre y es ampliamente conocido

15 por su [10]dulzura y jugosidad.

Las hojas o palmas[11], una vez transformadas[12] en blancas, se usan el Domingo de Ramos[13], e incluso para la fabricación de cestos, sombreros, escobas o elementos de artesanía.

Entre un millar[14] de palmeras crecen en el Huerto del Cura otros

20 cultivos típicos del Mediterráneo español como limoneros, naranjos, granados o algarrobos. Aquí, la [15]gracia de la Naturaleza y la imaginación del hombre han hecho posible que junto a la flora tradicional arraiguen multitud de [16]flores y plantas tropicales, [17]de las que merecen señalarse las exóticas variedades de cactus.

25 El Huerto del Cura [18]debe su nombre al Capellán don[19] José M. Castaño, [20]sacerdote ilicitano, hijo de hortelanos, de quienes heredó el cariño hacia las palmeras y la dedicación a su cuidado, [17]que fue su propietario hasta 1918.

Se conserva todavía la casa de los hortelanos, de arquitectura ili-

30 citana, y [17]cuyo mayor interés reside en la utilización de troncos de palmeras como pilares y vigas. Frente a la casa hay un estanque llamado "la alberca de la Dama", [18]porque junto a él, reflejándose[21] en sus aguas, se encuentra una fiel reproducción [!] de la Dama de Elche, cumbre de arte ibérico fenicio, encontrada en tie-

35 rras ilicitanas en el año 1897 y que actualmente se conserva en el

museo del Prado. La presencia de esta reproducción recuerda su origen y su vinculación a este paisaje.

Merece especial mención la Palmera Imperial[5], llamada así [18]por estar dedicada a la Emperatriz Elisabeth de Austria, que visitó el
40 Huerto en 1894. Esta palmera constituye un fenómeno botánico único en el mundo, no tanto por la vistosidad de su tamaño y sus ocho brazos [22]a modo de candelabro, sino por el hecho, verdaderamente insólito, de que, habiendo[21] sido una palmera macho hasta la edad de 65 ó 70 años, le brotaron, de modo equidistante,
45 siete troncos que actualmente crecen del tronco padre, alimentándose[21] por el tallo común. Este fenómeno comenzó a ser observado[23] por el Capellán Castaño hacia el año 1880; la edad de la Palmera Imperial puede calcularse, pues, en unos 150 años[24]. Dado que las palmeras pueden vivir hasta 300 años, [10]representa un
50 momento de relativa juventud.

Existen otros ejemplares de palmeras con múltiples brazos, pero en estos casos el crecimiento de los brotes ha partido desde la base, o éstos son demasiado jóvenes. Se supone que su origen es la fecundación de la Palmera Imperial en palmeras vecinas.
55 Entre ellas destaca la llamada "De l'alba", [18]porque su forma recuerda[22] los fuegos artificiales de la Festa[13] de Elche. Este ejemplar posee otra rareza: uno de sus troncos hijos, macho, produce a veces dátiles. Este es un caso de hermafroditismo muy raro, ya que las palmeras son de pies unisexuales.
60 El huerto del Cura posee también monumentos, como los dedicados a personajes vinculados a su historia:

- D.[19] Jaime I de Aragón, conquistador de la Ciudad, y a quien se debe la primera prohibición de talar palmeras.

- La Emperatriz Elisabeth de Austria, por su visita en 1894.
65 - D.[19] Juan Orts Román, Cronista de Elche, Académico[25] de Bellas Artes y último propietario del Huerto hasta su muerte en 1958. A él debe el Huerto cuanto es. Sus crónicas, su vida entera fue una dedicación constante a este jardín y sus "hermanas las palmeras". El Huerto del Cura fue declarado Jardín Artístico Nacio-
70 nal[26] en 1943.

HUERTO DEL CURA – Übersetzungsprobleme

[1] Parenthese .... SÜP.....Suprasegmentalia/Satzteilfokus
[2] Kulturwissen .... PÜP.....Empfängerbezug/Kulturreferenz
[3] Partizipialkonstruktionen SÜP.....Syntax/Nebensatzverkürzung
[4] Fokuswort .... SÜP.....Suprasegmentalia/Wortfokus
[5] Eigennamen.................. PÜP.....Empfängerbezug/Kulturreferenz
[6] Relationsadjektiv .... SÜP.....Lexik/Adjektiv
[7] Stilistische Variation .... KÜP.....Allgem. Stilkonventionen/Text-
                                                        konstitution
[8] Terminus...................... SÜP.....Lexik/Wortfeld
[9] Informationsfolge .... TÜP.....Aufbau/Makrostruktur
[10] Nominal- vs. Verbalstil... KÜP.....Allgem. Stilkonventionen/Syntax
[11] Synonymie .... SÜP.....Lexik/Wortfeld
[12] Spezifische Verben........ SÜP.....Lexik/Wortfeld
[13] Sitten/Gebräuche .... PÜP.....Ortsbezug/Kulturelles Milieu
[14] Zahlen....................... SÜP.....Lexik/Zahlwörter
[15] Metonymie .... SÜP.....Lexik/Wortfeld
[16] Hyperonymie................ SÜP.....Lexik/Wortfeld
[17] Relativsatz .... KÜP.....Allgem. Stilkonventionen/Syntax
[18] Metasprache .... PÜP.....Empfängerbezug/Sprachwissen
[19] Titel............................ KÜP.....Andere Konventionen/Namen
[20] Apposition .... KÜP.....Allgem. Stilkonventionen/Syntax
[21] Gerundium .... SÜP.....Syntax/Nebensatzverkürzung
[22] Vergleich .... PÜP.....Empfängerbezug/Horizont
[23] Verbalperiphrase .... SÜP.....Lexik/Aspekt
[24] Deixis.......................... PÜP.....Zeitbezug/Deixis
[25] Faux amis .... SÜP.....Lexik/Wortfeld
[26] Realia.......................... PÜP.....Empfängerbezug/Kulturreferenz
[27] Maßangaben................. KÜP.....Schreibkonventionen

Lektion 11
Übersetzung einer Touristenwerbebroschüre (Ausschnitt)

LA ALHAMBRA

La Alhambra es una ciudad palatina, asentada sobre la colina que lleva su nombre y defendida por un sistema de torres y murallas. Su primera concepción fue como fortaleza. En 1238, Alhamar, primer rey de la dinastía Nazarita —constructora de la Alhambra—, decide trasladar la corte desde el Albaicín, núcleo fundamental de la población musulmana, a la vecina colina. El avance de los ejércitos cristianos ocasiona, con el repliegue árabe hacia el Sur, un crecimiento de la población, y Granada se convierte en la capital de un importante reino que habría de ser el último de la dominación mahometana en España. Alhamar siente la necesidad de atrincherarse en un nuevo castillo, al mismo tiempo que el poder real adquiere una mayor prestancia con la estrategia dominante de la nueva situación geográfica.

Los reyes que sucedieron a Alhamar acabaron de engrandecer este conjunto monumental. Las principales reformas y construcciones fueron realizadas por Abul Hachach Yusuf I y su hijo y sucesor, Mohamed V, a quienes corresponden la casi totalidad de las construcciones, tal como han llegado hasta nosotros. Yusuf I reformó la Alcazaba y los palacios, amplió el recinto amurallado con otro, al que daba entrada la puerta de la Justicia, y amplió y decoró sus numerosas torres, que pasaban de treinta, algunas de las cuales eran pequeños palacios, como la de las Infantas y la de la Cautiva; enriqueció y amplió la llamada después de Machuca, los Baños y el Cuarto de Comares. Mohamed V, continuando la obra de Yusuf I, completó la de este Cuarto, al que dotó de una entrada monumental, rehízo la decoración de su patio y la de la Sala de la Barca y, por último, construyó el Patio de los Leones·y todas sus dependencias.

En su emplazamiento, con el panorama abierto a los cuatro puntos cardinales, radica la esencia de este conjunto monumental, catalogado entre las Maravillas del Mundo.

Sus torres, murallas y palacios surgen espontáneamente sobre los diferentes niveles de terreno, impregnado de un espíritu oriental en cuanto a formas y función de cada elemento. Por eso la Alhambra no puede definirse como monumento auténticamente adscrito a un estilo determinado; la Alhambra es la expresión genuina de una cultura árabe, trasplantada a la geografía granadina, con raíces de más de cinco siglos en suelo español, que también le influyó.

Posteriormente a la Reconquista, la Alhambra sigue con su vida propia de ciudad entre murallas; tiene gobernadores propios y los reyes cristianos introducen reformas; el Emperador Carlos V manda levantar un palacio y se construye la iglesia de Santa María en el solar de la que fue mezquita.

Tres sectores diferenciados forman el conjunto alhambreño: la Alhambra, los palacios y los recintos ajardinados del Partal, las Torres y el Secano.

Alhambra – Auftrags- und Textanalyse

Übersetzungsauftrag

Der Text ist im Auftrag der Secretaría General de Turismo für die deutschsprachige Ausgabe des Prospekts zu übersetzen. Lay-out und Textgestaltung dürfen nicht verändert werden.

Interpretation

Es handelt sich um eine instrumentelle, funktionskonstante Übersetzung. Das heißt: Der ZT soll für die Zielempfänger/innen die gleiche(n) Funktion(en) erfüllen wie der AT für die Ausgangsempfänger/innen.

Funktionsanalyse

Der Text ist im wesentlichen informativ und enthält kaum expressive und keine appellativen Elemente. Für spanische Leser haben die Verweise auf die spanische Geschichte möglicherweise eine gewisse indirekte Appellwirkung (sie erinnern sich an Gelerntes aus dem Schulunterricht) – für deutsche Leser ist diese jedoch irrelevant.

Übersetzungsstrategie

Die Informationen sind in zielkulturell konventioneller Form zu übermitteln, wobei jedoch die Konventionen für diese Textsorte nicht besonders streng sind. Eine kurze Erläuterung zu *ejércitos cristianos* und *Reconquista* könnte dem Verständnis förderlich sein, jedoch ist die Platzbeschränkung zu beachten.

Übersetzungsprobleme

a) Pragmatische Übersetzungsprobleme ergeben sich aus dem EMPFÄNGERBEZUG (unterschiedliches Kulturwissen). Die Präsuppositionen sind jedoch gering, was für Touristeninformationstexte typisch ist.

b) Konventionsbedingte Übersetzungsprobleme ergeben sich vor allem aus Unterschieden bei allgemeinen Stilkonventionen und bei den Transkriptions- und Schreibkonventionen (arabische Eigennamen!).

c) Sprachenpaarspezifische Übersetzungsprobleme sind vor allem im Bereich der Lexik und vereinzelt im Bereich der Nebensatzverkürzungen (Syntax) festzustellen.

Übersetzungsschwierigkeiten

Hintergrundinformationen und Anregungen für die Lösung der pragmatischen und kulturpaarspezifischen Übersetzungsprobleme, auch zur üblichen Transkription der arabischen Eigennamen, liefern Parallel- und Backgroundtexte, z.B. KNAURs Kulturführer in Farbe, Stichwort: Granada; Baedeckers Autoreiseführer Spanien und Portugal, Stichwort: Granada; Grieben Reiseführer Südspanien, Stichwort Granada, MERIAN Costa del Sol sowie Werke zur Geschichte Spaniens. Sie werden hier nicht abgedruckt.

ALHAMBRA – Didaktisierung

LA ALHAMBRA[1]

La Alhambra es una ciudad palatina[2], [3]asentada sobre la colina[4] [5]que lleva su nombre y [3]defendida por un sistema[6] de torres y murallas. [7]Su primera concepción fue como fortaleza. En 1238, Al-

5 hamar[8], [9]primer rey de la dinastía Nazarita[8] – constructora de la Alhambra –, decide[10] trasladar la corte desde el Albaicín[1], [9]núcleo fundamental de la población musulmana, a la vecina colina. El avance de los ejércitos cristianos[11] ocasiona[12], con el repliegue árabe[2] hacia el Sur, un crecimiento de la población, y Granada se

10 convierte en la capital de un importante reino que habría[13] de ser el último de la dominación mahometana[14] en España. Alhamar siente la necesidad de atrincherarse en un nuevo castillo, [15]al mismo tiempo que el poder real[16] adquiere una mayor prestancia con la estrategia[6] dominante de la nueva situación geográfica.

15 Los reyes [5]que sucedieron a Alhamar acabaron[17] de engrandecer este conjunto monumental[2].

Las principales reformas[6] y construcciones fueron realizadas por
[8]Abul Hachach Yusuf I y su hijo y sucesor, Mohamed V[18], a
quienes corresponden la casi totalidad de las construcciones, tal
20 como han llegado hasta nosotros. Yusuf I reformó la Alcazaba[1] y
los palacios, amplió el recinto amurallado con otro, [5]al que daba
entrada la puerta de la Justicia[1], y amplió y decoró sus numerosas
torres, [5]que pasaban de treinta, [5]algunas de las cuales eran
pequeños palacios, como la de las Infantas[1] y la de la Cautiva[1];
25 enriqueció y amplió la llamada después de Machuca[1], los Baños y
el Cuarto de Comares[1]. Mohamed V, continuando[20] la obra de
Yusuf I, completó la de este Cuarto, [5]al que dotó de una entrada
monumental, rehízo la decoración de su patio y la de la Sala de la
Barca[1] y, por último, construyó el Patio de los Leones[1] y todas sus
30 dependencias.
En su emplazamiento, [21]con el panorama abierto a los cuatro puntos cardinales, radica la esencia de este conjunto monumental,
catalogado entre las Maravillas del Mundo[22].
Sus torres, murallas y palacios surgen[12] espontáneamente sobre
35 los diferentes niveles del terreno, impregnado[3] de un espíritu
oriental en cuanto a formas y función de cada elemento. Por eso
la Alhambra no puede definirse como monumento auténticamente
adscrito a un estilo determinado; la Alhambra es la expresión genuina de una cultura árabe, trasplantada a la geografía granadina,
40 con raíces de más de cinco siglos en suelo español, que también
le influyó.
Posteriormente a la Reconquista[11], la Alhambra sigue con su vida
propia de ciudad entre murallas; tiene gobernadores propios y los
reyes cristianos introducen reformas; el[23] Emperador Carlos V
45 manda levantar un palacio y se construye la iglesia de Santa María[1] en el solar de la [5]que fue mezquita.
Tres sectores forman el conjunto alhambreño[2]: la Alhambra, los
palacios y los recintos ajardinados[24] del Partal[1], las Torres[1] y el
Secano[1].

ALHAMBRA – Übersetzungsprobleme

[1] Eigennamen................... PÜP.....Empfängerbezug/Kulturreferenz

[2] Relationsadjektiv........... SÜP.....Lexik/Adjektiv

[3] Partizipialkonstruktion .... SÜP.....Syntax/Nebensatzverkürzung

[4] Synonymie.................... SÜP.....Lexik/Wortfeld

[5] Relativsatz................... KÜP.....Allgem. Stilkonventionen/Syntax

[6] Faux amis.................... SÜP.....Lexik/Wortfeld

[7] Nominal- vs. Verbalstil ... KÜP.....Allgem. Stilkonventionen/Syntax

[8] Transkription................ KÜP.....Andere Konventionen/Übersetzungskonventionen

[9] Apposition................... KÜP.....Allgem. Stilkonventionen/Syntax

[10] Präsens...................... SÜP.....Syntax/Tempora

[11] Kulturwissen................ PÜP.....Empfängerbezug/Kulturreferenz

[12] Personifizierung............. KÜP.....Allgemeine Stilkonventionen/Lexik

[13] Modalverb................... SÜP.....Lexik/Verb

[14] Stilistische Variation ...... KÜP.....Allgemeine Stilkonventionen/Textkonstitution

[15] Verknüpfung................ SÜP.....Syntax/Reihung

[16] Homonymie.................. SÜP.....Lexik/Wortfeld

[17] Verbalperiphrase........... SÜP.....Lexik/Verb

[18] Zahlen....................... KÜP.....Formale Konventionen/Schreibkonventionen

[19] Hendiadyoin................. SÜP.....Lexik/Wortfeld

[20] Gerundialkonstruktion.... SÜP.....Syntax/Nebensatzverkürzung

[21] Parenthese................... SÜP.....Suprasegmentalia/Fokussierung

[22] Horizont...................... PÜP.....Empfängerbezug/Weltwissen

[23] Artikel....................... SÜP.....Lexik/Artikel

[24] Suffigierung................. SÜP.....Lexik/Wortbildung

Lektion 12
Übersetzung einer Buchbesprechung

Miguel Delibes

EL TESORO
EDICIONES DESTINO, BARCELONA,
1985
[128 pp. (750 ptas.)]

EL PUEBLO DEL TESORO

ARANDO la tierra un labrador encuentra casualmente un tesoro celtibérico que va a conmocionar la vida de un pueblecito. Dada la noticia, una expedición de arqueólogos se dirige al lugar, donde los campesinos, que los miran con sospechas, dan paso a su propia codicia. Toda la comunidad supone que no basta una indemnización, siempre escasa, y crea una tensión hostil hacia los arqueólogos para que el tesoro permanezca en el pueblo, una tensión que llega a la misma amenaza de muerte. Por tres días, el grupo de arqueólogos queda secuestrado por los habitantes, capitaneados por su alcalde. El eje de este relato lineal, que va a lo directo de la narración, es esa actitud comunitaria de toda la población, en la que la rudeza de unas gentes sin recursos culturales se opone a la lógica representada por los arqueólogos de la Administración. Con un esquematismo consciente, los personajes rurales, de principios elementales, acentúan la división entre los dos grupos que litigan por tan tentador hallazgo. Pero también a la vez salen ridiculizados los directores generales abusivos, los políticos demagogos y los señoritos de ciudad que se burlan de la gente del campo.

"NO recuerdo en qué ocasión describió Delibes los tres componentes que, para él, son sustanciales en una novela: un hombre, una pasión y un paisaje. El tesoro, como toda su novelística, reúne estos tres elementos. Unos personajes sucinta, pero suficientemente caracterizados, situados en el paisaje de la España irredenta, dan lugar a una tragedia que deja al descubierto las malas pasiones enraizadas en la incultura y su secuela, el incivismo. Nada le desvía de su primerísimo propósito, contar una historia interesante y aleccionadora, con el acierto de haber incorporado un componente de intriga que mantiene el suspense hasta la última página del libro." *Santos Sanz Villanueva* ("Diario 16")

"DELIBES no tiene que acudir a enrarecimientos de lenguaje, distorsiones en los personajes, circunloquios argumentales. La sorpresa, el interés, el dolor, la tensión de sus fábulas son siempre efectos que no parecen preparados. Prestidigitador de alta – habría decir, de honda – escuela, nos hace seguirle sin que pensemos un momento que estamos inmersos en el gran juego que es la literatura y que nos colocamos, ante algunas páginas escritas, como ante un espejo terrible que, primero nos refleja, y luego nos lleva mucho más allá." *José García Nieto* ("*ABC*")

EL TESORO - Auftrags- und Textanalyse

Übersetzungsauftrag

Der Text ist zu übersetzen für den Verlagsprospekt des Suhrkamp-Verlags, der den Roman von Delibes in deutscher Übersetzung herausbringen wird. Aus den Rezensionszitaten soll jeweils eine markante Äußerung von maximal 3-4 Zeilen (siehe Paralleltext) ausgewählt und übersetzt werden.

Interpretation

Es handelt sich um eine instrumentelle, funktionskonstante Übersetzung bzw. (bei den Zitaten) Teil-Übersetzung. Die zielkulturellen Leserinnen und Leser des Prospekts sollen über das Buch informiert und dazu angeregt werden, es zu kaufen.

Funktionsanalyse

Der Text informiert zunächst über Thematik und Inhalt des Buches, z.T. aus der Perspektive der Protagonisten (*siempre escasa, tan tentador hallazgo*), und gibt dann (ab *El eje de este relato...*) eine kurze Interpretation, er ist also informativ mit expressiven (wertenden) Elementen, wobei sowohl Darstellungs- als auch expressive Funktion indirekt der Appellfunktion dienen.

In den Rezensionszitaten wird die expressive Funktion als indirektes Mittel zum Appell verwendet. Durch die Darstellung der eigenen Reaktion auf das Buch soll im Leser der Wunsch geweckt werden, eine ähnliche Reaktion bei sich selbst hervorzurufen (durch die Lektüre des Buches!).

Übersetzungsstrategie

Da sowohl die Informationen als auch die persönlichen Reaktionen nicht kulturspezifisch sind, lässt sich für die Übersetzung der gleiche Weg gehen: Appell durch Information und durch Bewertung. Das heißt: Sowohl die Information als auch die Bewertungen müssen für die zielkulturelle Leserschaft nachvollziehbar sein.

Übersetzungsprobleme

a) Pragmatische Übersetzungsprobleme ergeben sich aus dem EMPFÄNGERBEZUG (Kulturwissen).

b) Konventionsbedingte Übersetzungsprobleme ergeben sich aus Textsortenkonventionen (Inhaltsangabe) und aus allgemeinen Stilkonventionen.

c) Sprachenpaarspezifische Übersetzungsprobleme ergeben sich vor allem im Bereich der SYNTAX, aber auch der LEXIK und der SUPRASEGMENTALEN MERKMALE (Abtönung bei expressiver Funktion).

Übersetzungsschwierigkeiten

Da es sich hier um einen Sekundärtext handelt (vgl. Reiss + Vermeer 1984), würde die Kenntnis des Primärtextes, also des Romans, die Übersetzung möglicherweise erleichtern (z.B. bei der Bestimmung der Bedeutung von *secuestrado*). Wenn das nicht gegeben ist, muss der Übersetzer versuchen, solche Probleme zu umgehen (= verallgemeinernde Übersetzung).

Die Textsortenkonventionen sind aus dem Paralleltext zu erschließen (vgl. auch Sowinski 1973, 324).

Die Angaben zur deutschen Ausgabe des Romans werden später vom Verlag eingefügt.

Paralleltext (aus einem Prospekt des Suhrkamp-Verlags)

...Tante Julia und der Kunstschreiber

Erzählt wird die hinreißende Geschichte des 18-jährigen Mario, eines ambitionslosen Studenten der Jurisprudenz, der sich in seine – 14 Jahre ältere – Tante Julia verliebt. Aus der Verliebtheit wird schließlich die

große Liebe: Mario und seine Tante wollen heiraten. Der Familienclan versucht, diese Ehe zu verhindern, die beiden müssen in die Provinz fliehen und finden dort nach einer langen Irrfahrt endlich den (bestechlichen) Bürgermeister, der den Minderjährigen mit seiner Tante traut.
Diese – übrigens nach eigenem Eingeständnis autobiographische – Geschichte wechselt kapitelweise mit den unglaublichen Radiohörspielen Pedro Camachos, einem Arbeitskollegen Marios, der neben seinem Studium als
Nachrichtenredakteur an einem Radiosender etwas Geld verdient. Pedro Camacho kann nur als »Phänomen« bezeichnet werden, seine Hörspiele erzielen eine unerhörte Einschaltquote, gegen die »Dallas« heute vermutlich nur schwer konkurrieren könnte – von der Gattin des Präsidenten der Republik bis zum Dienstmädchen: alle folgen sie gespannt den einzelnen Sendungen. Unvermittelt schlägt das Schicksal zu, und der Ausgang der aberwitzigen Melodramen ist am Ende jeder Fortsetzung ungewiss. Als er im Eifer des Gefechts die Namen und Züge seiner Hörspielhelden verwechselt, beendet er die Konfusion unter seiner besorgten Hörergemeinde, indem er die Helden durch ein Erdbeben kollektiv in ein besseres Jenseits entführt...
Der Roman liefert so die Autobiographie des Erzählers und eine Radiographie seiner Heimatstadt in den fünfziger Jahren. Ergebnis ist das vorliegende Buch, das einmal mehr die technische und erzählerische Brillanz von Vargas Llosa unter Beweis stellt: ein unterhaltender Roman im besten Sinne des Wortes.

Zusammen mit »Krieg am Ende der Welt« ist »Tante Julia und der Kunstschreiber« Vargas Llosas bekanntestes Buch, in Frankreich wurde »Tante Julia und der Kunstschreiber« bei Erscheinen der ›Prix du meilleur livre étranger‹ verliehen, in den USA wurde der Roman von der New York Times zu einem der ›10 besten Bücher des Jahres‹ gewählt. In spanischer Sprache betragen die Auflagen für diese beiden Romane jeweils über 500000 Exemplare.

»Hochzeit auf peruanisch... Feingesponnener Humor wie zügelloser Übermut − eine Geschichte mit dem unnachahmlichen Charme dessen, der sich mit liebevollem Spott und wahrer Zärtlichkeit seiner Jugendjahre erinnert.« *(Le Monde)*

»›Tante Julia und der Kunstschreiber‹ stellt äußerst lebhaft die schriftstellerische Kraft eines der erstrangigen Autoren Lateinamerikas unserer Gegenwart unter Beweis.« *(Bestsellers)*

»Eins der besten Bücher des Jahres! Und nun einmal etwas ganz anderes aus Lateinamerika: ein humorvoller Roman, der wahrhaft komisch ist... Die überwältigende Leistung von Vargas Llosas unbändiger Phantasie besteht in seinem Porträt des Künstlers als einer zwanghaften Quelle von Scheinwelten, die sich nicht nur miteinander, sondern auch mit seiner fiktionalen Wirklichkeit vermengen.«
(New York Times Book Review)

».. .ein ernster und zugleich wunderbar witziger Roman, beinahe unglaublich reich an Charakteren, Schauplätzen und Ereignissen.«
(Los Angeles Times)

»Tante Julia und der Kunstschreiber ist ein witziges und köstliches Karussell, eine Gesellschaftskomödie voller tiefer dunkler Einsichten für jeden, der genau hinsieht.« *(Time Magazine)*

Tante Julia und der Kunstschreiber
Aus dem Spanischen von Heidrun Adler
392 Seiten, geb., DM 38,—

EL TESORO - Didaktisierung

[1]EL PUEBLO DEL TESORO

[2]ARANDO la tierra un labrador encuentra casualmente un tesoro celtibérico[3] que [4]va a conmocionar la vida de un pueblecito[5]. [6]Dada la noticia, una expedición de arqueólogos se dirige al lugar[7],
5 [8]donde los campesinos, que los miran con sospechas, dan paso a su propia codicia. Toda la comunidad[9] supone que no basta una indemnización, [10]siempre escasa, y crea una tensión hostil hacia los arqueólogos para que el tesoro permanezca en el pueblo, [11]una tensión que llega a la misma[12] amenaza de muerte. Por tres
10 días, el grupo de arqueólogos queda secuestrado por los habitantes, [6]capitaneados por su alcalde. [13]El eje[14] de este relato lineal, que va a lo directo de la narración, es esa actitud comunitaria de toda la población[7], en la que la rudeza de unas gentes sin recursos culturales se opone a la lógica[15] [6]representada por los arque-
15 ólogos de la Administración. Con un esquematismo consciente, los personajes rurales, [16]de principios elementales, acentúan la división entre los dos grupos que litigan por tan tentador[17] hallazgo. Pero también a la vez salen ridiculizados los [18]directores generales abusivos, los políticos demagogos y los señoritos[5] de ciudad
20 que se burlan de la gente del campo.

"NO recuerdo en qué ocasión describió Delibes los tres componentes que, para él, son sustanciales en una novela: un hombre, una pasión y un paisaje. El tesoro, como toda su novelística, reúne estos tres elementos. Unos personajes sucinta, pero suficien-
25 temente caracterizados, [6]situados en el paisaje de la España irredenta, dan lugar a una tragedia que deja al descubierto las malas pasiones [6]enraizadas en la incultura y su secuela, el incivismo. Nada le desvía de su primerísimo propósito, contar una historia interesante y aleccionadora, con el acierto de haber incorporado
30 un componente de intriga que mantiene el suspense hasta la última página del libro." *Santos Sanz Villanueva* (*Diario 16*[18])

"DELIBES no tiene que acudir a enrarecimientos de lenguaje, distorsiones en los personajes, circunloquios argumentales[19]. La sorpresa, el interés, el dolor, la tensión de sus fábulas[15] son siempre
35 efectos que no parecen preparados. Prestidigitador de alta – habría decir, de honda – escuela, nos hace seguirle sin que pensemos un momento que estamos inmersos en el gran juego que es la literatura y que nos colocamos, ante algunas páginas escritas, como ante un espejo terrible que, primero nos refleja, y luego nos
40 lleva mucho más allá." *José García Nieto (ABC[18])*

TESORO – Übersetzungsprobleme

[1] Überschrift .... KÜP ..... Textsortenkonventionen/Titel
[2] Gerundialkonstruktion .... SÜP ..... Syntax/Nebensatzverkürzung
[3] Kulturwissen .... PÜP ..... Empfängerbezug/Kulturreferenz
[4] Futur .... SÜP ..... Syntax/Tempora
[5] Diminutiva .... SÜP ..... Lexik/Wortbildung
[6] Partizipialkonstruktion .... SÜP ..... Syntax/Nebensatzverkürzung
[7] stilistische Variation........ KÜP ..... Allgemeine Stilkonventionen/Text-
                                          konstitution
[8] Informationsfolge .... KÜP ..... Textsortenkonvent./Inhaltsangabe
[9] Metonymie .... SÜP ..... Lexik/Wortfeld
[10] Parenthese .... SÜP ..... Suprasegmentalia/Abtönung
[11] Relativsatz .... KÜP ..... Allgemeine Stilkonvent./Syntax
[12] Fokuswort .... SÜP ..... Suprasegmentalia/Fokussierung
[13] Gliederung.................... TÜP ..... Nonverbale Elemente/Absätze
[14] Metapher...................... SÜP ..... Lexik/Wortfeld
[15] Faux amis .... SÜP ..... Lexik/Wortfeld
[16] Satzteilfokus................. SÜP ..... Suprasegmentalia/Fokussierung
[17] Adjektivstellung .... SÜP ..... Lexik/Adjektiv
[18] Realienbezeichnung ...... PÜP ..... Empfängerbezug/Kulturreferenz
[19] Relationsadjektiv .... SÜP ..... Lexik/Adjektiv

Lektion 13
Übersetzung der Bedienungsanleitung für einen Geschirrspülautomaten

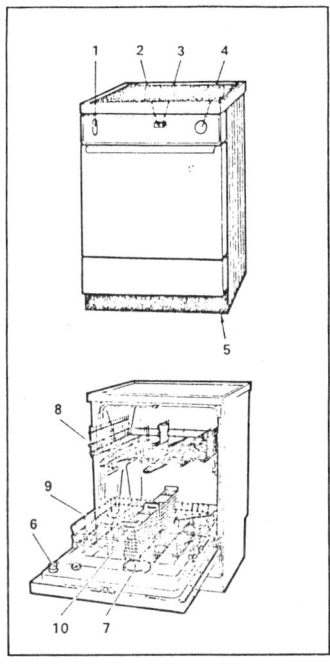

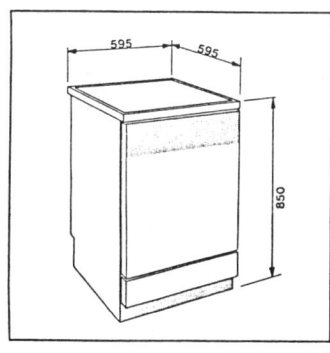

DESCRIPCION DE LA MAQUINA

1. Visor del nivel de abrillantador
2. Tecla ◢ para apertura de la puerta
3. Tecla ① para puesta en marcha y paro de la máquina
4. Mando selector de programas

   ATENCION: El mando selector de programas no debe accionarse con la tecla ① pulsada
5. Patas regulables para la nivelación del aparato
6. Tapón del depósito abrillantador
7. Cubeta para detergentes
8. Cesta superior para vasos, tazas, copas, etc.
9. Cesta inferior para platos, fuentes, ollas, etc.
10. Cestillas para cubiertos

CARACTERISTICAS TECNICAS

Dimensiones: Al. x Prof. x Ancho en mm
850 x 595 x 595

Peso: 57 kg.
Capacidad lavado: 12 cubiertos internacionales.
Contrapuerta: Acero inoxidable.
Capacidad depósito sal: 1,5 litros.
Capacidad depósito abrillantador: 130-150 cc.
Potencia motor: 500 W.
Potencia motobomba desagüe: 100 W.
Potencia resistencia calentamiento: 2.000 W.
Potencia máxima absorbida: 2.500 W[9].
Tensión nominal: 220 V. 50 Hz[9].
Fusible: 16 A[9].

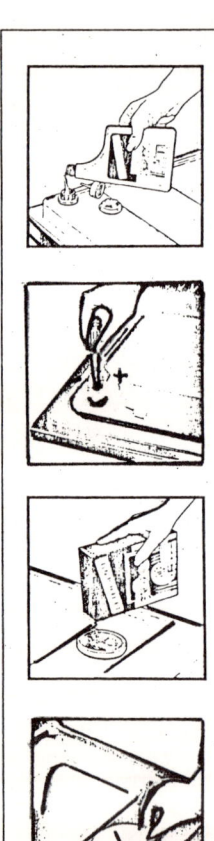

MODO DE EMPLEO

Depósito de sal. Desenroscar el tapón de este depósito y verter la primera vez que se pone en marcha aproximadamente 1 litro de agua y 1,5 kg de sal gruesa, mediante el embasador que se acompaña al lavavajillas.

El consumo de sal está en función de la dureza del agua, por lo que, para controlar si la concentración de sal en el agua es suficiente para la regeneración del descalcificador, introduzca el disco rojo que adjuntamos al lavavajillas en el depósito de sal.

El disco flotará mientras la concentración de sal sea adecuada y tenderá a hundirse cuando sea necesario añadir más sal. La recarga del depósito de sal debe hacerse instantes antes de efectuar un lavado. Si después de cargar de sal no va a hacer un ciclo de lavado normal, haga al menos un ciclo de remojado (Programa n° 5).

Abrillantador. Llenar de abrillantador el depósito. La dosificación es regulable en función, entre otros factores, de la dureza de agua de cada localidad. De fábrica sale regulado para una dureza media y deberá observarse su resultado en la vajilla para modificar la dosificación en el sentido necesario. Girando a izquierda, más dosis, girando a derecha, menos dosis (ver figura). En la puerta existe un visor para controlar el nivel de reserva del abrillantador.

Detergente. Utilizar exclusivamente detergentes especiales para lavavajillas.

Dosis lavado. Depositar detergente en el compartimiento libre. Cerrar el compartimiento girando la tapa (según indica la flecha en la tapa) hasta encontrar un tope.

Dosis prelavado. Este compartimiento puede utilizarse cuando se efectúa prelavado o en lavado si la suciedad de la vajilla lo requiere. La dosis recomendada es la mitad de la de lavado. Para un buen resultado en el lavado, es muy importante observar la dosis que marca el fabricante.

Como norma general, deberá aumentarse la dosis si

-    No se lavan las manchas grasas en su totalidad

-    Cuando la vajilla está limpia pero con manchas oscuras sobre los platos en que se ha comido carne, pescado, etc.

Deberá disminuirse la cantidad de detergente cuando aparezca un exceso de espuma en el filtro.

El fabricante le recomienda productos Calgonit.

SEGAD – Auftrags- und Textanalyse

Übersetzungsauftrag

Die spanische Firma SEGAD will demnächst ihre Geschirrspülautomaten in die Bundesrepublik exportieren. Daher wird eine deutsche
Fassung der Bedienungsanleitung gebraucht, die den Geräten beigelegt wird.

Interpretation

Es handelt sich um eine instrumentelle, funktionskonstante Übersetzung. Das heißt: Der Zieltext soll die deutschsprachigen Käufer und
Nutzer über das Gerät informieren und zur korrekten Bedienung anlei-
ten.

Funktionsanalyse

Der Text besteht aus zwei Teilen: einer Gerätebeschreibung und einer
Bedienungsanleitung. Beide Teile sollen primär eine darstellende
Funktion erfüllen, mit den beiden Unterfunktionen „Beschreibung" (des
Gegenstands) und „Instruktion" (= Darstellung der Handlungsschritte,
die für eine korrekte Bedienung zu vollziehen sind). Trotz einiger De-
fekte dürfte der AT für die genannten Funktionen geeignet sein.

Übersetzungsstrategie

Zur Herstellung eines funktionsgerechten Zieltexts sind die im Ausgangstext enthaltenen Informationen vollständig und den Konventionen deutschsprachiger Bedienungsanleitungen entsprechend zu ver-
sprachlichen.

Übersetzungsprobleme

a) Pragmatische Übersetzungsprobleme ergeben sich aus der un-
    terschiedlichen Lebenswelt (ORTSBEZUG) von A- und Z-Emp-
    fänger (Beispiel: In Deutschland werden für Geschirrspüler spe-
    zielle Regeneriersalze für die Wasserenthärtungsanlage angebo-
    ten, auf die im AT nicht verwiesen wird; ebenso gibt es verschie-

dene Reinigungsmittel für Großgeräte und Haushaltsgeschirrspüler). Außerdem kann im Weltwissen der Zielempfänger allgemeinere Vertrautheit mit Geschirrspülern vorausgesetzt werden, sodass Einzelheiten wie „höhenverstellbare Füße" oder „große/kleine Geschirrkörbe" nicht so detailliert erläutert zu werden brauchen wie in diesem relativ alten Text. Aus dem unterschiedlichen Ortsbezug ergibt sich auch die Frage, ob die Reinigungsmittelempfehlung des Herstellers übernommen werden soll oder kann. (Hier sind Vereinbarungen mit der entsprechenden Firma erforderlich.)

b) Konventionsbedingte Übersetzungsprobleme ergeben sich aus Textsortenkonventionen (Überschriften, Tabellen), allgemeinen Stilkonventionen (Textkonstitution) und formalen Konventionen (Abkürzungen etc.).

c) Sprachenpaarbezogene Übersetzungsprobleme ergeben sich im Bereich der Lexik (Wortfeld, Neologismen), der Syntax (Tempora, Gerundium) und der suprasegmentalen Merkmale (Fokussierung).

d) Ausgangstext(sorten)spezifische Übersetzungsprobleme ergeben sich im Bereich der nonverbalen Elemente durch die notwendige Kohärenz zwischen Bild und Text und die sinnvolle Textgliederung.

Übersetzungsschwierigkeiten

Die zahlreichen Textdefekte, die möglicherweise darauf zurückzuführen sind, dass der AT selbst bereits eine Übersetzung ist, dürften kaum zu Übersetzungsschwierigkeiten führen, da sie leicht erkennbar sind. Zielsprachliche Terminologie und zielkulturelle Textsortenkonventionen sind aus den Paralleltexten zu erschließen.

Paralleltext

Vorderansicht

1 Schalter EIN/AUS
2 Programmwahl
3 Programmanzeige
4 Vorratsanzeige für Klarspülmittel
5 Lüftung
6 Salzanzeige

Rückansicht

1 Wasserablaufschlauch mit Auslauf-
  bogen und Befestigungsklemme
2 Kabel mit Schukostecker
3 Zulaufschlauch mit Überwurfmutter und
  ³/₄" Außengewinde

Innenansicht

1 unterer Sprüharm
2 Salzbehälter
3 Behälter für Reinigungsmittel ②
4 Siebe
5 Dampfabzug mit Regelung
6 Behälter für Klarspülmittel
7 Dosierung für Klarspülmittel
8 Mulde für Bio-Reiniger ①

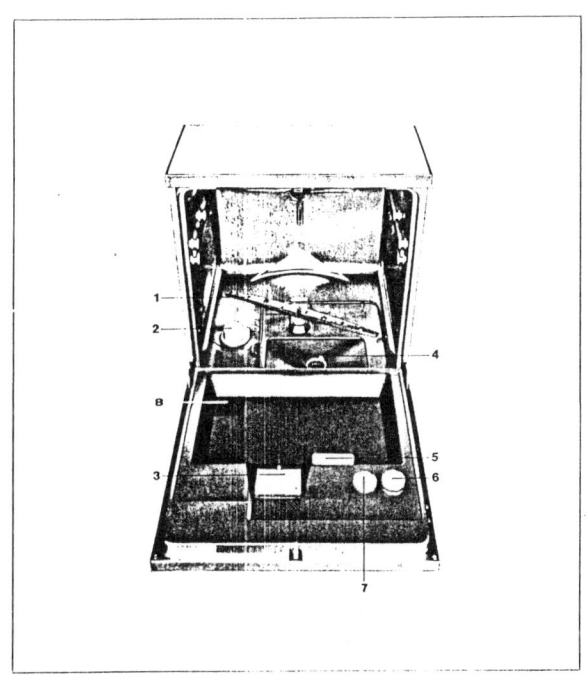

Technische Daten

Elektrischer Anschluß
220 V Wechselstrom, Absicherung 16 A träge,
Anschlußwert 3,1 kW

Verbrauch:

„vor"-Spülprogramm	0,1 kWh	— 10 l Wasser
„normal"-Spülprogramm	2,4 kWh	— 50 l Wasser
„stark"-Spülprogramm	2,8 kWh	— 60 l Wasser
„zart"-Spülprogramm	2,0 kWh	— 40 l Wasser
„bio-normal"-Spülprogramm	2,8 kWh	— 50 l Wasser
„bio-stark"-Spülprogramm	3,2 kWh	— 60 l Wasser

Wasseranschluß
Wasserdruck 1 bis 8 atü
Kalt- oder Warmwasser bis 65° C ohne Umschaltung

Abmessungen
Höhe 85 cm, Breite 60 cm, Tiefe 60 cm

Gewicht
etwa 68 kg netto

Fassungsvermögen
12 Maßgedecke nach DIN 44 990.

Paralleltext (Forts.)

Zugabe des Reinigungsmittels
Das Reinigungsmittel (für Haushalt-Geschirrspül-
maschinen) wird vor jedem Spülen zugegeben.
Klappen Sie den Behälterdeckel in der Türinnenseite auf, füllen das Reinigungsmittel ein und
schließen den Deckel. Mindestens 5 gehäufte
Kaffeelöffel (ca. 30 g), für stärkere Wirkung
6 Kaffeelöffel voll, sind notwendig. Eiweiß- und
Stärkerückstände sind besonders hartnäckig.
Reiniger mit Chlor reinigt gut, riecht allerdings
auffallend. Chlor entfernt besonders Tee-, Kakao-
und Kaffeerückstände. Falls Sie ein „bio"-Pro-
gramm benutzen wollen, achten Sie bitte darauf,
daß kein Reiniger verschüttet wird, der Chloranteil
würde die Enzyme des Bio-Reinigers zerstören.

Zugabe des Bio-Reinigers
Der Bio-Reiniger (für Haushalt-Geschirrspülma-
schinen) wird vor jedem „bio"-Spülprogramm
zugegeben. Füllen Sie mindestens 5 Kaffeelöffel
(ca. 30 g) in die dafür vorgesehene Mulde in der
Türinnenseite ein (Seite 5, Punkt 8).

Zugabe des Klarspülmittels
Der Behälter für Klarspülmittel (für Haushalt-Ge-
schirrspülmaschinen) faßt ca. 160 ccm.
Er muß rechtzeitig wieder aufgefüllt werden. Dies
ist erkennbar, wenn die Flüssigkeitssäule der
Klarspülmittelanzeige (siehe Seite 4 „Vorder-
ansicht" Punkt 4) bis zum Strich gesunken ist.
Zum Nachfüllen schrauben Sie bitte den Ver-
schluß in der Türinnenseite ab und füllen das
Klarspülmittel bis zum Rand des Einfüllstutzens ein.
Die Zugabe des Klarspülmittels erfolgt automa-
tisch. Einmal eingestellt, wird immer dieselbe
Menge zugegeben.

Die Dosierungsmenge läßt sich mit einem Geld-
stück einstellen. Wird die Enthärtungsanlage im
Gerät betrieben, drehen Sie die Scheibe auf
Ziffer 1−2.
Bei Geräten **ohne Wasserenthärtungsanlage** und
Geräten, bei denen die eingebaute Wasser-
enthärtungsanlage nicht betrieben wird, gilt
folgende Übersicht, entsprechend der Wasserhärte Ihres Versorgungsbereiches, gemessen in
Grad deutscher Härte (° d):
bei   5° d − Einstellung 3−4
bei 10° d − Einstellung 4−5
bei 15° d − Einstellung 6
Bei Wasserhärten ab ca. 15° d ist eine Wasser-
Enthärtungsanlage erforderlich.
Über die Wasserhärte erteilt das örtliche Wasser-
versorgungsunternehmen Auskunft.

Wasserenthärtung mittels Kochsalz

(siehe auch Seite 15 „Warum Wasserenthärtung"?)
Sofern in Ihrem Geschirrspül-Vollautomat eine
Wasserenthärtungsanlage eingebaut ist, ist sie bis
zu Wasserhärten von 25° d eingerichtet. Für
höhere Wasserhärten läßt sich die Anlage um-
schalten (besorgt Ihr Kundendienst). Der Salzverbrauch ist dann natürlich größer.
Die Filtermasse in der Enthärtungsanlage muß mit
gewöhnlichem Kochsalz (Siedesalz) oder mit Re-
generiersalz für **Haushalt**-Geschirrspülmaschinen
aufgefrischt werden. Keinesfalls Viehsalz, Tausalz,
rieselfähiges Kochsalz oder sogenanntes Diät-
Salz mit Zusätzen verwenden.

Zum Einfüllen des Salzes schrauben Sie den wei-
ßen Deckel des Salzbehälters ab, setzen den beiliegenden Trichter auf und füllen das Salz ein.
Der Behälter faßt ca. 3,0 kg Salz. Die Füllung
reicht für ca. 30 Spülgänge (bei umgeschalteter
Wasser-Enthärtungsanlage für etwa 15 Spülgänge). Wenn Sie jede Woche Salz nachfüllen, ist die
Wasserenthärtung immer gewährleistet. Ein höherer Verbrauch tritt dadurch nicht auf.
Beim neuen Gerät den Salzbehälter **zuerst** mit
Wasser vollfüllen. Beim Einfüllen verdrängt das
Salz etwas Wasser, so daß es überläuft. Trotzdem
weiter Salz einfüllen, bis der Salzbrei in der
Öffnung steht. Rühren Sie bitte den Salzbrei mit
einem Löffelstiel oder ähnlichem um, damit sich
keine Salzklumpen bilden können. Ist der Behälter
gefüllt, säubern Sie das Gewinde von Salzresten
und schrauben den Deckel fest zu.
Wenn Sie nicht sofort anschließend spülen wollen, lassen Sie bitte das „vor"-Spülprogramm
ablaufen, weil das Salz sonst Flecken verursacht.

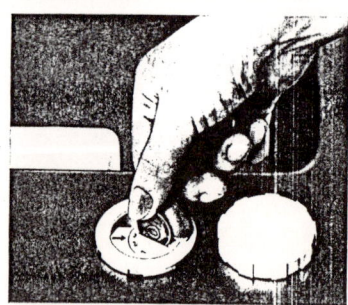

LAVAVAJILLAS SEGAD – Didaktisierung

[1]DESCRIPCION DE LA MAQUINA[2]

1.[3,4]Visor del nivel de abrillantador[5]

2.[4]Tecla ◢ para apertura de la puerta

3.[4]Tecla ① para puesta en marcha y paro de la máquina

5 4.[4]Mando[2] selector de programas

[4]ATENCION[6]: El mando selector de programas [7]no debe accionarse con la tecla pulsada.

5.Patas regulables[5] para la nivelación del aparato

6.Tapón del [4]depósito abrillantador

10 7.Cubeta[2] para detergentes

8.Cesta superior para [8]vasos, tazas, copas, etc.

9.Cesta inferior para [8]platos, fuentes, ollas, etc.

10.Cestillas para cubiertos

[1]CARACTERISTICAS TECNICAS

15 Dimensiones: [9]Al. x   Prof.   x   Ancho en mm.

850 x   595   x   595

Peso: 57 kg.

[4]Capacidad lavado: 12 cubiertos[10] internacionales.

Contrapuerta: Acero inoxidable[5].

20 [4]Capacidad depósito sal: 1,5 litros[9,11].

Capacidad depósito abrillantador: 130-150 cc[11].

[4]Potencia motor: 500 W[9].

[4]Potencia motobomba desagüe: 100 W[9].

[4]Potencia resistencia calentamiento: 2.000 W[9].

25 Potencia máxima absorbida: 2.500 W[9].

Tensión nominal: 220 V. 50 Hz[9].

Fusible: 16 A[9].

[1]MODO DE EMPLEO

[1]*Depósito de sal.* Desenroscar[7] el tapón de este[12] depósito y
30 verter[13] la primera vez que se pone en marcha aproximadamente
1 litro[11] de agua y 1,5 kg de [15]sal gruesa, mediante el embasador
[14]que se [!] acompaña al lavavajillas.

El [4]consumo de sal está en función de la [4]dureza del agua, [14]por
35 lo que, para controlar si la concentración de sal en el agua es suficiente para la regeneración del descalcificador[5], introduzca[7] el disco rojo [14]que adjuntamos al lavavajillas en el depósito de sal.[16]
[17]El disco flotará[18] mientras la concentración de sal sea adecuada
y tenderá a hundirse[13] cuando sea necesario añadir más sal. La
40 recarga del depósito de sal debe hacerse instantes [13]antes de
efectuar un lavado. Si [20]después de cargar de sal no va a hacer
un ciclo de lavado normal, haga al menos un ciclo de remojado[5]
(Programa n° 5).
[1]Abrillantador. Llenar de abrillantador el depósito. La dosificación
45 es regulable en función, entre otros factores, de la dureza de agua
de cada localidad. [10]De fábrica sale regulado para una dureza
media [21]y deberá[18] observarse su resultado en la vajilla para
modificar la dosificación en el sentido necesario. [22]Girando[23] a izquierda, más dosis, girando[23] a derecha, menos dosis (ver figu-
50 ra[11]). En la puerta existe un visor para controlar el nivel de reserva
del abrillantador.
[1]Detergente. [22]Utilizar exclusivamente [15]detergentes especiales
para lavavajillas.
Dosis lavado. Depositar detergente en el compartimiento libre.
55 Cerrar el compartimiento girando[23] la tapa ([19]según indica la flecha en la tapa) [20]hasta encontrar un tope.
Dosis prelavado. Este [!] compartimiento puede utilizarse [19]cuan-
do se efectúa prelavado o en lavado si la suciedad de la vajilla lo
requiere. La dosis recomendada es la mitad de la de lavado. Para
60 un buen resultado en el lavado, [24]es muy importante observar la
dosis [14]que marca el fabricante.
Como norma general, deberá[18] aumentarse la dosis si
-      [25]No se lavan las manchas grasas en su totalidad
-      Cuando la vajilla está limpia pero con manchas oscuras sobre
65   los platos en que se ha comido carne, pescado, etc.
Deberá disminuirse la cantidad de detergente cuando aparezca
un exceso de espuma en el filtro.
[15]El fabricante le recomienda productos Calgonit.

SEGAD - Übersetzungsprobleme

[1] Überschrift .... KÜP ..... Textsortenkonventionen/Titel

[2] Synonymie .... SÜP ..... Lexik/Wortfeld

[3] Bild-Text-Kohärenz .... TÜP ..... Nonverbale Elemente/Illustrationen

[4] Komposition .... SÜP ..... Lexik/Wortbildung

[5] Suffigierung .... SÜP ..... Lexik/Wortbildung

[6] Formeln .... KÜP ..... Textsortenkonvent./Textbausteine

[7] Anweisung .... KÜP ..... Textsortenkonv./Bedienungsanleit.

[8] Zivilisation .... PÜP ..... Empfängerbezug/Weltwissen

[9] Maßangaben .... KÜP ..... Andere Konvent./Maßeinheiten

[10] Terminologie .... SÜP ..... Lexik/Wortfeld

[11] Abkürzungen .... KÜP ..... Formale Konvent./Maßangaben

[12] Anaphora .... KÜP ..... Textsortenkonv./Textkonstitution

[13] spezifische Verben .... SÜP ..... Lexik/Wortfeld

[14] Relativsatz .... KÜP ..... Allgem. Stilkonventionen/Syntax

[15] Lebenswelt .... PÜP ..... Ortsbezug/Kulturelles Milieu

[16] Absätze .... TÜP ..... Nonverbale Elemente/Gliederung

[17] Fokussierung .... SÜP ..... Suprasegmentalia/Thema-Rhema

[18] Futur .... SÜP ..... Syntax/Tempora

[19] Verbal- vs. Nominalstil ... KÜP ..... Allgem. Stilkonventionen/Syntax

[20] Infinitivkonstruktionen .... SÜP ..... Syntax/Nebensatzverkürzung

[21] Verknüpfung .... TÜP ..... Aufbau/Mikrostruktur

[22] Ellipse .... KÜP ..... Allgem. Stilkonventionen/Syntax

[23] Gerundialkonstruktionen SÜP ..... Syntax/Nebensatzverkürzung

[24] Urteilssatz .... KÜP ..... Allgem. Stilkonventionen/Syntax

[25] Tabelle .... KÜP ..... Textsortenkonvent./Textbausteine

Lektion 14
Übersetzung einer medizinischen Packungsbeilage

EGARONE

Vasoconstrictor y descongestionante nasal de acción prolongada

EGARONE se caracteriza por la extraordinaria duración de sus efectos que se prolongan de 6 a 8 horas. Su acción vasoconstrictora va acompañada por una acción desinfectante y bacteriostática que combate la infección origen del taponamiento nasal. Por otra parte se ha incluido en la fórmula una substancia regenerativa, la alantoina, que impide la irritación de la mucosa nasal.

EGARONE no irrita las mucosas, antes bien, las suaviza, ni produce una hiperemia secundaria.

INDICACIONES. — Siempre que se desee una acción descongestiva de las vías nasales, al propio tiempo que una acción desinfectante. En especial se usará EGARONE en los resfriados nasales, rinitis, taponamiento nasal, etc.

POSOLOGIA. — Adultos: Una o dos pulverizaciones de EGARONE en cada orificio nasal de 3 a 4 veces al día.

Niños: mayores de tres años, 3 ó 4 gotas en cada orificio nasal de dos a tres veces al día. Niños menores de tres años reducir la dosis a una o dos gotas, según peso y edad.

La utilización de EGARONE antes de acostarse asegura un descanso nocturno libre de molestias.

CONTRAINDICACIONES. — Casos de hipersensibilidad a los componentes de la fórmula.

EFECTOS SECUNDARIOS. — A las dosis normales, antes indicadas, no presentan ningún tipo de efectos secundarios. Dosis superiores a las prescritas pueden ocasionar sensación de quemazón local al momento de aplicarlas. Como todos los vasoconstrictores, EGARONE deberá ser usado con precaución por las personas que padezcan hipertiroidismo o hipertensión.

INCOMPATIBILIDADES. — No se conocen incompatibilidades al uso de este preparado.

INTOXICACION Y SU TRATAMIENTO. — Dada la vía de administración de este preparado, es prácticamente imposible la intoxicación. En caso accidental de sobredosis, seguir un tratamiento sintomático.

FORMULA

EGARONE adultos

nebulizador

Oximetazoline	50 mgr.
Benzalconio Cl	20 mgr.
Lisozime Cl	300 mgr.
Alantoina	400 mgr.
Excipiente c.s.p. 100 cc.	

EGARONE niños

gotas

Oximetazoline	15 mgr.
Benzalconio Cl	20 mgr.
Lisozime Cl	300 mgr.
Alantoina	400 mgr.
Excipiente c.s.p. 100 cc.	

Preparado por
LABORATORIOS ALE, S.A.
Dir. Téc. Farma. I. Vázquez
Pje. Jaime Roig, 28   BARCELONA

EGARONE – Auftrags- und Textanalyse

Übersetzungsauftrag

Das Schnupfenmittel EGARONE soll demnächst auf dem deutschen Markt vertrieben werden. Entsprechend den Bestimmungen des deutschen Arzneimittelgesetzes und im Einklang mit der EU-Gesetzgebung ist eine deutschsprachige Packungsbeilage anzufertigen.

Interpretation

Es handelt sich um eine instrumentelle, funktionskonstante Übersetzung. Das heißt: Der Zieltext soll den Zielempfänger über Zusammensetzung und richtige Anwendung des Medikaments informieren und den Anforderungen der Gesetzgebung genügen.

Funktionsanalyse

Medizinische Packungsbeilagen („Beipackzettel") sind sehr stark normiert. Inhalt und (zum Teil) Form sind vom Gesetzgeber vorgeschrieben. Der Text soll eine informative Funktion haben. Der Grad der gewünschten Verständlichkeit wird nicht nur durch das erwartete Empfängerwissen bestimmt, sondern auch durch die Senderintention (z.B. Vermeidung von Angstreaktionen des Lesers durch absichtlich unverständliche Ausdrucksweise bei der gesetzlich vorgeschriebenen Erläuterung der Nebenwirkungen). Für spanische Leser sind allerdings naturgemäß lateinische Fachausdrücke oft leichter verständlich als für deutsche Leser.
Neben der Informationsfunktion hat der Text in geringem Maße auch eine Appellfunktion, die sich in wertenden Elementen wie *extraordinaria duración* oder in indirekten Empfängerbezügen (z.B. *La utilización de EGARONE antes de acostarse asegura un descanso nocturno libre de molestias*) äußert.

Übersetzungsstrategie

Da der Zieltext in der Zielkultur funktionieren soll (anders als die spanische Übersetzung des Paralleltexts *Olynth*, die ebenfalls in der Ausgangskultur gelesen wird), muss er streng an den Normen der Zielkultur ausgerichtet werden (siehe Parallel- bzw. Modelltext). Zusätzliche
Informationen, wie etwa Hinweise zur Behandlung von Überdosierung
(*INTOXICACION Y SU TRATAMIENTO*) sind durch die zielkulturelle
Gesetzgebung nicht vorgeschrieben, aber auch nicht verboten. Sie
müssen jedoch laut Arzneimittelgesetz (AMG, siehe Backgroundtext)
deutlich von der obligatorischen Information abgesetzt und abgegrenzt werden.

Wichtig ist besonders die Einfügung der vorgeschriebenen Formeln
und Klischees in den ZT (z.B. *Arzneimittel für Kinder unzugänglich
aufbewahren!*), obwohl sie im AT nicht vorgegeben sind. In der didak-
tisierten Fassung des Textes sind die entsprechenden Stellen mit
✗✗ gekennzeichnet.

Übersetzungsprobleme

Die meisten Übersetzungsprobleme sind *konventionsbedingt* und ergeben sich aus den unterschiedlichen Textsortenkonventionen in Aus-
gangs- und Zielkultur im Hinblick auf die Faktoren Inhalt, Textaufbau/
Gliederung, Syntax, Lexik, Interpunktion und Abkürzungen sowie aus
den allgemeinen stilistischen Konventionen (Relativsätze, Personifizierung, stilistische Variation etc.). Daneben kommen auch einige allgemeine *sprachenpaarspezifische Übersetzungsprobleme* vor (z.B. im
Bereich Wortbildung, Adjektivgebrauch, Tempora und Wortfeldgliede-
rung). Da die Rezeptionssituationen in A- und Z-Kultur weitgehend i-
dentisch und kulturbedingte Wissensunterschiede für die Textsorte
nicht relevant sind, treten keine *pragmatischen Übersetzungsprobleme* auf.

Modelltext mit spanischer Übersetzung

Gebrauchsinformation, bitte aufmerksam lesen!	Información para el empleo; sírvanse leerla atentamente!

DR. FRIEDRICH SASSE
Zweigniederlassung der GÖDECKE AKTIENGESELLSCHAFT ·

Olynth® 0,1 % Olynth® 0,1 %

Für Erwachsene und Schulkinder | **para adultos y escolares**

Zusammensetzung
1 ml Lösung enthält 1 mg Xylometazolinhydrochlorid.

Anwendungsgebiete
Zur Abschwellung der Nasenschleimhaut bei Entzündungen der Nase und Nasennebenhöhlen, Schnupfen, Heuschnupfen, vasomotorischer Rhinitis sowie vor diagnostischen und therapeutischen Maßnahmen in den Nasengängen.

Gegenanzeigen
Nicht anwenden bei trockener Entzündung der Nasenschleimhaut (Rhinitis sicca) und erhöhtem Augeninnendruck durch Engwinkelglaukom.

Nebenwirkungen
Bei besonders empfindlichen Patienten können nach Anwendung von Olynth 0,1 % kurzfristig lokale Reizerscheinungen wie Brennen, Stechen, Niesen oder Trockenheit in der Nase auftreten. Ganz selten — und meist nach längerer Anwendung — reagieren Patienten mit erneuter Anschwellung der Nasenschleimhaut.

Wechselwirkungen mit anderen Mitteln
Sind bisher nicht beobachtet worden.

Dosierungsanleitung und Art der Anwendung
Soweit nicht anders verordnet, je nach Bedarf Olynth 0,1 % 1mal oder mehrmals täglich in jedes Nasenloch einsprühen oder 2–3 Tropfen der 0,1 %igen Lösung mit der Pipette in jedes Nasenloch einträufeln.

Arzneimittel für Kinder unzugänglich aufbewahren!

Eigenschaften
Olynth 0,1 % hat einen schon innerhalb weniger Minuten einsetzenden und mehrere Stunden anhaltenden gefäßverengenden Effekt und führt bei lokaler Anwendung zur Abschwellung der Nasen- und Rachenschleimhaut. Die lokale Anwendung wird sehr gut vertragen, da die Wirkung langsam abklingt und die normale Schleimbildung nicht beeinträchtigt wird.

Besonderer Hinweis
Bei chronischen Entzündungen der Nasenschleimhaut ist eine längerdauernde Anwendung von gefäßverengenden Mitteln nicht angezeigt.

Darreichungsformen und Packungsgrößen
Lösung 0,1 % in
Pipettenflasche	mit 10 ml
Pipettenflasche	mit 20 ml
Anstaltspackung	
Sprayflasche	mit 10 ml
Dosiersprayflasche	mit 10 ml

Für Kinder unter 6 Jahren und Säuglinge steht als geeignete Darreichungsform Olynth 0,05 % als Dosierspray und in der Pipettenflasche zur Verfügung.

Composición:
1 ml de la solución contiene: 1 mg xilometazolin clorhidrato.

Campos de aplicación:
Para el deshinchazón de la mucosa nasal en caso de: inflamaciones de la nariz y senos paranasales, constipado nasal, fiebre del heno, rinitis vasomotora, así como antes de efectuar medidas diagnósticas y terapéuticas en los meatos nasales.

Contraindicaciones:
No se debe emplear en caso de inflamación seca de la mucosa nasal (Rhinitis sicca) y presión intraocular aumentada debido a glaucoma congestivo.

Efectos secundarios:
Después de emplear Olynth 0,1 %, pacientes muy sensibles pueden notar durante poco tiempo fenómenos irritativos locales como ardor, pinchazo, estornudo o sequedad en la nariz. Muy raras veces, en la mayoría de los casos, después de un empleo algo prolongado, los pacientes presentan nuevamente hinchazón de la mucosa nasal.

Interacción debido a otros medicamentos:
No se han observado hasta ahora.

Dosis y modo de empleo:
Salvo otra prescripción según necesidad una o varias veces al día pulverizar en cada ventana de la nariz la solución de 0,1 %, o se gotean 2 a 3 gotas mediante pipeta.

No dejen medicamentos al alcance de los niños!

Propiedades:
Olynth 0,1 % produce ya dentro de pocos minutos un efecto vasoconstrictor que se mantiene durante varias horas. El empleo local consigue el deshinchazón de la mucosa nasal y faríngea. El empleo local se tolera muy bien, ya que el efecto disminuye poco a poco, sin perjudicar la producción normal de mucosidad.

Indicaciones especiales:
En caso de inflamaciones crónicas de la mucosa nasal no está indicado el empleo prolongado de medicamentos vasoconstrictores.

Presentación y confección:
Solución de 0,1 % en
frasco con pipeta	de 10 ml
frasco con pipeta	de 20 ml
pulverizador	de 10 ml
Botella de rocío	
dosificadora	de 10 ml

Para niños con menos de 6 años y bebés está a disposición, como forma de administración más apropiada, Olynth de 0,05 %, en frasco con pipeta de 10 ml.

Backgroundtext

§ 11
Packungsbeilage

(1) Fertigarzneimittel, die Arzneimittel im Sinne des § 2 Abs. 1 oder Abs. 2 Nr. 1 sind und die nicht zur klinischen Prüfung oder zur Rückstandsprüfung bestimmt sind, dürfen im Geltungsbereich dieses Gesetzes nur mit einer Packungsbeilage in den Verkehr gebracht werden, die die Überschrift „Gebrauchsinformation" trägt sowie folgende Angaben in deutscher Sprache und in deutlich lesbarer Schrift enthalten muss:

1. den Namen oder die Firma und die Anschrift des pharmazeutischen Unternehmers,
2. die Bezeichnung des Arzneimittels,
3. die wirksamen Bestandteile nach Art und Menge; § 10 Abs. 6 findet Anwendung,
4. die Anwendungsgebiete,
5. die Gegenanzeigen,
6. die Nebenwirkungen,
7. die Wechselwirkungen mit anderen Mitteln,
8. die Dosierungsanleitung mit Einzel- und Tagesgaben und den Hinweis „soweit nicht anders verordnet",
9. die Art der Anwendung und bei Arzneimitteln, die nur begrenzte Zeit angewendet werden sollen, die Dauer der Anwendung,
10. den Hinweis, dass das Arzneimittel nach Ablauf des Verfalldatums nicht mehr angewendet werden soll,
11. den Hinweis, dass Arzneimittel unzugänglich für Kinder aufbewahrt werden sollen.

(Absätze 2 bis 4)

(5) Können die nach Absatz 1 Nr. 5 bis 7 vorgeschriebenen Angaben nicht gemacht werden, so können sie entfallen. Werden auf der Packungsbeilage weitere Angaben gemacht, so müssen sie von den Angaben nach den Absätzen 1 bis 4 deutlich abgesetzt und abgegrenzt sein.

(6) Wird ein Arzneimittel ohne äußere Umhüllung in den Verkehr gebracht, so kann die Packungsbeilage entfallen, wenn die nach den Absätzen 1 bis 4 vorgeschriebenen Angaben auf dem Behältnis stehen. Absatz 5 findet entsprechende Anwendung.

Arzneimittelgesetz (AMG) in der Fassung vom 11.12.1998

EGARONE – Didaktisierung
X X[1]

EGARONE

[2]Vasoconstrictor y descongestionante nasal
5 de acción prolongada

[3]EGARONE se caracteriza por la extraordinaria duración de sus efectos [4]que se prolongan de 6 a 8 horas. Su acción vasoconstrictora[5] va acompañada por una acción desinfectante y bacteriostática[5] [4]que combate la infección origen del taponamiento nasal.
10 Por otra parte se ha incluido en la fórmula una substancia regenerativa, la alantoina, [4]que impide la irritación de la mucosa nasal.

[3]EGARONE no irrita las mucosas, antes bien, las suaviza, ni produce una hiperemia[6] secundaria.

[7]INDICACIONES. – [8]Siempre que se desee una acción descon-
15 gestiva[9] de las vías nasales, al propio tiempo que una acción desinfectante. En especial, se usará[10] EGARONE en los resfriados nasales, rinitis, taponamiento nasal, etc.

POSOLOGIA. – X X[1] Adultos: [8]Una o dos pulverizaciones de EGARONE en cada orificio nasal de 3 a 4 veces al día. Niños:
20 [8]mayores de tres años, 3 ó 4 gotas en cada orificio nasal de dos a tres veces al día. Niños menores de tres años reducir la dosis a una o dos gotas, según peso y edad.
La utilización de EGARONE [11]antes de acostarse asegura un descanso nocturno libre de molestias.

25 **CONTRAINDICACIONES.** – Casos de hipersensibilidad a los componentes[12] de la fórmula.

EFECTOS SECUNDARIOS. – A las dosis normales, antes indicadas, no presentan [!] ningún tipo de efectos secundarios. Dosis superiores a las prescritas pueden[13] ocasionar sensación de que-
30 mazón local al momento de aplicarlas.

Como todos los vasoconstrictores, EGARONE deberá[10] ser usado con precaución por las personas que padezcan hipertiroidismo[14] o hipertensión[14].

INCOMPATIBILIDADES. – No se conocen incompatibilidades al
35 uso de este preparado.

INTOXICACION Y SU TRATAMIENTO. – Dada la vía de administración de este preparado, es prácticamente imposible la intoxicación. En caso accidental de sobredosis, seguir un tratamiento sintomático[15].

40 **FORMULA**

EGARONE adultos
nebulizador

Oximetazoline .... 50 mgr.[16]
Benzalconio Cl .... 20 mgr.
45 Lisozime Cl .... 300 mgr.
Alantoina .... 400 mgr.
Excipiente c. s. p. 100cc.[16, 17]

EGARONE niños
gotas

50 Oximetazoline .... 15 mgr.
Benzalconio Cl .... 20 mgr.
Lisozime Cl .... 300 mgr.
Alantoina .... 400 mgr.
    ✕✕

55   Preparado por
                    LABORATORIOS ALE, S.A.
                    Dir. Téc. Farma. I. Vázquez
                Pje. Jaim Roig, 28 - Barcelona

EGARONE – Übersetzungsprobleme

[1] Klischees .... KÜP .....Textsortenkonventionen/Beipack-
zettel

[2] Differenzierungsgrad ...... KÜP .....Textsortenkonventionen/Beipack-
zettel

[3] Gliederung .... KÜP .....Textsortenkonventionen/Beipack-
zettel

[4] Relativsatz .... KÜP .....Allgem. Stilkonventionen/Syntax

[5] Komposition .... SÜP .....Lexik/Wortbildung

[6] synonymische Varianten SÜP .....Lexik/Wortfeld

[7] Überschrift .... KÜP .....Formale Konvent./Interpunktion

[8] Satzbau .... KÜP .....Textsortenkonventionen/Beipack-
zettel

[9] stilistische Variation........ KÜP .....Allgem. Stilkonventionen/Textkon-
stitution

[10] Futur .... SÜP .....Syntax/Tempora

[11] Infinitivkonstruktionen .... SÜP .....Syntax/Nebensatzverkürzung

[12] Spezifizierung................ SÜP .....Lexik/Wortfeld

[13] Personifizierung............. KÜP .....Allgem. Stilkonventionen/Lexik

[14] Fachwort .... KÜP .....Textsortenkonventionen/Beipack-
zettel

[15] Relationsadjektiv .... SÜP .....Lexik/Adjektiv

[16] Abkürzung................... KÜP .....Schreibkonventionen/Maßangaben

[17] Informationsüberschuss. KÜP .....Textsortenkonventionen/Beipack-
zettel

Lektion 15
Übersetzung einer Tourismuswerbung

De Asturias, su naturaleza.

V erdes valles, verdes lomas, bosques de alma verde. Asturias es la consagración eterna de lo verde, el camino para huir de lo cotidiano. Un paraíso natural donde el mar y la montaña rivalizan en belleza, donde el hombre y la tierra se integran en perfecta armonía.

C resterías desnudas rayando el cielo, gargantas angostas labradas por siglos de glaciares, laderas de hayedos y robledales que se desploman sobre torrenteras valientes, ríos entre los más salmoneros de la península, praderías satinadas donde pace quedamente el ganado, pueblines de piedra vieja y tejados rojos, solanas y vegas bajas. Así es Asturias: serena y fragosa, abierta y encajonada, urbana y rural. Todo emerge de la tierra con su fuerza primitiva.

E l paisaje de Asturias se hace espectáculo en los Picos de Europa. Desde miradores como los del Parque Nacional de Covadonga puede contemplarse el milagro cotidiano, la belleza casi irreal de unas panorámicas únicas en el mundo. Sobre los picos se eleva altivo el Naranjo de Bulnes, la cumbre mítica, un desafío permanente a la habilidad de los mejores escaladores. En su cara oeste se han escrito las más hermosas páginas de la historia del alpinismo.

A sturias ofrece, además, numerosas posibilidades de ocio al aire libre. En cotos y reservas cinegéticas como los de Reres, Ponga y Degaña se dan cita en temporada los monteros. Asimismo, la fama salmonera de esta región invita a los amantes a la pesca.

E xcursiones de montaña, rutas a caballo, todo terreno, cicloturismo, vela, natación, alpinismo, espeleología, submarinismo y esquí de travesía componen parte del extenso abanico de actividades que la naturaleza asturiana pone al alcance del viajero.

COSTA DE LLANES

Principado de Asturias **Asturias, paraíso natural**

RUTA DEL CARES

ASTURIAS – Auftrags- und Textanalyse

Übersetzungsauftrag

Die Anzeige soll im Auftrag des Spanischen Fremdenverkehrsamtes (Frankfurt) in der kommenden Augustausgabe der Zeitschrift GEO erscheinen, in der auch ein Artikel über Nordspanien veröffentlicht wird.

Interpretation

Es handelt sich um eine instrumentelle, funktionskonstante Übersetzung. Das heißt: Die Zielempfänger sollen angeregt werden, ihren nächsten Urlaub in Asturien zu verbringen.

Funktionsanalyse

Nonverbale und verbale Textelemente wirken zusammen, um dem Text zu einer primär appellativen Funktion zu verhelfen. Bereits die äußere Textgestalt lässt an ein Gedicht mit mehreren Strophen denken; die sprachliche Gestaltung bestätigt die poetische Erwartung. Die poetische Funktion literarischer Stilmittel (z.b. vorangestellte Adjektive, Wortwiederholungen, Personifizierungen, schmückende Beiwörter, Antonymenpaare, Gemeinplätze, Assonanzen, Isotopieverschränkungen) wird im Dienste der Appellfunktion eingesetzt, so dass die Informationen des Textes über die landschaftlichen Schönheiten und den Freizeitwert (vor allem im Bereich des Sports) eindrucksvoll verpackt werden. Explizit appellative Elemente finden sich lediglich in dem auszuschneidenden Textteil, mit dem der Leser weitere Informationen anfordern kann.

Übersetzungsstrategie

Um zu erreichen, dass der Zieltext die appellative Funktion erfüllen kann, sind die poetischen Potenziale der Zielsprache, die in Werbetexten üblich und möglich sind (vgl. etwa den Vergleichstext über die Bretagne), auszuschöpfen. Dabei kann der Übersetzer sich durchaus am Vorbild des AT orientieren; er hat jedoch auch die Freiheit, seinen eigenen stilistischen Geschmack mit einzubringen, da man im Bereich dieser Textsorte nicht von Textsortenkonventionen im strengen Sinne sprechen kann. Die Informationen des AT sollten allerdings auch im ZT vermittelt werden.

Übersetzungsprobleme

a) Pragmatische Übersetzungsprobleme ergeben sich bei einigen geographischen Namen aus dem unterschiedlichen Kulturwissen der Adressaten und aus dem unterschiedlichen Ortsbezug (Adresse).

b) Kulturbedingte Übersetzungsprobleme ergeben sich aus allgemeinen Stilkonventionen, Textsortenkonventionen für Slogans und aus „literarischen Konventionen", mit denen in Werbetexten häufig gearbeitet wird.

c) Aufgrund der relativ großen gestalterischen Freiheit des Übersetzers spielen sprachenpaarspezifische Übersetzungsprobleme eine untergeordnete Rolle.

d) Nur bei einem äquivalenzorientierten Übersetzungsauftrag, bei dem eine Nachbildung der stilistischen Merkmale des AT gefordert wird, würden die im AT verwendeten poetischen Stilmittel zu ausgangstextspezifischen Übersetzungsproblemen führen.

Vergleichstext

DIE BRETAGNE.
UNGESTÜME HERZLICHKEIT.

Malerisches Beispiel vom Leben in und mit der Natur bei Plougrescant.

Steile Felsen, frische Atlantik-Brise, ursprüngliche Natur. Die Bretagne ist das Urlaubsparadies für Individualisten. Hier ist alles ein wenig anders: die Landschaft, die Namen der Orte. Sogar die Sprache, denn eigentlich sind die Bretonen ja Kelten. Lassen Sie sich von der Mystik der uralten Dolmen und Menhire faszinieren. Genießen Sie den herben Charme dieser Region. Bei einsamen Spaziergängen über die Klippen oder in ehemaligen Korsaren-Schlupfwinkeln wie Saint-Malo. Nutzen Sie den frischen Wind zum Segeln und die gesunde Meeresluft zum Tiefdurchatmen. Der Zauber der Bretagne ist überall dabei.

Dolmengräber und Menhire geben seit Urzeiten Rätsel auf.

Fangfrischer Hummer, das Feinschmeckerglück in der Bretagne.

Wie war's mit einer Bootsfahrt entlang der felsigen Steilküste?

FRANKREICH. AUS LIEBE ZUM LEBEN.

BRETAGNE

Bitte schicken Sie mir Informationen über die Bretagne.

Name _____ ZM

Straße _____

Wohnort _____

Senden Sie diesen Coupon ausgefüllt an: Französisches
Fremdenverkehrsamt, Postfach 100128, 6000 Frankfurt
oder rufen Sie uns an 0 69 / 74 05 17

ASTURIAS – Didaktisierung

[1]De Asturias[2], su naturaleza.

Verdes[3] valles, verdes lomas, bosques de alma verde. Asturias es
la consagración eterna de lo verde, el camino para huir de lo cotidiano. Un paraíso natural[3] donde el mar y la montaña [4]rivalizan en
5 belleza, donde el hombre y la tierra[3] se integran en perfecta armonía.

Cresterías desnudas[5] rayando[6] el cielo, gargantas angostas[5] labradas por siglos de glaciares, laderas de hayedos y robledales
[7]que se desploman sobre torrenteras valientes[5], ríos entre los
10 más salmoneros de la península[8], praderías satinadas[5] donde
[9]pace quedamente el ganado, pueblines[10] de piedra vieja y tejados rojos, solanas y vegas bajas. Así es Asturias: [11]serena y fragosa, [11]abierta y encajonada, [11]urbana y rural. Todo emerge de la
tierra con su fuerza primitiva[12].

15 El paisaje de Asturias se hace espectáculo en los Picos de Europa. Desde miradores como los del [2]Parque Nacional de Covadonga puede contemplarse el milagro cotidiano, la belleza casi
irreal de unas panorámicas únicas en el mundo. Sobre los picos
se eleva altivo el [2]Naranjo de Bulnes, [13]la cumbre mítica, un desa-
20 fío permanente a la habilidad de los mejores escaladores. En su
cara oeste se han escrito las más hermosas páginas de la historia
del alpinismo.

Asturias ofrece, además, numerosas posibilidades de ocio al aire
libre. En cotos y reservas cinegéticas como los de Reres, Ponga y
25 Degaña se dan cita en temporada los monteros. Asimismo, la
fama salmonera[14] de esta región invita a los amantes a la pesca.

Excursiones de montaña, rutas a caballo, todo terreno, cicloturismo, vela, natación, alpinismo, espeleología, submarinismo y esquí
de travesía componen parte del extenso abanico de actividades
30 que la naturaleza asturiana pone al alcance del viajero.

Para más información dirigirse a:
[15]Consejería de Obras Públicas
[16]Turismo, Transportes y Comunicaciones
35 Dirección Regional de Turismo
Plaza de España, 2, Tel. (958) 254611
33007 Oviedo

Nombre ....
Dirección ....
40 Código ....Población ....
Teléfono ....

Asturias, [13]paraíso natural

ASTURIAS - Übersetzungsprobleme

[1] Slogan .... KÜP .....Textsortenkonventionen/Slogan

[2] Eigennamen................. PÜP .....Empfängerbezug/Kulturreferenz

[3] Isotopie........................ TÜP .....Lexik

[4] Personifizierung .... KÜP .....Allgem. Stilkonventionen/Lexik

[5] Epitheton ornans............ KÜP .....Literarische Konventionen/Lexik

[6] Gerundium.................... PÜP .....Syntax/Nebensatzverkürzung

[7] Relativsatz .... KÜP .....Allgem. Stilkonventionen/Syntax

[8] Realienbezeichnung....... PÜP .....Empfängerbezug/Kulturreferenz

[9] Gemeinplatz.................. KÜP .....Literarische Konventionen/Lexik

[10] Diminutiva .... SÜP .....Lexik/Wortbildung

[11] Antonymenpaare .... KÜP .....Literarische Konventionen/Lexik

[12] Faux amis .... SÜP .....Lexik/Wortfeld

[13] Apposition .... KÜP .....Allgem. Stilkonventionen/Syntax

[14] Relationsadjektiv .... SÜP .....Lexik/Adjektiv

[15] Absender..................... PÜP .....Senderbezug/Senderreferenz

[16] Adresse...................... KÜP .....Textsortenkonventionen/Textbaustein

TEST 1

Informationsübersetzung eines Zeitschriftenartikels

C | **600/A.C: CENTROAMERICA**

HOCOLATE: LAS TABLETAS Y LOS BOMBONES APENAS TIENEN UN SIGLO

La noticia más antigua que se tiene del chocolate se remonta a 600 a.C., cuando los mayas difundieron este preciado producto en Centroamérica, donde más tarde los aztecas lo adoptarían incluso como moneda. Los conquistadores españoles no tardaron en comprender el valor de esta bebida que los indígenas consumían caliente y espesa, enriquecida con especias, y en 1528 enviaron a España las primeras habas de cacao, junto con los utensilios necesarios para preparar el exquisito brebaje.

En el siglo XVII el chocolate era ya la bebida de moda en la corte de Luis XIII de Francia, cuya esposa, Ana de Austria, lo tomaba a todas horas. Era, desde luego, un chocolate más refinado que el *xocoatl* o *agua amarga* de los aztecas, y la afición se propagó rápidamente en varias cortes europeas y se mantuvo firmemente, al tiempo que se extendía a otros sectores bienestantes. Curiosamente, la primera fábrica de chocolate del mundo funcionó en Barcelona hacia el año 1780, y por esas fechas el chocolate volvió a popularizarse en América. Hasta 1828 se vendió al público chocolate en polvo, en distintas calidades y precios, pero en esta fecha un confitero holandés llamado C. J. Van Houten descubrió la llamada manteca de cacao, precisamente cuando trataba de conseguir un polvo de chocolate más fino y soluble en leche o agua. En 1847, la firma británica Fry and Sons produjo el primer chocolate sólido en tabletas, es decir, el chocolate *para comer*.

(aus: Tiempo, 19.12.1988, S. 138)

CHOCOLATE – Auftrags- und Textanalyse

Übersetzungsauftrag

Die Übersetzung des Textes soll als kleine historische Einleitung eines Artikels über „Schokolade – die süße Versuchung" in der Dezembernummer einer deutschen Zeitschrift erscheinen (siehe Vergleichstext).

Interpretation

Es handelt sich um eine instrumentelle, funktionsvariierende Übersetzung. Das heißt: Zielempfänger sind die Leser(innen) der Zeitschrift. Sie sollen die Informationen des Textes zur Kenntnis nehmen und ihr Wissen damit erweitern. Da sie jedoch zu manchen Teilinformationen, die sich auf Mittelamerika und Spanien beziehen, ein anderes Verhältnis haben als die Ausgangsempfänger, entfällt die Identifizierungsmöglichkeit (z.B. Stolz auf die Tatsache, dass die erste Schokoladenfabrik in Barcelona stand!).

Funktionsanalyse

Der Text ist primär für eine informative Funktion gedacht. Einige Elemente verweisen auf eine appellative Funktion für A-Leser (z.B. *curiosamente*).

Übersetzungsstrategie

Bei der Übersetzung sollen die Informationen des AT sorgfältig übertragen werden. Die sprachliche Gestaltung ist an den stilistischen und formalen Konventionen der Zielkultur auszurichten. Die appellative Funktion ist nicht übertragbar. Eine Anpassung an Textsortenkonventionen ist lediglich bei der Überschrift erforderlich.

Übersetzungsprobleme

a) Das wichtigste pragmatische Übersetzungsproblem entsteht durch das Wort *chocolate*: Wie aus dem Text hervorgeht, ist *cho-*

colate für spanische Leser zunächst das Getränk, während der deutsche Leser bei *Schokolade* zuerst an Tafeln denkt. Dieses Problem sollte möglichst gleich durch die Formulierung der Überschrift ausgeräumt werden. Die Äußerung der Sendereinstellung in *curiosamente* ist nur für einen spanischen Leser verständlich, und in der Verallgemeinerung *América* (= Süd- und Mittelamerika) im Gegensatz zu dt. *Amerika* (= Vereinigte Staaten) ist ebenfalls die besondere Perspektive des Ausgangssenders zu erkennen Ein weiteres pragmatisches Problem liegt in dem indianischen Zitatwort und seiner (im AT: spanischen) Bedeutungsangabe.

b)   Konventionsbedingte Übersetzungsprobleme ergeben sich vor allem aus formalen bzw. Schreibkonventionen (Zahlenangaben, Abkürzungen). Die Formulierung der Überschrift sollte sich an den Vorgaben des Vergleichstexts orientieren.

c)   Sprachenpaarspezifische Übersetzungsprobleme sind im Bereich der Syntax (Tempora, Artikel), der Lexik (Wortfeld, Zahlwörter, Verbalperiphrasen) und der Suprasegmentalia (Fokussierung) festzustellen.

Backgroundtext (Der Neue Brockhaus, Bd. 4, Wiesbaden 1975)

Schokolade (aus altmexik. „xocolatl"), die, -/n, Nahrungsmittel aus Kakaomasse und Zucker ohne oder mit Zusatz von Kakaobutter, Gewürzen, auch von Milch u.a.; eine feste braune Masse, beim Erwärmen weich, über 35° flüssig; zum Essen, zur Getränkeherstellung, zum Überziehen von Zucker-, Back- und Konditoreiwaren. Sorten sind: nach Zusätzen Sahne-(Rahm-), Milch-, Frucht-, Nuss-, Mandel-S.; nach Zusammensetzung, Güte und Zweck Block-, Speise-, Schmelz-, Überzugs-S., süße, halbbittere, bittere S. Trink-S. besteht aus wie für S. vorbereitetem Kakaopulver und Zucker. (...)
Geschichte. Der Ursprung fällt mit dem des Kakaos zusammen. Bereits 1520 wurden große Kakaopflanzungen in Mittelamerika angelegt, und Getränke aus Kakaomasse, Zucker und Wasser und die zur Zubereitung dienende S. selbst waren bald auch in Spanien geschätzt. Anfang des 17. Jahrh. kam sie nach Frankreich, Italien, der Schweiz, Deutschland (zunächst bes. für Getränke). (...)

Parallel- und Vergleichstext

GENUSS OHNE REUE:

Schokolade - die
süße Versuchung

RUND UM DIE SCHOKOLADE ...

Kein Zweifel: Schokolade - gäbe es sie noch nicht - so müßte sie schnellstens erfunden werden! Ihr Erfolgsgeheimnis ist die Kombination aus dem zartschmelzenden Gefühl im Mund, ihrer verführerischen Süße sowie der cremigen Konsistenz, verbunden mit dem unvergleichlichen Schokoladearoma. Kurzum: Der reinste Genuß für alle Sinne!

... etwas Besonderes

Bereits im Mexiko des 9. Jahrhunderts wußten die Tolteken den Cacao - Ursprung der Schokolade - zu schätzen. Sie nannten ihn "Theobroma", d.h. Götterspeise und bereiteten daraus ein heißes Getränk. Cacao war damals so wertvoll, daß er sogar als Zahlungsmittel diente. Später, zur Zeit der Azteken, galt er als eine Quelle der Weisheit, gewaltiger Energie und gesteigerter sexueller Potenz. Aztekische Krieger bekamen Cacao als Stärkung für die Feldzüge. Auch der Spanier Hernán Cortés schwor auf Cacao. Für ihn war es ein Göttertrank, der die Widerstandskraft stärkte und die Müdigkeit besiegte. Aus Platzgründen wurde der Cacao später zu Tafeln gepreßt.

... für jede Gelegenheit

Schokolade-Produkte haben bis heute nichts von ihrer Bedeutung verloren und gehören zu den beliebtesten Genußmitteln. Ob man sie selbst genießt oder verschenkt! - Schokolade steht als Zeichen für Liebe, Komplimente, Wiedergutmachung und ist ideal, um sich selbst oder andere zu verwöhnen, zu belohnen und zu trösten,

... für jeden Geschmack

Allein in Deutschland betrug der Pro-Kopf-Verbrauch 1998 ca. 8,5 kg. Schokolade gibt es in zahlreichen Varianten: Von einer extra cremigen Vollmilch-Schokolade mit 30% Cacao bis hin zur edelbitteren "Chocolat noir" mit 70% Cacao bietet beispielsweise der Schweizer Schokoladespezialist Lindt für jeden Geschmack und jede Gelegenheit das Richtige. Der "kleine feine" Unterschied liegt natürlich in der Qualität der angebotenen Schokolade-Produkte. Doch woran erkennt man eigentlich eine Qualitätsschokolade? Dr. Adalbert Lechner von Lindt: "Ein wichtiger Faktor ist der Cacaoanteil. Edelbitter-Schokolade sollte mindestens einen Cacaoanteil von 60% haben. Je höher der Cacaoanteil ist, desto geringer ist der Zuckergehalt und um so intensiver ist der Schokoladegeschmack. Durch den geringeren Zuckeranteil sinkt natürlich auch der Kaloriengehalt, so daß der Verzehr von einem Stück Edelbitter-Schokolade zweifellos keinen Angriff auf die gute Figur darstellt. Ein Beispiel hierfür ist die Lindt Excellence Edelbitter-Schokolade mit einem Anteil von mindestens 70%, die von Kennern und Liebhabern geschätzt wird."

CHOCOLATE – Didaktisierung

600 A.C.[1], CENTROAMERICA[2]
[3]CHOCOLATE[4]: LAS TABLETAS[5] Y LOS BOMBONES[5] APENAS
TIENEN UN SIGLO[6]

La noticia más antigua [7]que se tiene del chocolate se remonta a
5 600 a.C., [8]cuando los mayas difundieron este preciado producto
en Centroamérica, [8]donde más tarde los aztecas lo adoptarían[9]
incluso[10] como moneda. Los conquistadores españoles [11]no tardaron en comprender el valor de esta bebida [7]que los indígenas
consumían caliente y espesa, [12]enriquecida con especias, y en
10 1528 enviaron a España las primeras habas de cacao, junto con
los utensilios necesarios [13]para preparar el exquisito brebaje[14].
En el siglo XVII[15] el[16] chocolate era ya la [17]bebida de moda en la
corte de Luis[18] XIII [15]de Francia, cuya esposa, Ana de Austria[18], lo
tomaba a todas horas. Era, desde luego, un chocolate más refina-
15 do que el *xocoatl*[19] o *agua amarga*[20] de los aztecas, y la afición[14]
se propagó rápidamente en varias cortes europeas y se mantuvo
firmemente, [8]al tiempo que se extendía a otros sectores bienestantes[21]. Curiosamente[22], la primera fábrica de chocolate del mundo funcionó en Barcelona hacia el año 1780, y por esas fechas el
20 chocolate volvió a popularizarse en América. Hasta 1828 se vendió al público chocolate en polvo, en distintas calidades y precios,
pero en esta fecha un confitero holandés llamado C. J. [18]Van Houten descubrió la llamada manteca de cacao, precisamente[10] cuando trataba de conseguir un polvo de chocolate más fino y soluble
25 en leche o agua. En 1847, la firma británica Fry and Sons produjo
el primer chocolate sólido en tabletas, es decir, el chocolate *para
comer*.

CHOCOLATE – Übersetzungsprobleme

[1] Abkürzungen................ KÜP.....Formale Konventionen/Schreib-
konventionen

[2] synonymische Varianten SÜP.....Lexik/Wortfeld

[3] Überschrift.................... KÜP.....Textsortenkonventionen/Titel

[4] Lebenswelt.................... PÜP.....Ortsbezug/Kulturelles Milieu

[5] Faux amis..................... SÜP.....Lexik/Wortfeld

[6] Mengenangabe.............. SÜP.....Lexik/Zahlwörter

[7] Relativsatz.................... KÜP.....Allgem. Stilkonventionen/Syntax

[8] Verknüpfung................. KÜP.....Allgem. Stilkonventionen/Syntax

[9] Konditional.................... SÜP.....Syntax/Tempora

[10] Fokussierung................ SÜP.....Suprasegmentalia/Satzteilfokus

[11] Verbalperiphrase........... SÜP.....Lexik/Verb

[12] spezifische Verben........ SÜP.....Lexik/Wortfeld

[13] Infinitivkonstruktion........ SÜP.....Syntax/Nebensatzverkürzung

[14] stilistische Variation....... KÜP.....Allgemein. Stilkonventionen/Text-
konstitution

[15] Zahlen .... KÜP.....Formale Konventionen/Schreib-
konventionen

[16] Generalisierung............. SÜP.....Lexik/Artikel

[17] Komposition................. SÜP.....Lexik/Wortbildung

[18] Eigennamen................. KÜP.....Übersetzungskonventionen

[19] Fremdwort................... PÜP.....Textfunktion/Textteilfunktion

[20] Metasprache .... PÜP.....Textfunktion/Textteilfunktion

[21] Suffigierung................. SÜP.....Lexik/Wortbildung

[22] Perspektive.................. PÜP.....Empfängerbezug/Empfänger-
einstellung

TEST 2
Übersetzung einer Touristeninformation (Auszug)

ITINERARIO DE LA COSTA DEL SOL

La Costa del Sol granadina, resguardada de las influencias climáticas del interior por la muralla montañosa que preside Sierra Nevada, se extiende desde La Rábita, cerca del límite con Almería, hasta La Herradura, próxima a tierras malagueñas. Entre ambos pueblos se suceden una serie casi ininterrumpida de pequeñas y pintorescas calas y de extensas playas hasta cuyas arenas llegan, a veces, los cultivos subtropicales, festoneando de verde este litoral privilegiado. Su proximidad a las nevadas cumbres del Mulhacén y del Veleta permiten, en el espacio de unas horas, alternar el baño con los deportes de nieve.

Dos carreteras unen a la capital con la costa, con una salida común que se bifurca en el Suspiro del Moro: la que llega directamente a Almuñécar, atravesando la bravía y bellísima Sierra de Cazulas, y la que, por el fértil valle de Lecrín, conduce a la importante ciudad de Motril, para enlazar con la ruta del litoral. Apenas se deja atrás Motril surge Salobreña, blanca, con su viejo castillo encaramado sobre un peñón, como flotando sobre un verde mar de vegetación. Después está Almuñécar, pintoresca ciudad situada junto a una fértil vega que une, a sus extraordinarias condiciones de centro de veraneo, el interés de su acueducto romano, de la Torre del Monje y de la Cueva de los Palacios. Muy cerca de Almuñécar se halla la urbanización de los Berengueles, en Punta de la Mona, uno de los lugares más bonitos de la Costa del Sol, e inmediatamente La Herradura, pueblo pesquero con una hermosa playa y bellísimos panoramas sobre el mar.

Desde Motril, en dirección a Almería, la carretera discurre a través de un lujoso paisaje de huertas que sorprenden por su sistema de cultivo. En esta dirección se halla en primer lugar Torrenueva, que posee la playa más extensa de la provincia; luego, Calahonda, junto a una pintoresca ensenada de aguas profundas, y tras pasar por Castell de Ferro, importante centro veraniego e invernal, presidido por un antiguo castillo árabe, se llega a La Rábita, cerca de la raya con Almería. A pocos kilómetros de La Rábita, hacia el interior, queda Albuñol, ya dentro de la geografía alpujarreña.

COSTA DEL SOL – Auftrags- und Textanalyse

Übersetzungsauftrag

Der Text ist im Auftrag der spanischen Fremdenverkehrsdirektion für die deutschsprachige Ausgabe des Granada-Prospekts zu übersetzen. Die Übersetzung soll in das Lay-out des Ausgangstexts passen.

Interpretation

Es handelt sich um eine instrumentelle, funktionskonstante Übersetzung. Das heißt: Der ZT soll für die Zielempfänger die gleiche(n) Funktion(en) erfüllen können wie der AT für die Ausgangsempfänger.

Funktionsanalyse

Der Text ist im Wesentlichen informativ, enthält jedoch eine Reihe expressiver und appellativer Elemente (z.b. Metaphern, Vergleich, wertende – vorangestellte – Adjektive, Superlative), die den Leser für das beschriebene Gebiet einnehmen sollen.

Übersetzungsstrategie

Die Informationen sind vollständig und korrekt in den Zieltext zu übertragen. Für die Übersetzung der expressiven und appellativen Elemente sind die Textsortenkonventionen der Zielkultur und das Vor- bzw. Kulturwissen der Zielempfänger zu berücksichtigen. Der Text sollte trotz der zahlreichen Namen und Ortsangaben möglichst ansprechend wirken.

Übersetzungsprobleme

a) Pragmatische Übersetzungsprobleme ergeben sich vor allem aus den Eigennamen, besonders dann, wenn sie auch eine Informationsfunktion haben (Sierra..., Cueva..., Torre..., Valle...). Wenn der Kontext nicht eindeutig auf den benannten Gegenstand verweist (z.b. *die Gipfel des Mulhacén und des Veleta* → Berge), muss ein Zusatz eingefügt werden. Die *Costa del Sol* kann zwar als bekannt vorausgesetzt werden, die inhaltliche Komponente des Namens hat jedoch (besonders für die Zielempfänger) eine appellative Funktion, sodass eine Übersetzung des Namens im Text angebracht ist. Was eine *huerta* ist, weiß der Zielempfänger vermutlich nicht (den spanischen Ausdruck braucht er aber nicht zu kennen, weil er ihm nirgends auf einem Straßenschild o.ä. begegnen wird). Außerdem dürfte die Unterscheidung zwischen den Provinzen und ihren gleichnamigen Hauptstädten nicht allen deutschen Lesern geläufig sein.

b) Konventionsbedingte Übersetzungsprobleme ergeben sich vor allem aus allgemeinen Stilkonventionen, da für die Textsorte keine strengen Textsortenkonventionen auszumachen sind. Allerdings ist eine Art pseudoliterarischer Stil in Touristeninformationen häufig anzutreffen. Die Überschrift dieses Abschnitts ist auf die anderen Überschriften des Prospekts (z.B. Itinerario de la Alpujarra, Itinerario: Granada – Alhama – Loja – Santa Fe) abzustimmen.

c) Sprachenpaarspezifische Übersetzungsprobleme sind vor allem im Bereich der Lexik (Adjektiv, Wortbildung, Wortfeld) und der Syntax (Satzverkürzungen, Appositionen) festzustellen.

Vergleichstext
MOTRIL, Prov. Granada, 39 m. 33 300 Einw., liegt an der **Costa del Sol** inmitten eines der erstaunlichsten Vegationsgebiete Spaniens, das im Norden von der Sierra de Lújar, die der Sierra Nevada angehört, vor jeder Kaltluftzufuhr geschützt wird; hier gedeihen Zuckerrohr, Datteln, Bananen, Granatäpfel, Zitrusfrüchte usw., auch sind hier die berühmten Nelkenfelder zu nennen. Die lebhafte Stadt – auch Industrie- und Landwirtschaftszentrum – macht einen maurischen Eindruck, allerdings hat kein bedeutendes Bauwerk die Erdbeben und Piratenraubzüge überstanden. Direkt an der Küste, 3 km südlich, liegt Puerto de Motril.
Ausflüge: *Salobreña*, 7 km, malerisches, weißes Fischerdorf mit Badestrand, überragt von der Ruine einer Alcazaba, Wohnkolonie *Salobreña del Mar* (Tennis, Unterwasserjagd). – *Castel de Ferro*, kleines Fischerdorf und schöner Badeort, 23 km östlich.
(Quelle: Grieben Reiseführer: Südspanien)

Vergleichstext
(aus der deutschsprachigen Fassung des Prospekts Granada/Spanien, Madrid 1984)

AN DER COSTA DEL SOL ENTLANG

Innerhalb der Provinz Granada erstreckt sich die Costa del Sol, die vor den klimatischen Einflüssen aus dem Landesinneren in erster Linie durch die Bergkette der Sierra Nevada geschützt wird, von La Rábita, das an der Grenze der Provinz Almería liegt, bis La Herradura in der Nähe der Provinz Málaga. Zwischen diesen beiden Orten reihen sich in fast ununterbrochener Folge kleine malerische Buchten und weite Strände aneinander. Bis an die Sandstrände reichen zuweilen die subtropischen Anbaugebiete, die diesen privilegierten Küstenstreifen mit einem grünen Band umgürten. In der Nähe erheben sich die verschneiten Gipfel des Mulhacén und des Velega, was es möglich macht, innerhalb weniger Stunden im Meer zu baden und Schneesport zu treiben. Die Provinzhauptstadt ist durch zwei Landstrassen mit der Küste verbunden; die Ausfahrtsstrasse von Granada gabelt sich in El Suspiro del Moro, die eine Strecke führt durch die wildschöne Sierra de Cazulas direkt nach Almuñécar und die andere durch das fruchtbare Tal von Lecrín zu der bedeutenden Stadt Motril, um dort in die an der Küste entlang führende Strasse einzumünden. Gleich hinter Motril taucht Salobreña mit seinen weissen Häusern auf, dessen alte, auf einem Felsen errichtete Burg wie ein Schiff in dem grünen Meer dichter Vegetation zu schwimmen scheint. Anschliessend erreicht man Almuñécar, einen malerischen Ort in der Nähe einer fruchtbaren Vega, zu dessen aussergewöhnlichen Vorzügen als Sommerferienzentrum ein römischer Aquädukt, der Turm Torre del Monje und die Cueva de los Palacios hinzutreten. In unmittelbarer Nähe von Almuñécar trifft man in Punta de la Mona auf die Wohnkolonie Los Berengueles, eine der schönsten Stellen an der Costa del Sol. Gleich hinter Punta de la Mona findet man das Fischerdorf La Herradura mit einem schönen Strand und einer einzigartigen Aussicht auf das Meer.
Von Motril in Richtung auf Almería führt die Landstrasse durch fruchtbare Gegenden mit Obst- und Gemüsegärten, die durch ihr Anbausystem überraschen. Der erste Ort an dieser Strecke ist Torrenueva, der sich des längsten Strandes der Provinz rühmt. Dann gelangt der Reisende nach Calahonda, das an einer Bucht mit tiefem Wasser liegt, lernt das bedeutende Sommer- und Winterferienzentrum Castell de Ferro kennen, das von einer alten arabischen Burg beherrscht wird, und kommt schliesslich nach La Rábita, das an der Grenze der Provinz Almería liegt. Wenige Kilometer von La Rábita entfernt liegt landeinwärts Albuñol schon in der Alpujarra-Zone.

Vergleichstext

*Kaiserpfalz
Tilleda*

Den Blick auf die Höhen des Kyffhäusergebirgszuges gerichtet, das Mansfelder Land eigentlich schon im Rücken, wird **Sangerhausen** zu einem letzten Halt auf dem Weg durch die **Goldene Aue** hin zur Unstrut, an dem der Erzabbau seine Spuren hinterlassen hat. Er gehört heute der Vergangenheit an; die Sangerhäuser Halde wächst nicht mehr. Sie ist auf ihre Weise genauso museal wie all' das, was in dem nach dem 1869 geborenen Sohn der Stadt, Gustav Adolf Spengler, benannten Museum zur Geschichte des Bergbaus im Mansfelder Land zusammengetragen wurde.

Dort findet sich noch ein weiterer Bodenschatz: das 1930 in einer Kiesgrube in Edersleben gefundene Skelett eines Mammuts, heute neben den Rosen eines der Symbole für Sangerhausen. Letztere blühen zu Tausenden im weltberühmten Rosarium, das 1903 vom Verein deutscher Rosenfreunde gegründet wird. Aber auch die Stadt selbst verdient Beachtung, insbesondere die geschlossene Bebauung am Markt, ebenso das Schloß. Die **Ulrichkirche**, nach Hirsauer Vorbild zwischen 1116 und 1123 erbaut, verrät burgundischen Einfluß.

Durchquert man von Sangerhausen die Goldene Aue, jenen fruchtbaren Landstrich, den Bischof Thietmar von Merseburg einst als den „blühenden Hof des Paradieses"

bezeichnete, Richtung Kyffhäuser, erreicht man das Freilichtmuseum von **Tilleda**. Dort verraten Fundamentreste auf dem Pfingstberg, wie es vom 10. bis zum 13. Jahrhundert in der **Kaiserpfalz** zuging, die Otto I. der Braut seines Sohnes, der byzantinischen Prinzessin Theophanu, als Mitgift übertrug. Selbst eine Fußbodenheizung konnte bei Grabungen nachgewiesen werden, ferner rund 200 kleinere Häuser in der Vorburg, darunter auch eine kleine Handwerkersiedlung. In Sichtweite liegt die Burg Kyffhausen mit dem monumentalen Kaiser-Wilhelm-Nationaldenkmal, das den Bogen schlägt von Friedrich Barbarossa zur wilhelminischen Ära. Ein Denkmal anderer Art, ebenfalls knapp jenseits der Grenze in Thüringen gelegen, bildet Werner Tübkes Panoramabild vom Bauernkrieg, zu sehen in einem ebenfalls monumentalen Rundbau auf dem Schlachtberg in Bad Frankenhausen. Rund 3000 Figuren bevölkern das 125 Meter lange und 14 Meter hohe Gemälde.

Ein wenig versteckt am Rande der Goldenen Aue liegt **Allstedt**. Die dreiteilige **Höhenburg** auf einem Felsrücken in einer Schleife der Rohne wird erstmals im 9. Jahrhundert im Hersfelder Zehntverzeichnis erwähnt. Die gut erhaltene Anlage mit Wirtschaftshof, Vorburg und Kernburg ist von seltener Geschlossenheit

Hintergrundinformation: Autokarte

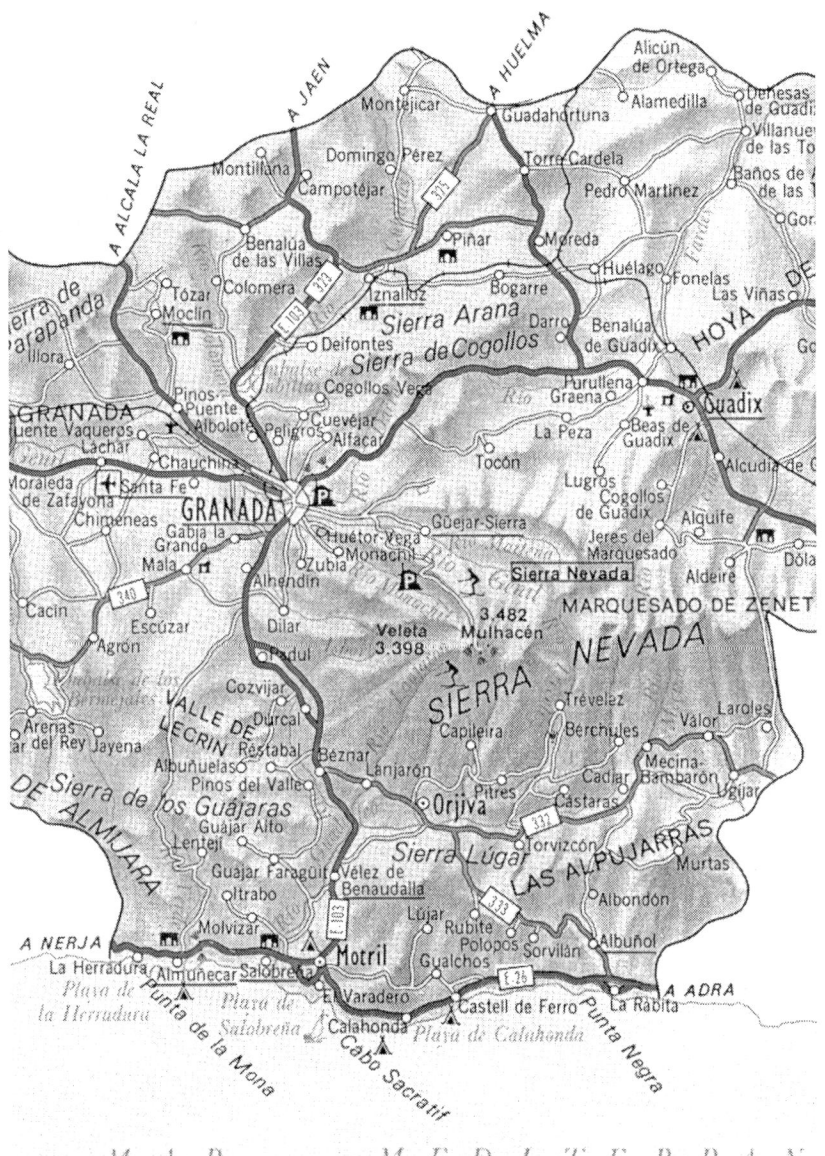

COSTA DEL SOL – Didaktisierung

[1]ITINERARIO DE LA [2]COSTA DEL SOL

La Costa del Sol granadina[2,3], resguardada[4] de las [5]influencias climáticas del interior por la [5]muralla montañosa [6]que preside la Sierra Nevada, se extiende desde La Rábita, cerca del límite con Al-
5   mería, hasta La Herradura, [7]próxima a tierras malagueñas[2,3]. Entre ambos pueblos se suceden una serie casi ininterrumpida de
[8]pequeñas y pintorescas calas y de extensas playas [6]hasta cuyas
arenas llegan, a veces, los cultivos subtropicales, festoneando[9,13]
de verde este litoral[10] privilegiado. Su proximidad a las [11]nevadas
10   cumbres del Mulhacén[2] y del Veleta[2] permiten, en el espacio de
unas horas, alternar el baño con los deportes de nieve.

[12]Dos carreteras unen a la capital con la costa, con una salida común [6]que se bifurca en [2]el Suspiro del Moro: la que llega directamente a Almuñécar, atravesando[13] la bravía y bellísima Sierra de
15   Cazulas, y la que, por el fértil valle de Lecrín, conduce a la importante ciudad de Motril, [14]para enlazar con la ruta del litoral. Apenas se deja atrás Motril surge Salobreña, blanca, con su viejo castillo encaramado[4] sobre un peñón, [16]como flotando sobre [17]un verde mar de vegetación. Después está Almuñécar, [18]pintoresca ciu-
20   dad situada junto a una fértil vega [6]que une, a sus extraordinarias
condiciones de centro de veraneo, el interés de su acueducto romano, de la [2]Torre del Monje y de la [2]Cueva de los Palacios. Muy
cerca de Almuñécar se halla la urbanización de los Berengueles,
en Punta de la Mona, uno de los lugares más bonitos de la Costa
25   del Sol, e inmediatamente La Herradura, pueblo pesquero con
una hermosa playa y bellísimos panoramas sobre el mar.

Desde Motril, en dirección a Almería, la carretera discurre a través
de un lujoso paisaje de huertas[12] [6]que sorprenden[19] por su sistema de cultivo. En esta dirección se halla en primer lugar Torre-
30   nueva, que posee la playa más extensa de la provincia; luego,

Calahonda, junto a una pintoresca ensenada de aguas profundas,
y ^{14}tras pasar por Castell de Ferro, ^{18}importante centro veraniego
e invernal, presidido^4 por un antiguo castillo árabe^{20}, se llega a la
35 Rábita, cerca de la raya^7 con Almería. A pocos kilómetros de La
Rábita, hacia el interior, queda Albuñol, ya dentro de la geogra-
fía^{21} alpujarreña^3.

COSTA DEL SOL – Übersetzungsprobleme

^{1} Überschrift .... KÜP..... Textsortenkonventionen/Titel
^{2} Eigennamen .... PÜP..... Empfängerbezug/Kulturreferenz
^{3} Relationsadjektiv .... SÜP..... Lexik/Adjektiv
^{4} Partizipialkonstruktionen SÜP..... Syntax/Nebensatzverkürzung
^{5} Komposition .... SÜP..... Lexik/Wortbildung
^{6} Relativsatz .... KÜP..... Allgem. Stilkonventionen/Syntax
^{7} stilistische Variation .... KÜP..... Allgem. Stilkonventionen/Textkon-
                                                          stitution
^{8} Adjektivreihung .... SÜP..... Syntax/Reihung
^{9} konventionelle Metapher. SÜP..... Lexik/Wortfeld
^{10} Spezifizierung .... SÜP..... Lexik/Wortfeld
^{11} Epitheton ornans .... KÜP..... Literarische Konventionen/Lexik
^{12} Realienbezeichnung ...... PÜP..... Empfängerbezug/Kulturreferenz
^{13} Gerundialkonstruktionen SÜP..... Syntax/Nebensatzverkürzung
^{14} Infinitivkonstruktionen .... SÜP..... Syntax/Nebensatzverkürzung
^{15} Verbal- vs. Nominalstil... KÜP..... Allgem. Stilkonventionen/Syntax
^{16} Vergleich .... KÜP..... Literarische Konventionen/Lexik
^{17} nichtkonvent. Metapher . KÜP..... Literarische Konventionen/Lexik
^{18} Apposition .... KÜP..... Allgem. Stilkonventionen/Syntax
^{19} Personifizierung............. KÜP..... Allgem. Stilkonventionen/Lexik
^{20} Synonymie .... SÜP..... Lexik/Wortfeld
^{21} Metonymie .... SÜP..... Lexik/Wortfeld

Teil 3: Systematische Behandlung der Übersetzungsprobleme

0 Vorbemerkung

Im Folgenden sollen die vier Kategorien von Übersetzungsproblemen anhand der konkreten, in den Texten der Textsammlung aufgetretenen Fälle systematisch behandelt werden. Da ich dem Grundsatz huldige, ein Übersetzungsbuch solle „so wenig (abstrakte) Theorie wie möglich, aber so viel (anwendbare und angewandte) Theorie wie (für die Lösung der anstehenden Übersetzungsprobleme) nötig" enthalten (Nord 1987a, 70), werde ich auf eine über die konkreten Fälle hinaus gehende Behandlung der Übersetzungsproblematik weitgehend verzichten. Neben einem kurzen Abriss des jeweiligen Übersetzungsproblems geht es vor allem um praktische Hinweise, wie bei dem vorgegebenen Übersetzungsauftrag eine funktionsgerechte Lösung gefunden werden kann. Dabei wird auf die entsprechenden Textstellen (Kurzform der Textbezeichnung, z.B. CEH + ggf. Zeilenangabe, z.B. Z. 40f, oder Zitat aus dem Text) verwiesen. Eine mögliche (aber keinesfalls die einzig mögliche!) Umsetzung der methodischen Hinweise ist aus den im Anhang abgedruckten Übersetzungsvorschlägen abzulesen.

Ein paar häufig verwendete Abkürzungen:

A-   = Ausgangs-
Z-   = Ziel-
AT   = Ausgangstext
ZT   = Zieltext
AK   = Ausgangskultur
ZK   = Zielkultur
TS   = Textsorte(n)-

1 Pragmatische Übersetzungsprobleme (PÜP)

Pragmatische Übersetzungsprobleme ergeben sich, wie wir bereits festgestellt haben, aus der *Übersetzungssituation*, in der die A-Situation, in welcher der Ausgangstext funktioniert oder funktioniert hat, mit der Z-Situation, in welcher der Zieltext laut Übersetzungsauftrag funktionieren soll, verglichen wird. Dabei sind folgende Fragestellungen wichtig:

♦ Welche Inhalte oder Funktionselemente des AT sind nur deshalb in der Form versprachlicht, in der sie im AT vorgefunden werden, *weil* der AT in einer bestimmten, ausgangskulturell geprägten Situation steht?

Hier geht es um die *pragmatischen Bezüge*, wie z.b. personale, temporale, lokale Deixis, kulturbedingte Annahmen über das Vorwissen des Empfängers, kulturgeprägte Perspektive.

♦ Welche dieser Versprachlichungsformen würden analog (also mit den Mitteln und entsprechend den sprachlichen, d.h. lexikalischen, syntaktischen, grammatischen, stilistischen, textuellen, Normen der Zielsprache in der Zielsituation nicht funktionieren, weil die pragmatischen Bezüge des Zieltexts sich von denen des Ausgangstexts unterscheiden?

Hier geht es um die *pragmatische und kulturelle Distanz*, z.B. in Bezug auf Ort und Zeit der Rezeption, Medium der Textübermittlung, kulturbedingt oder textfunktionsbedingt unterschiedliche Annahmen über das Vorwissen des Empfängers, andere kulturelle Perspektive.

♦ Wie werden die betreffenden pragmatischen Bezüge in entsprechenden Texten der Zielkultur (Paralleltexte, Modelltexte, Vergleichstexte) versprachlicht?

Diese Frage betrifft den interkulturellen *Textvergleich*.

♦ Mit welchen Translationsverfahren oder -techniken kann möglichst schonend, also ohne eine völlige Neuvertextung, erreicht werden, dass der Zieltext trotz der pragmatischen und kulturellen Distanz zum Ausgangstext den vom Übersetzungsauftrag angegebenen Zweck erfüllt?

Dies ist die Frage nach der *pragmatischen und kulturellen Adäquatheit* bestimmter Übersetzungslösungen.

Pragmatische Übersetzungsprobleme werden durch die Gegenüberstellung der textexternen Faktoren in der A- und Z-Situation erkennbar und können sowohl aus Unterschieden als auch aus Gemeinsamkeiten der Faktoren entstehen. Es ist daher ratsam, bei der übersetzungsrelevanten Textanalyse jeweils alle textexternen Faktoren nach der abgewandelten Lasswell-Formel (Nord 1991a, 40f.) kurz auf mögliche Problemstellungen abzufragen: *Wer* übermittelt(e) *wem wozu über welches Medium wann wo* und *warum* einen Text *mit welcher Funktion*? Das Zieltextprofil ergibt sich sodann aus der entsprechend zielgerichtet abgewandelten Formel: *Wer* will *wem wozu über welches Medium wann wo* und *warum* einen Text *mit welcher Funktion* übermitteln?

Informationen über die textexternen Faktoren des AT finden sich explizit oder implizit sowohl im AT-Umfeld (Titelei, Quellenangabe, Vor- und Nachwörter etc.) als auch im Text selbst (Verbalisierung der Situationsbezüge, Deixis etc.); Informationen über die textexternen Faktoren des ZT („Zieltextprofil") lassen sich aus dem Übersetzungsauftrag erschließen.

Damit haben wir die folgenden textexternen Faktoren abgefragt:

- ✓ Sender/Texproduzent   AT ☐   ZT ☐
- ✓ Adressat   AT ☐   ZT ☐
- ✓ Senderintention   AT ☐   ZT ☐
- ✓ Medium   AT ☐   ZT ☐
- ✓ Ort   AT ☐   ZT ☐
- ✓ Zeit   AT ☐   ZT ☐
- ✓ Anlass   AT ☐   ZT ☐
- ✓ Textfunktion   AT ☐   ZT ☐

1.1 Senderbezug

Übersetzungsprobleme, die aus Unterschieden im Bereich des Faktors Sender bzw. Textproduzent entstehen, fassen wir unter dem Begriff „Senderbezug" zusammen. Hierzu gehören – soweit sie in den behandelten Texten vorkommen – die Senderreferenz, die Sprecherspezifik, die Sendereinstellung und die Senderperspektive.

1.1.1 Senderreferenz

Unter Senderreferenz verstehen wir hier Bezugnahmen auf den Sender bzw. Textproduzenten (zur Unterscheidung vgl. Nord 1991a, 48 ff.) innerhalb oder außerhalb des Textes, z.b.:

♦ *Autorname* in Miguelito („Romeu")
♦ *Sendername* in CEH, SEAT, Sardina, Potax, Torres etc.
♦ *Absender-* oder *Adressenangaben* (ggf. für Rücksendung) z.B. in CEH, Potax, Torres, Asturias, Egarone
♦ *Verbformen und Pronomina der 1. Person Singular oder Plural* (Torres: *nuestro*)
♦ *Senderparaphrasen* (TS-spezifisch) (z.B. in Valencia/Allgemeine Geschäftsbedingungen: *la Organización / la Agencia de Viajes*) oder
♦ *Quellenangaben*, die TS-spezifische Rückschlüsse auf den Textproduzenten zulassen, z.B. in Turrón: Bei Presseartikeln ohne Autornamen gilt das Medium als Sender, Textproduzent ist im allgemeinen ein zuständiges Redaktionsmitglied.

Übersetzungsverfahren

a) Für den Z-Empfänger sollte grundsätzlich erkennbar sein, wer der Sender des Textes ist. Text*produzent* des ZT ist in jedem Falle der Translator; auch auf diese Information hat der Z-Empfänger einen Anspruch.

b) Wenn der Name des Senders/Textproduzenten aus dem AT bzw. AT-Umfeld eindeutig hervorgeht und der A-Kulturbezug auch in der Z-Situation erkennbar bleibt, ist eine Übernahme des Namens bzw. eine strukturanaloge Wiedergabe der Pronomina (*nosotros* → „wir") angebracht (z.B. bei CEH, SEAT, Potax, Miguelito, Torres).

c) Wenn durch den veränderten Orts- oder Empfängerbezug in der Z-Situation der A-Kulturbezug nicht erkennbar oder die Quellenangabe für den Z-Empfänger nicht aussagekräftig ist, empfiehlt sich eine (textinterne oder textexterne) Expansion (z.B. bei Sardina, Turrón). Pronomina müssten in einem solchen Fall explizitiert werden (z.B. *nuestra Economía* → „die spanische Wirtschaft"). Bei einer dokumentarischen Übersetzung wird das Problem durch eine textexterne Dokumentation der A-Situation (Vorspann, Nachspann) umgangen (z.B. Turrón).

d) Wenn die Senderreferenz nicht eindeutig aus dem AT oder seinem Umfeld erschlossen werden kann, ist (entsprechend den TS-Konventionen) eine verallgemeinernde Paraphrase (z.B. durch ein Hyperonym) möglich (z.B. Valencia: „der Veranstalter").

e) Wenn für den ZT eine andere Senderreferenz als für den AT gilt, ist das Verfahren der Substitution anzuwenden (z.B. Asturias): Ersetzung der A-Senderreferenz durch eine Z-Senderreferenz.

1.1.2   Sprecherspezifik

Unter „Sprecherspezifik" verstehe ich die Abhängigkeit der gewählten sprachlichen Ausdrucksmittel vom Sender als Individuum (vgl. Nord 1991a, 50) bzw. bei einem fiktiven Sprecher die vom Textproduzenten zu seiner Charakterisierung gewählten sprachlichen Ausdrucksmittel. Das betrifft besonders globale Merkmale des

- *Registers* (Umgangssprache, Sprechsprache, Jugendsprache, Slang, Jargon wie z.B. die umgangssprachliche Redeweise Hugos in Miguelito), aber auch Einzelelemente wie
- *Interjektionen* (Miguelito)
- *Schimpfwörter* oder *Grußformeln* (sofern nicht textsortenspezifisch) etc.

Übersetzungsverfahren

Bei einer instrumentell-funktionskonstanten wie auch bei einer dokumentarisch-exotisierenden Übersetzung wird im Allgemeinen eine Anpassung der sprachlichen Wirkungsmittel an die Normen der Z-Kultur, d.h. also: stilistische Äquivalenz, erwartet (Miguelito).

1.1.3 Senderperspektive

Jeder Sprecher oder Sender stellt die Inhalte, ob bewusst oder unbewusst, aus seiner (kulturspezifischen) Perspektive dar, in der Annahme, dass der Empfänger diese Perspektive teilt. Beim Übersetzen ist aber davon auszugehen, dass der Z-Empfänger grundsätzlich eine andere kulturelle Perspektive hat als der A-Sender (wobei im Einzelfall der Unterschied gegen Null tendieren kann).

Daher umfasst z.B. die Bezeichnung *idiomas modernos* in CEH für den spanischen Sender nicht das Spanische, während für deutsche Adressaten zu „modernen Fremdsprachen" auch das Spanische zählen würde. Dann wäre aber dieses Kursangebot keine Alternative zu den vorher genannten Spanisch-Kursen – der Text wird inkohärent, da der Z-Empfänger, sofern er nicht deutlich auf die Fremdheit der A-Perspektive hingewiesen wird, seinem Textverständnis gleichsam automatisch die eigene Perspektive zugrunde legt (vgl. auch 1.3.3 Empfängereinstellung). Gleiches gilt etwa für *América* (für spanische Sprecher: „Süd- und Mittelamerika") vs. *Amerika* (für deutsche Sprecher: „USA") im Text Chocolate.

Übersetzungsverfahren

Bei einer instrumentellen Übersetzung wird der ZT in der Regel auf die Perspektive des Z-Empfängers ausgerichtet (CEH, Chocolate).

1.1.4   Sendereinstellung

Die Einstellung des Senders zu dem beschriebenen Gegenstand kann sich in der Wahl bestimmter morphosyntaktischer Gestaltungsmittel manifestieren, z.B.

♦ *Diminutiva* (sofern sie nicht ausschließlich das Denotat „Kleinheit" enthalten oder ein textsortentypisches Merkmal sind, wie beispielsweise im Märchen), z.b. Sardina: *sardinitas*, Turrón: *terroncillos, barquillos*, Asturias: *pueblines*.

♦ *Elative*, z.B. Sardina: *finísimo*; Miguelito: *urgentísimo*, und

♦ *unsteigerbare Adjektive*, die einen höchsten Grad ausdrücken, z.B. Sardina: *inigualable*; Miguelito: *insoslayable*, oder

♦ *Superlative* (besonders bei Adjektiven, die subjektive oder kulturspezifische Bewertungen ausdrücken), z.B. *el lugar más tranquilo* in Text Torres (Spanier haben eine andere Lärmtoleranz als Deutsche!).

Übersetzungsverfahren

a) Bei einer instrumentellen Übersetzung mit konstanter Funktion (Texte Sardina, Miguelito, Torres) ist die Sendereinstellung, gegebenenfalls durch kompensatorische Verfahren, auch im ZT wiederzugeben, besonders wenn sie Appellfunktion hat (Texte Sardina, Torres, Asturias).

b) Bei einer dokumentarischen Übersetzung kann die Sendereinstellung textextern dokumentiert werden, sofern sie nicht durch entsprechende Mittel in der ZS wiedergegeben werden kann (Text Turrón).

1.2   Intentionsbezug

Alle pragmatischen Aspekte, die mit der kommunikativen Intention des Senders zusammenhängen, fassen wir unter dem Begriff Intentionsbezug zusammen. Besonders problemträchtig ist dabei der indirekte Appell, der durch Mittel der referenziellen oder expressiven Funktion erzielt werden soll.

1.2.1 Indirekter Appell

Um indirekt einen Appell an den Empfänger zu richten, bedient sich der Sender oft des Mittels der

♦ *Bewertung*, z.B. Torres: *soleamiento adecuado, bajo interés* oder
♦ *Informationsgewichtung* (z.B. Potax: Z. 3f, 6f).

Das heißt: Die im Text vermittelten Informationen werden so dargestellt oder als wichtig hervorgehoben, dass sie den Adressaten ansprechen (und eventuell zur Kaufentscheidung, Meinungsänderung etc. bewegen) sollen. Natürlich orientiert sich der Sender an seiner eigenen (kulturspezifischen) Vorstellung von der Ansprechbarkeit des Empfängers. Auch ein

♦ *Vergleich* kann als indirekter Appell verwendet werden (z.B. Potax: Z. 5f).

Übersetzungsverfahren

Wenn der betreffende Appell auch mit Hilfe des ZT realisiert werden soll (= Instrumentelle Übersetzung), müssen Bewertungen, Informationsgewichtungen und appellbezogene Vergleiche dem Wertesystem der Zielkultur angepasst werden (Texte Torres, Potax).

1.3 Empfängerbezug

Zum Empfängerbezug gehören alle Aspekte, die mit dem (intendierten) Empfänger, dem Adressaten, des Ausgangs- bzw. Zieltexts zu tun haben.

1.3.1 Empfängerreferenz

Unter Empfängerreferenz verstehen wir hier Bezugnahmen auf den Adressaten einer Äußerung. Bei Gebrauchstexten ist das der intendierte Empfänger des Texts, bei fiktionalen Texten kann es auch der intendierte Empfänger in einer (fiktiven) textinternen Redesituation sein. Empfängerreferenzen sind z.B. in folgenden Textelementen enthalten:

- *Textsortenangaben* (etwa „Kinderbuch"),
- *Empfängerangaben* (etwa in der Adresse),
- *Anrede mit Namen* (Miguelito, Hugo),
- *Verbformen* oder *Pronomina* der 2. Person oder der Höflichkeitsform (z.B. CEH, SEAT, Sardina, Potax, Miguelito),
- *unpersönliche Konstruktionen,* die den Empfänger einschließen, z.B. *hay que* (Sardina), die 2. Person in unpersönlicher Funktion (Miguelito – das gibt es umgangssprachlich auch im Deutschen),
- *Imperative,* z.B. SEAT, Potax, Asturias, oder
- *Empfängerparaphrasen,* z.B. Torres: *el socio,* Valencia: *los clientes,* sowie andere TS-spezifische Formen (siehe bei den Konventionen der betreffenden Textsorte).

Übersetzungsverfahren

a) Empfängerreferenzen sind, sofern nicht TS-konventionell (z.B. Briefkopf, -anrede) sowohl im Spanischen als auch im Deutschen ein intentional gebrauchtes Mittel der Kontaktherstellung (= phatische Funktion, z.B. Miguelito) oder des Appells (= appellative Funktion, z.B. CEH, SEAT, Potax) und können als solche grundsätzlich übernommen werden, sofern die Beibehaltung der Senderintention (bei CEH, SEAT, Sardina, Potax/Garantía) angestrebt wird und die Empfängerreferenz im ZT nicht etwa der Appellrealisierung abträglich ist (z.B. Potax: Z. 5) oder den TS-Konventionen widerspricht (Potax: Z. 9)

b) Bei der Übersetzung appellativer Texte kann das Mittel der Empfängerreferenz selbständig in den ZT eingefügt werden, um die Appellwirkung bestimmter Informationen zu verstärken (z.B. Torres: Z. 51, 57).

c) Für eine instrumentelle Übersetzung mit Wahrung des Appells ist es erforderlich, die *Form* der Empfängerreferenz gegebenenfalls an die Normen der Z-Kultur anzupassen (vgl. Valencia: Z. 31ff, → stilistische Variation).

d) Wenn eine Form der Empfängerreferenz in abweichender Funktion gebraucht wird (z.B. die 2. Person in der Funktion einer unpersönlichen Konstruktion im Text Miguelito), ist – für die instrumentelle Übersetzung – die Funktion, nicht die Form ausschlaggebend.

1.3.2 Kulturreferenz

Unter Kulturreferenz verstehen wir die Bezugnahme auf die Gegebenheiten einer bestimmten Kultur, sei es die Ausgangs-, die Ziel- oder eine dritte Kultur, einschließlich der betreffenden Sprache. Je nach dem, welches Vorwissen der Sender bei seinem Adressaten voraussetzt (= *präsupponiert*, vgl. Nord 1991a, 109f), sind die Kulturreferenzen in einem Text explizit (bei geringerem präsupponiertem Wissen) oder eher implizit (bei größerer präsupponierter Wissensmenge). Die Kommunikation funktioniert jedoch nur dann reibungslos, wenn der Sender das Vorwissen des Empfängers zutreffend einschätzt. So kann z.B. der Leser des Turrón-Textes die Anaphora *este terró* (Z. 18) nur dann richtig verstehen, wenn er über das Sprachwissen verfügt, dass *terró* das Grundwort zu *terronet* ist. Und der spanische Leser von Torres: Z. 57ff bezieht aufgrund seines Sachwissens über *V.P.O.* (= *viviendas de protección oficial*) sowie durch sein aktuelles *Situationswissen* (er befindet sich in Spanien, der spanische Text ist für Leser gedacht, die in Spanien leben) die Informationen über Steuervergünstigungen korrekt auf sich selbst als spanischen Steuerzahler. Der deutsche Leser des ZT verfügt über diese Wissensvoraussetzungen nicht. Ebenso muss dem Z-Leser, der das Rezept *Amalia* in einem internationalen Kochbuch liest (Übersetzungsauftrag!) deutlich gemacht werden, dass es sich um ein *spanisches* Rezept handelt.

Wenn der Empfänger die Kulturreferenz nicht richtig deuten kann, versteht er den Text entweder gar nicht (vgl. das unter 1.1.3 zur Perspektive Gesagte) oder, wegen der falschen *Präsuppositionen*, anders als er gemeint ist (z.B. Torres: Z. 61f oder Huerto: *Elche – palmeral*). Überflüssige Referenzen auf bekannte Gegebenheiten der eigenen Kultur dagegen beeinträchtigen das Verständnis meistens nicht, können aber als störende, weil kulturunübliche, *Redundanz* wirken

(z.B. Potax: Übersetzung von Z. 16 – in deutschen Puddingpulvern
erwartet man ohnehin weder Zucker noch Eier).

Kulturreferenzen sind u.a. enthalten in

◆ *Eigennamen*, z.B. Personennamen (Miguelito), geographischen
  Namen (Sardina, Turrón, Valencia, Asturias, Costa), Produktna-
  men (Miguelito, Turrón, Potax), Namen von Institutionen, Firmen,
  Gebäuden, Sehenswürdigkeiten (CEH, SEAT, Turrón, Torres, Valencia, Huerto, Alhambra);

◆ *Realienbezeichnungen*, also Bezeichnungen für Kulturspezifika in
  allen möglichen Bereichen, z.B. Bildung und Unterricht (CEH:
  Estudios Hispánicos, *bachillerato*), Wirtschaft und Verwaltung
  (SEAT: Z. 7, Torres: Z. 9, 18, 51). Essen und Trinken (Turrón: Z.
  1, Potax: Z. 1, 34), Wohnen (Valencia), Sport und Spiel (Miguelito,
  Torres), Geographie (Valencia, Costa), Geschichte (Alhambra,
  Tesoro);

◆ *metasprachlichen Äußerungen* (z.B. Turrón, Huerto, Chocolate)
  oder

◆ *Anspielungen* auf den kulturspezifischen Textbestand, etwa Literatur, Werbung, Textmuster etc. (z.B. Valencia: *cañas y barro*).

Diese Textelemente sind einerseits Träger von Informationen, deren
Entschlüsselung die Kenntnis der betreffenden Kultur und Sprache
voraussetzt (besonders bei Realienbezeichnungen, wie *huerta*, oder
Eigennamen, wie *Torre de la Monja*), andererseits können sie aber
auch noch andere Funktionen haben: Eigennamen haben z.B. identi-
fizierende oder „distinktive" Funktion, indem sie auf einen konkreten
Einzel-Gegenstand (z.B. *Mulhacén*) oder eine individuelle Einzel-
Person (z.B. *Hugo*) verweisen und diese von anderen Vertretern der-
selben Gattung (Berge, männliche Jugendliche) abgrenzen, sie können aber auch appellative Funktion haben, indem sie den Empfänger
zu Identifizierung oder Distanznahme auffordern (mit Personen, die
deutsche Namen haben, kann sich ein deutscher Leser identifizieren,
von Personen, die spanische Namen haben, kann er sich distanzie-
ren).

Die appellative Funktion ist auch für *Anspielungen* typisch, die die Texterfahrung des Empfängers aktivieren (vgl. Nord 1990a, b): Ein spanischer Leser denkt bei *cañas y barro* (vielleicht!) an den bekannten Roman von Vicente Blasco Ibáñez, ein deutscher Leser kann mit „Schilfrohr und Sumpf" keinen bekannten Text assoziieren.

Übersetzungsverfahren

a) Die distinktive Funktion bleibt im Allgemeinen bei der Übernahme der ausgangssprachlichen Bezeichnung (z.B. Potax, Torres), gegebenenfalls in der so genannten einheimischen Form (z.B. Sardina: „Andalusien", „Galicien", Asturias: „Asturien") erhalten. Durch die Übernahme der ausgangssprachlichen Bezeichnung werden Realienbezeichnungen im ZT zu Eigennamen (z.B. Turrón: *guirlache* → „Guirlache", *turrón* → „Turrón"). Es ist darauf zu achten, dass ausgangskulturelle Namen in der Zielkultur möglicherweise unerwünschte Konnotationen auslösen (z.B. *Potax*), mit vorhandenen Namen (z.B. geschützten Markennamen) konkurrieren oder auch bereits mit anderen Denotaten besetzt sein können (z.B. Sardina: *Levante*).

b) Bei der Übernahme der A-Bezeichnung geht häufig (außer wenn in Ausgangs- und Zielsprache ähnliche Wortstämme vorhanden sind oder wenn die Information im Kontext verdeutlicht wird (Turrón: Z. 27, 29; Valencia; Z. 32), die informative Funktion verloren. Wenn die im Namen oder der Realienbezeichnung enthaltene Information für den Z-Empfänger wichtig ist, kann die A-Bezeichnung wörtlich übersetzt (Valencia: Z. 8, 9) oder durch eine Z-kulturelle Entsprechung ersetzt werden (z.B. SEAT: Z. 26; Torres Z. 6; Valencia: Z. 6). Oftmals ist auch eine verallgemeinernde Paraphrase (z.B. CEH: Z. 29; SEAT: Z. 18; Sardina Z. 3) möglich.

c) Bei einer Übersetzung, Entsprechung oder Paraphrase kann allerdings die kulturindizierende Funktion, sofern sie nicht eindeutig aus der Situation hervorgeht (z.B. bei den Texten SEAT und Valencia, die ja in A-kultureller Situation rezipiert werden), in den Hintergrund treten (die genauen Bedingungen der Einstufung zum *Jardín Artístico Nacional*

sind z.B. für den deutschen Leser des Huerto-Textes nicht
so wichtig). Wenn die Kulturreferenz jedoch nicht nur distinktive und informative Funktion erfüllen, sondern auch auf die
fremde Kultur verweisen soll, kommen folgende Übersetzungsverfahren in Betracht:

❖ eine erklärende Übersetzung (z.B. Turrón: *„Turrón de
crema* oder *Turrón de yema* mit Sahne bzw. Eigelb"; Potax:
„Karamello Vanillepudding"; die Erklärung kann auch in
Klammern angegeben werden,

❖ eine Übersetzung + Kulturhinweis (Sardina: „das spanische Ministerium für..."); Torres: „öffentlich geförderter Woh-
nungsbau in Spanien"),

❖ die Kombination Übernahme + Übersetzung (im Text
Valencia ist dies durch das mehrsprachige Medium gegeben) oder

❖ eine kompensatorische Übersetzung (z.B. Torres: die Information „Strand" aus dem Namen *Playa de San Antonio* ist
auf eine spätere Stelle im Text „verschoben").

d) Wenn laut Übersetzungsauftrag die A-Kulturreferenz für
den Zielempfänger irrelevant ist und ihm vielmehr eine Identifizierung ermöglicht werden soll, können ausgangskulturelle Spezifika durch zielkulturelle Spezifika oder eine Generalisierung ersetzt werden (Miguelito: *cupón* → Lottoschein,
juanolas → Hustenbonbons, zur Apotheke gehen; Huerto:
declarar Jardín Artístico Nacional → unter besonderen Naturschutz stellen; Tesoro: *directores generales* → Oberregie-
rungsräte).

e) Bei metasprachlichen Äußerungen und Anspielungen ist
gegebenenfalls die präsupponierte Information zu ergänzen
(vgl. Turrón) oder eine verallgemeinernde Paraphrase (Valencia: Z. 20 – etwa: „die Landschaft, die der berühmte valencianische Schriftsteller Blasco Ibáñez in seinen Romanen
beschrieben hat") zu verwenden. Die eventuelle appellative
Funktion wird dabei durch eine informative Funktion ersetzt.

f) Achtung: Fremdsprachliche Namen werden im Spanischen oft morphologisch oder orthographisch hispanisiert
(z.B. Huerto: *Fénix Datilífera*; Chocolate: *Ana de Austria*)

und müssen im ZT nach den zielkulturellen Normen zitiert werden.

1.3.3 Empfängereinstellung

Nicht nur das Wissen des Empfängers ist für das Verständnis eines Textes von Bedeutung, sondern auch seine (kulturspezifische) Einstellung zu bestimmten Fragen, Werten, Tabus etc. Hier kommt das Problem der *Konnotationen* zum Tragen: Aufgrund geschichtlicher Erfahrungen sind in einer Kultur bestimmte Bezeichnungen, oft auch nur in festen Kollokationen oder Wortverbindungen, mit Nebenbedeutungen besetzt, die bei einer Übersetzung zu berücksichtigen sind, und zwar betrifft das sowohl Konnotationen, die – absichtlich oder unabsichtlich – beim A-Empfänger ausgelöst werden und für den Z-Empfänger möglicherweise verständlich gemacht werden müssen, als auch Konnotationen, die – unabsichtlich – beim Z-Empfänger ausgelöst werden können (z.B. Turrón: *judío/cristiano*).

Ein Appell an die Einstellung des A-Empfängers kann beim Z-Empfänger auch völlig die Wirkung verfehlen und daher überflüssig werden: Für den A-Empfänger des Chocolate-Textes mag es *curioso* sein, dass die erste Schokoladenfabrik in Barcelona stand – der Z-Empfänger würde das kaum besonders aufregend finden!

Übersetzungsverfahren

Unerwünschte Konnotationen des Z-Empfängers sind gegebenenfalls durch eine Verdeutlichung des Kulturbezugs zu vermeiden (Turrón). Ausschließlich an den A-Empfänger gerichtete Appelle können in einer instrumentellen Übersetzung weggelassen und müssten in einer dokumentarischen Übersetzung erläutert werden (Chocolate).

1.3.4 Weltwissen und Horizont

Ausgangs- und Ziel-Empfänger unterscheiden sich, bedingt durch ihren jeweiligen soziokulturellen Hintergrund, grundsätzlich in ihrem Weltwissen und ihrem verschiedenen Horizont (zur Bedeutung des Horizonts für das Verstehen vgl. Nord 1991a, 100f). (Dieser Unter-

schied kann allerdings in einzelnen Kulturpaaren oder speziellen Bereichen möglicherweise gering sein oder gar gegen Null tendieren.)
Das beruht z.b. auf einem unterschiedlichen Stand der

◆ *Zivilisation* (z.B. Segad: in der BRD ist ein Geschirrspüler in vielen
Haushalten seit vielen Jahren eine Selbstverständlichkeit, in Spa-
nien – zumindest zur Zeit der AT-Produktion – offenbar noch ein
Luxus) oder unterschiedlichen Schwerpunkten im

◆ *Allgemeinwissen* (Alhambra: Fakten der spanischen Geschichte,
z.B. *Reconquista*, Huerto: *Elisabeth de Austria, fuegos artificiales
de la Festa de Elche*) und wirkt sich unter anderem auch auf die
Verständlichkeit von originellen, d.h. nicht konventionellen oder le-
xikalisierten, *Vergleichen* aus (Huerto: Z. 56).

Übersetzungsverfahren

Eine instrumentelle Übersetzung muss sich am Weltwissen
und Horizont des Z-Empfängers orientieren und gegebenenfalls Wissensdefizite oder –überschüsse ausgleichen oder
verallgemeinern (Huerto), während eine dokumentarische
Übersetzung unter Umständen vom Leser erwarten kann,
dass er sich fehlende Kenntnisse selbst beschafft.

1.4   Medienbezug

Zum Medienbezug gehören alle Aspekte, die mit dem Medium zusammenhängen, über das der Text transportiert wird. Hier müssen
oftmals Platzbeschränkungen durch das Lay-out oder die Tatsache,
dass verschiedensprachige Versionen des Textes nebeneinander
stehen, beim Übersetzen berücksichtigt werden. Die beste und ele-
ganteste Übersetzung ist unbrauchbar, wenn sie nicht auf den zur
Verfügung stehenden Platz passt!

1.4.1   Platzbeschränkung

Wenn für den ZT das gleiche Lay-out vorgesehen ist wie für den AT,
kann die *Textlänge* zum Problem werden (z.B. Potax, Miguelito, Torres, Valencia), besonders wenn aus Gründen des Empfängerbezugs
Expansionen nötig sind (Potax, Torres).

Übersetzungsverfahren

Möglich sind verschiedene Verfahren der Textstraffung, etwa durch Transposition (Valencia) oder Parenthesen (Valencia), Zusammenfassung (Potax) oder Vereinfachung (Miguelito).

1.4.2 Mehrsprachigkeit

Aus der Mehrsprachigkeit von Texten können sich ebenfalls pragmatische Probleme ergeben, z.B. ein *Informationsdefizit* durch nicht übersetzte Textteile (z.B. CEH: Z. 22ff ohne die Übersetzung des Prospekttextes; SEAT: Kopfzeilen). Dabei dürfen etwaige Fremdsprachenkenntnisse des Empfängers durchaus in Betracht gezogen werden, z.B. CEH: Z. 1, 17). Kein Problem ergibt sich bei international verständlichen Wörtern (z.B. CEH: *foto*).

Übersetzungsverfahren

Informationsdefizite müssen ausgeglichen werden, wenn die Information für das Textverständnis nötig ist, sofern die Platzbeschränkung es zulässt (siehe 1.4.1, vgl. Valencia: Z. 25). Das kann z.B. durch eine Expansion oder durch eine kompensatorische Übersetzung (SEAT: vgl. Übersetzungsvorschlag) geschehen. Wenn die betreffende Information im übersetzten Text wiederholt wird, empfiehlt sich oft eine möglichst wörtliche Übersetzung, denn sonst könnte der Z-Empfänger, der ja auch den nicht-übersetzten ausgangssprachlichen Text liest, auf die Idee kommen, es würden ihm Informationen vorenthalten (SEAT: Z. 12, 26).

1.4.3 Medienreferenz

Gelegentlich wird im Text selbst mit *deiktischen Elementen* (vgl. 1.6.1) oder aber im Textumfeld, etwa in der *Quellenangabe* (z.B. Turrón, siehe auch 1.1.1 zur Senderreferenz) auf das Medium Bezug genommen.

Übersetzungsverfahren

Bei einer dokumentarischen Übersetzung ist zu beachten, dass die reine Übernahme des Mediennamens (z.B. *Tiempo*) für den Ziel-Empfänger aufgrund seines fehlenden Kulturwissens keine informative Funktion hat; daher ist im Allgemeinen ein zusätzlicher Hinweis auf den Erscheinungsort, die politische Ausrichtung o.ä. empfehlenswert (Turrón).

1.5   Ortsbezug

Der Ortsbezug umfasst die Aspekte, die mit dem Ort (Land, Region, Stadt) zusammenhängen, an dem der Text produziert oder rezipiert wird bzw. werden soll. Bei manchen Texten ist der Produktionsort wichtig (z.B. bei einem Brief), bei anderen der Rezeptionsort (z.B. bei einer touristischen Information über eine Stadt).

1.5.1   Kulturelles Milieu

In Texten, die für die Rezeption in einem bestimmten kulturellen Milieu gedacht sind, finden sich immer wieder Informationen, die nur vor dem Hintergrund des betreffenden kulturellen Milieus sinnvoll sind. Vorausgesetzt werden Gegebenheiten der

♦ *Lebenswelt* (Potax: Kochen mit Gas statt mit Strom; Sardina: frische vs. Ölsardinen; Chocolate: Trink- vs. Essschokolade),

♦ *Sitten und Gebräuche* und *Konventionen* (CEH: mehrere Nachnamen in Spanien vs. ggf. mehrere Vornamen in Deutschland; Miguelito: *rododendron* vs. Geranien als typische Balkonpflanzen; Sardina: rohe Sardinen sind in Deutschland ungewöhnlich, Austern essen wir auch roh; Potax: Zuckermenge, *caramelizado*; Huerto: *Domingo de Ramos, Festa de Elche)*;

♦ *gesetzliche Vorschriften der Ausgangskultur*, die in der Zielkultur nicht vorhanden sind (Egarone) oder umgekehrt, etc.

Übersetzungsverfahren

Bei einer instrumentellen Übersetzung gilt das zielkulturelle Milieu als Bezugsrahmen. Die kulturbezogenen Informationen müssen also gegebenenfalls adaptiert (Texte CEH, Potax, Miguelito), als „fremd" markiert (Text Sardina) oder, wenn sie für die Zielkultur sinnlos sind, weggelassen bzw. gegebenenfalls durch eine entsprechende zielkulturelle Information ersetzt werden (Potax: Z. 19).

1.5.2 Rezeptionsort

Die Frage, wo ein Text rezipiert wird, ob im Raum der Ausgangs- oder der Ziel- oder einer dritten Kultur, spielt z.b. eine Rolle für die Behandlung von *Preisangaben* (Torres, Valencia), *Telefonnummern, Adressenangaben* etc.

Übersetzungsverfahren

a) Für eine Rezeption in der Ausgangskultur können meist die Angaben in der A-Form übernommen werden (Torres, Valencia), während sie für eine Rezeption in der Zielkultur – bei instrumenteller Übersetzung – gegebenenfalls durch zielkulturelle Entsprechungen ersetzt oder ergänzt werden.

b) Wenn Adressen für den Ziel-Empfänger als „Wegweiser" in der Ausgangskultur dienen sollen, müssen gelegentlich bestimmte Angaben (Torres: *Paseo Marítimo, bajo*) übersetzt oder Abkürzungen (Valencia: *C/ Colón*) aufgelöst werden.

1.6 Zeitbezug

Auch der Zeitbezug eines Textes kann zu Übersetzungsproblemen führen, etwa wenn sich seit der Produktion des Ausgangstexts bestimmte Gegebenheiten verändert haben oder der Text implizit auf die Zeit seiner Entstehung Bezug nimmt.

1.6.1 Zeitdeixis

Unter Deixis versteht man die textinternen Verweise auf die (textexterne) Situation durch *deiktische Elemente* (vgl. Bußmann 1983, 83) wie Adverbien (Sardina: *ahora*), Demonstrativpronomina (Sardina: *este tiempo*) etc.

Wenn z.B. im Huerto-Text (1974) von einem Alter von 150 Jahren die Rede ist, „stimmt" die Angabe in einer Übersetzung von 2000 nicht mehr! Und im Text Chocolate kann man den zeitlichen Abstand zwischen 1847 und 1988 mit Mühe noch als *apenas un siglo* („kaum mehr als hundert Jahre") bezeichnen – ab 10 Jahre später wäre aber dann wohl doch die Angabe „etwa 150 Jahre" angemessener.

Übersetzungsverfahren

Bei einer instrumentellen Übersetzung ist darauf zu achten, ob die deiktischen Elemente auch für die Rezeptionssituation zutreffend sind (siehe Übersetzungsauftrag zu Text Sardina). Wenn nicht, sind sie an die Rezeptionssituation des ZT anzupassen. Bei dokumentarischen Übersetzungen wird das Problem im Allgemeinen durch die Dokumentation der A-Situation in einem Vorspann o.ä. (vgl. Nord 1991a, 83; siehe auch Übersetzung von Text Turrón) umgangen.

1.6.2 Rezeptionszeit

Nicht nur der Ort, sondern auch der Zeitpunkt der Textrezeption spielt für die Textgestaltung eine Rolle, zum Beispiel für den *Aufbau* (Valencia: Z. 26f). Die Reihenfolge der Informationen hängt in bestimmten Textsorten von ihrer Priorität für den Empfänger ab. Wenn daher für den Z-Empfänger eine andere Prioritätenfolge gilt als für den A-Empfänger, können Informationen (in instrumentellen Übersetzungen) ohne weiteres umgestellt werden.

1.7 Anlassbezug

Von den Texten der Textsammlung haben nur die Texte Sardina und Turrón einen eindeutigen Anlassbezug (Sommer bzw. Vorweihnachtszeit). Da die Zieltexte den gleichen Anlassbezug aufweisen sollen (siehe Übersetzungsauftrag), ergeben sich keine anlassbezogenen Übersetzungsprobleme.

1.8 Funktionsbezug von Teiltexten oder Textteilen

Die wesentlichen Aspekte der intendierten Funktion wurden bereits unter 1.2 behandelt. Hier geht es darum, dass bei bestimmten Teiltexten, wie etwa *Beispielen, Vergleichen* (Potax Z. 5f, siehe 1.2.1), *Unter-*

titeln (Egarone) oder *Zitaten* bzw. *Zitatwörtern* (Turrón: Z. 16ff, 18; Chocolate: *xocoatl* mit *Bedeutungsangabe* „agua amarga") oder das „Zitat" der Bezeichnungen der Kaufhausabteilungen in Text Valencia: Z. 39ff) eine eigene Funktion intendiert ist, die durchaus von der Funktion des Gesamttexts abweichen kann.

Übersetzungsverfahren

a) Das Übersetzungsverfahren richtet sich nach der Zielfunktion des betreffenden Teiltexts oder Textteils und schließt entsprechend auch andere textexterne Bezüge (Sprachkenntnisse des Empfängers, bereits vorhandene Übersetzungen in die ZS oder eine andere dem Z-Empfänger bekannte Sprache etc., vgl. Nord 1990a) mit ein.

b) Der Zitatmodus (direktes oder indirektes Zitat) ist ein intentionales Gestaltungsmittel und sollte daher möglichst gewahrt bleiben; eine Rückübersetzung in die ursprüngliche Ausgangssprache ist bei (bereits im Ausgangstext übersetzten) direkten Zitaten allerdings nicht angebracht.

c) Die Form des Zitats richtet sich – bei einer instrumentellen Übersetzung – nach den Konventionen der Zielkultur.

d) Je nach üblicher Teiltextfunktion kann der Grad der Differenzierung (vgl. Hönig + Kussmaul [2]1984) in AT und ZT unterschiedlich sein (Egarone: Untertitel).

1.9   Zusammenfassung

Pragmatische Übersetzungsprobleme wie die oben behandelten sind in jeder Übersetzungsaufgabe zu erwarten. Sie sind nicht „schwierig" zu lösen – meist reicht ein bisschen gesunder Menschenverstand! –, aber wenn man sie nicht beachtet, kann es zu schwerwiegenden Kommunikationsstörungen kommen. Diese sind um so gravierender, als der Empfänger des Translats nicht – wie etwa bei einem grammatischen oder stilistischen Fehler – durch eine Befremdlichkeit im Text „gewarnt" wird, sondern ahnungslos in die kulturelle Falle tappt. Im folgenden Abschnitt geht es um konventionsbedingte Übersetzungsprobleme. Auch sie können, wenn sie nicht beachtet werden, ernsthafte Kommunikationsstörungen auslösen – in vielen Fällen werden sie die Kommunikation jedoch nicht völlig zum Erliegen bringen. Dennoch sollte ihre Bedeutung nicht unterschätzt werden. Denn wenn ein übersetzter Text „wie ein Original" funktionieren soll, muss auch seine sprachlich-stilistische und formale Gestaltung den Erwartungen der Adressaten entsprechen.

2 Konventionsbedingte Übersetzungsprobleme (KÜP)

Im Gegensatz zu den pragmatischen Übersetzungsproblemen, die bei der Kontrastierung aller möglichen Kulturpaare auftreten, wenn auch ihre Lösung natürlich jeweils von den Gegebenheiten der betreffenden A- bzw. Z-Kultur abhängt, sind die im folgenden zu behandelnden Übersetzungsprobleme auf das Kulturpaar Spanisch-Deutsch bezogen. Allerdings sind diese Problem*komplexe* (Textsortenkonventionen, Stilkonventionen etc.) auch für andere Kulturpaare von Bedeutung.

Die Gleichsetzung von Kultur und Sprache lässt sich im Rahmen dieser Einführung vertreten, weil wir auf die verschiedenen Kulturen innerhalb des deutschen bzw. spanischen Sprachraums (Deutschland Ost – Deutschland West – Österreich – Schweiz, Spanien – Argentinien – Peru – Guatemala etc.) nicht eingehen, sondern als Ausgangskultur Spanien und als Zielkultur Deutschland ansetzen, wobei die kulturellen Unterschiede zwischen Ost und West für unsere Textbeispiele keine Rolle spielen. Aber bei einigen Textsorten, so etwa bei Rezepten (Amalia) und medizinischen Packungsbeilagen (Egarone) würde ein Auftrag, der etwa Österreich als Zielkultur vorgibt, an einigen Stellen zu anderen Übersetzungslösungen führen müssen (zur Frage Kulturraum vs. Sprachraum vgl. Nord 1997d).

Konventionsbedingte Übersetzungsprobleme ergeben sich aus den unterschiedlichen Normen und Konventionen für das Verhalten (im weitesten Sinne) in A- und Z-Kultur. Theoretische Grundlagen für eine erschöpfende Behandlung der KÜP müsste eine „kontrastive Kulturkunde" sein, die den systematischen Raster für die Problemkomplexe liefert. Vorläufig stützen wir uns hier auf eine eklektische Vorgehensweise, d.h., wir behandeln nur die KÜP, die in den in Teil 2 präsentierten Texten auftreten, und zwar zusammengefasst nach folgenden Problemkomplexen: Textsortenkonventionen (2.1), Allgemeine Stilkonventionen (2.2), Literarische Konventionen (2.3), Formale Konventionen (2.4) und Andere Konventionen (2.5, darunter fallen z.B. Maßeinheiten und Übersetzungskonventionen).

2.1   Textsortenkonventionen

Die kommunikative Funktion ist nicht nur das grundlegende konstituti-
ve Merkmal von Texten, sondern auch der Rahmen für die Entstehung
von Textsorten. Für Kommunikationsinstrumente, die immer wieder in
ähnlichen Situationen mit ähnlichen oder gleichen Funktionen gebraucht werden, sind wiederkehrende Merkmale oder Merkmalkombinationen eine Art Signal, das den Kommunikationsteilnehmern das
Erkennen der (intendierten) Funktion und damit eine entsprechende
Rezeption erleichtert.

Zu Textsorten werden also Texte zusammengefasst, deren
Merkmalkombinationen sich als „situationstypische Verwendungswei-
sen mündlicher und schriftlicher Sprachäußerung, welche zu mehr
oder minder festen und gesellschaftlich sanktionierten Sprech-
/Schreibhandlungen geworden sind" (Beck 1973, 73) herausgebildet
haben. Textsortenkonventionen manifestieren sich auf einzelkulturel-
ler Ebene (vgl. Nord 1991a, 21; siehe zu diesem Thema auch die ausführliche Darstellung in Reiss + Vermeer 1984).

Da fundierte einzelkulturelle oder kontrastive Textsortenanaly-
sen bisher erst punktuell für bestimmte Bereiche vorliegen (vgl. z.B.
Göpferich 1995) können hier nur vereinzelte, aus Paralleltexten er-
schlossene Textsortenmerkmale hervorgehoben werden, die als Ori-
entierungshilfe und vor allem zur Sensibilisierung dienen sollen. Den
Lernenden wird empfohlen, weitere Parallel- oder Vergleichstexte vor
allem im Hinblick auf Merkmale des Aufbaus, der Lexik und der Syntax zu untersuchen.

Es kann nicht genug betont werden, dass *jeder* Übersetzung
eine eingehende Analyse der *zielkulturellen* Konventionen der betreffenden Textsorte vorangehen muss. Nicht nur bei instrumentellen,
sondern auch bei dokumentarischen Übersetzungen wird, sofern nicht
gerade die A-kulturellen Konventionen Gegenstand der „Dokumentation" sein sollen, eine Anpassung der Form an die Normen der Z-
Kultur erwartet, da Z-Empfänger – meist unbewusst – anhand der
Form die intendierte Funktion des Textes erschließen.

Nicht nur ganze Texte, sondern auch Teiltexte oder „Interakti-
onszüge", also einzelne Sprachhandlungen mit bestimmter Funktion
(vgl. House 1980, 12ff), die in verschiedenen Textsorten auftreten,
können sortentypische Merkmale aufweisen. Wir nennen diese Funktionselemente „Textbausteine" (vgl. Wilss 1996, 128ff.).

2.1.1 Allgemeine (Geschäfts-)Bedingungen (Text Valencia)

Folgende Merkmale charakterisieren die Textsorte im Deutschen (vgl.
den Vergleichstext ABRV) im Gegensatz zum spanischen AT:

a) Lexik

- Hyperonym (statt Doppelung von zwei Hyponymen bzw. Hendiadyoin: z.B. *abandono o separación* → „Verlassen"),

- Nominalkomposita (statt Syntagma: *transporte en autocar* →
"Busfahrt", statt Suffixbildung: *prestatario* → „Leistungsträger"),

- Rekurrenz (statt Variation durch Synonym: *componentes/clientes*
→ „Teilnehmer"),

- verallgemeinernde Adjektive (statt Relativsatz: *cuantas modificaciones se impongan* → „die erforderlichen Änderungen").

b) Syntax

- Erweiterte Attribute mit Part. Präs. oder Part. Perf. (statt Apposition: la *oficina emisora del ticket* → „die fahrkartenausgebende
Stelle"), statt Suffixbildung: *no imputables* → „nicht zu verantwor-
tende", statt Relativsatz: *que figuran en este programa* → „die in
diesem Programm aufgeführten"), Parenthesen („seien sie... o-
der"),

- Nominalkonstruktionen (statt verbaler Konstruktionen *pueden ser
modificados* → „Änderungen [sind] vorbehalten"),

- Hauptsätze (statt "nebenordnendem" Relativsatz: z.B. *en cuyo
caso los clientes podrán...* → „... kann der Kunde... beantragen";
statt präpositionaler Ergänzung: *sin opción a...* → „Anspruch auf...
besteht nicht"),

- Anaphora (statt Relativsatz: *las modificaciones que se produzcan*
→ „diese Änderungen"),

- Verbalsubstantive (statt Infinitiv: *antes de iniciarse* → „vor Antritt" oder Partizipialkonstruktion: *una vez iniciada* → „nach Beginn"),
- Konditionalgefüge ohne Konjunktion („Akzeptiert der Kunde..."),
- Paraphrasen in der 3. Pers. Sing. zur Bezeichnung von Sender und Empfänger („der Kunde", „der Veranstalter").

2.1.2   Anmeldeformular (Text CEH)

Da es sich hier um ein mehrsprachiges Formular handelt, dessen Aufbau nicht zur Disposition steht, sind lediglich folgende Merkmale bei der Übersetzung zu beachten (vgl. die deutsche Fassung des Originals gegenüber dem Übersetzungsvorschlag):

a) Aufbau
Die Reihenfolge Name-Vorname(n) ist entsprechend dem Original einzuhalten, da das ausgefüllte Formular von einem ausgangskulturellen Verwender ohne Kenntnis der Zielkultur (z.B. Sekretärin der Sprachenschule) ausgewertet wird (Z. 6).

b) Lexik
Textsortentypische Klischees sind in zielkulturell übliche Form zu übersetzen (Anm. 1); die Terminologie („Nationalität"/„Staatsangehörigkeit") und die Auswahl bei synonymischen Varianten („Adresse"/ „Anschrift") sollte den zielkulturellen Konventionen entsprechen. Als Überschrift dient die Textsortenbezeichnung („Anmeldeformular").

c) Textbausteine
Für Formulare typische Textbausteine sind Anmerkungen (Z. 47, Kennzeichnungskonventionen) und Tabellen (Z. 40ff, → dort).

2.1.3   Garantieerklärung (Text Potax)

Garantieerklärungen variieren je nach dem Produkt, für dessen Qualität die Garantie ausgesprochen wird. Auffällige Merkmale deutschsprachiger Garantieerklärungen (siehe die Vergleichstexte) sind:

a) Aufbau

Qualitätsgarantie – Verfahren bei Beanstandung – Entschädigung.

b) Lexik

Senderreferenz in 1. Pers. Plur. (statt Senderparaphrase); typische Ausdrücke: Beanstandung, erstatten/vergüten, umgehend/anstandslos, Packung; Überschrift: Textsortenbezeichnung in Variationen.

c) Syntax

Direkte Anrede in der Höflichkeitsform; formeller Verbalstil (statt Nominalstil); Konditionalsatz ohne Konjunktion; mittellange Satzgefüge meist aus einem Haupt- und einem Nebensatz.

d) Textbausteine

Klischees: Sollten Sie einmal Grund für/zu eine(r) Beanstandung finden/haben...

2.1.4 Bedienungsanleitung (Text Segad)

Bedienungsanleitungen variieren je nach dem Gerät, dem sie beigefügt sind. Als typisch für deutschsprachige Bedienungsanleitungen können jedoch folgende Merkmale angesehen werden (vgl. Sandig 1975, Pelka 1982):

a) Aufbau

Gerätebeschreibung, Technische Daten, gegebenenfalls Montagehinweise, Bedienungs- oder Gebrauchsanleitung, Pflegehinweise, evtl. Hinweise zur Behebung kleinerer Defekte.

b) Nonverbale Elemente

Das Gerät mit seinen Einzelteilen ist abgebildet. Die Bedienung des Geräts wird oft durch Illustrationen verdeutlicht. Auf Kohärenz zwischen Bild und Text ist zu achten.

c) Lexik

Nominalstil (Nominalkomposita und Suffixbildungen, Verbalsubstantive). Die Überschriften sollten aufeinander abgestimmt sein. Auf korrekte Abkürzungen ist zu achten.

d) Syntax
Unpersönliche Konstruktionen (Passiv, „ist zu ...",) gelegentlich Imperative mit Empfängeranrede (Höflichkeitsform) oder Infinitive als An-
weisungsform, Präpositionalphrasen. Relativ kurze Hauptsätze mit
höchstens einem Nebensatz (vor allem Konditionalsätze mit oder ohne Konjunktion).

e) Textbausteine
Häufig sind Tabellen. Bei den Maßangaben (Abmessungen) ist auf die
konventionelle Reihenfolge Höhe/Breite/Tiefe zu achten.

2.1.5 Medizinische Packungsbeilage (Text Egarone)

Für Form und Inhalt der medizinischen Packungsbeilage bestehen
feste Normen (Arzneimittelgesetz) und strenge Konventionen. Die
wichtigsten Merkmale können folgendermaßen zusammengefasst
werden (vgl. Hönig + Kussmaul [2]1984, 44ff., Mentrup 1982):

a) Inhalt
Die Informationen, die der Beipackzettel enthalten muss, sind im AMG
von 1998 in § 11 aufgeführt (siehe Backgroundtext zu Egarone).

b) Aufbau
Obwohl nicht gesetzlich vorgeschrieben, hat sich eine bestimmte Reihenfolge konventionell eingebürgert (siehe Paralleltext zu Egarone),
die das Auffinden der jeweiligen Informationen erleichtert.

c) Nonverbale Elemente
Nicht vorgeschriebene Zusatzangaben müssen von den obligatorischen Angaben „deutlich abgesetzt und abgegrenzt" sein (AMG), meistens durch einen Strich.

d) Lexik
Nominalkomposita, Fremdwörter, Fachwörter (oft mit Erläuterungen in
Klammern), geringer Differenzierungsgrad bei der Bezeichnung des
Medikaments (im Untertitel). Der Abschnitt „Gegenanzeigen" wird ein-

geleitet durch „Nicht verwenden bei..." oder „Bei... darf XY nicht angewendet werden" (vgl. Mentrup 1982).

e) Syntax

In einzelnen Abschnitten unterschiedlich (siehe Paralleltext zu Egarone): z.B. bei „Eigenschaften" vollständige Hauptsätze, Hauptsatz/Nebensatz-Gefüge und Satzreihen. Bei „Anwendungsgebiete" elliptische Präpositional- oder Nominalphrasen, unpersönliche Konstruktionen, Präsens als Anweisungstempus (Spanisch: Futur). Im Abschnitt „Dosierung" Infinitiv als Anweisungsstruktur.

f) Textbausteine

Vorgeschrieben: Hinweis „Gebrauchsinformation", „Wenn [vom Arzt] nicht anders verordnet", „Arzneimittel für Kinder unzugänglich aufbewahren" (Formulierung kann variieren).

2.1.6 Buchbesprechung (Text Tesoro)

Die Buchbesprechung ist nicht stark konventionalisiert. Wir haben es hier nicht mit einer kritischen, sondern einer sog. werbenden Buchbesprechung zu tun. Für den Aufbau ist eine Unterteilung in Inhaltsangabe und (Kurz)Interpretation, meist mit abschließender Wertung, charakteristisch. In der Inhaltsangabe ist auf eine chronologische Anordnung der Informationsschritte zu achten. Lexik und Syntax sind variationsreich und lebendig. Als Tempus wird das Präsens verwendet (vgl. Sowinski 1973, 342).

2.1.7 Immobilienwerbung (Text Torres)

Bei allen Unterschieden in Umfang und Gestaltung (siehe Vergleichstexte) weisen Immobilienwerbungstexte doch eine Reihe stereotyper Merkmale auf:

a) Aufbau

Wichtige Informationselemente sind: Allgemeines zur Lage, besondere Vorzüge (oft in Tabellenform und mit klischeehaften Formeln), Größe und Preis, Hinweise zu Finanzierung und Steuervorteilen, Adressen/Termine für Beratung und Verkauf.

b) Lexik

In der Lagebeschreibung meist wertender, appellativer Wortschatz mit vielen Adjektiven: „herrlich", „einmalig", besonders im Superlativ: „schönste Parkanlage" und Elativ: „absolut ruhig"; konventionelle Angaben zur Wohnungsgröße (→ Maßkonventionen); Klischees: „beste/erstklassige Bauqualität/Ausstattung", „außergewöhnliche Architektur"; Terminologie: „Maisonette", „Tiefgaragenstellplatz", „bezugsfertig", „Hypothekendarlehen", „Darlehenszinsen", „Laufzeit", „steuerliche Abschreibung", „Steuerbefreiung" etc. ; wegen informativer Funktion des Wortschatzes wenig stilistische Variation (→ Stilkonventionen/Lexik).

c) Syntax

Elliptischer Satzbau (vgl. → Slogan), Zusatzinformationen in (ebenfalls elliptischen) Parenthesen, kurze Satzeinheiten, Aufzählungen.

d) Textbausteine

Liste der Vorzüge und Ausstattungsmerkmale (→ Tabelle), Adresse (mit „Wegweiserfunktion", → 1.5.2), Preisangaben (→ Schreibkonventionen).

2.1.8 Kochrezept (Texte Potax, Amalia, vgl. Sardina)

Moderne deutsche Kochrezepte weisen meist folgende Merkmale auf (vgl. Engel 1988, Sandig 1975; die mit * gekennzeichneten Elemente können fehlen):

a) Überschrift (= Name des Gerichts)

Sachliche Bezeichnung des Gerichts + *Eigenname/Phantasiename + *Verweis auf die Zubereitungsart (auch verschlüsselt: „Müllerin" = in Mehl gewendet, „Gärtnerin" = mit Gemüse).

b) Aufbau

- Makrostruktur: Zutatenteil + Anweisungsteil + *Zusatzangaben wie Serviervorschläge, Portionenangaben, Nährwerttabelle, Angabe des (Kilo)Kalorien- bzw. Joulegehalts, Zubereitungszeit, Back- oder Kochzeit mit Temperaturangaben (meist im Anweisungsteil), oft jeweils mit Überschrift (elliptisch oder auch in Satzform).

- Mikrostruktur: Im Zutatenteil Reihenfolge nach Wichtigkeit oder chronologisch, im Anweisungsteil chronologisch (gelegentlich durch Absätze oder Nummerierung gekennzeichnet).

c) Lexik

- Maße und Gewichte oft abgekürzt: g, l, Essl./EL, Teel. etc., Mengen in Ziffern (½);

- spezifische Verben und Verbalphrasen (abnehmen, aufkochen lassen, zum Kochen bringen, verrühren, hinzugeben, abkühlen/ erkalten, auffüllen, einfetten, stürzen) und Klischees (unter ständigem Rühren).

- Kaum Verknüpfungen (wie „dann", „darauf", „später"). Anaphora zwischen Anweisungs- und Zutatenteil: „die Eier" = die oben bereits erwähnten Eier).

d) Syntax

- Unpersönliche Konstruktionen: Infinitive als Anweisungsstruktur;

- Satzbau: parataktische Reihen (2- bis 3-gliedrig, mit „und" zwischen vorletztem und letztem Glied), wenig Nebensätze;

- Partizipialattribute, z.T. erweitert („das angerührte Puddingpulver", "eine mit kaltem Wasser ausgespülte Form").

e) Nonverbale Elemente

Die Zutatenangaben werden häufig (wenn es der Platz erlaubt) in Listenform untereinander geschrieben.

Die Merkmale der Textsorte Kochrezept können auch in anderen Textsorten zu appellativen Zwecken verwendet werden (z.B. Text Sardina: Z. 14).

2.1.9 Slogan (Text Sardina, Asturias)

Slogans sind „einprägsame Formulierungen im Dienste der kommer-
ziellen oder politischen Werbung" (Schülerduden/Literatur) und haben
meist phatische Funktion (vgl. Hantsch 1975, 163). Sie fassen oft eine
Werbeaussage zusammen, wobei jedoch emotionale Komponenten
eine größere Rolle spielen als sachlich Argumente (vgl. Bußmann
1983). Ihre wichtigsten Kommunikationszwecke sind: Aufmerksamkeit
erregen, das Produkt darstellen, sich vom Empfänger leicht einprägen
lassen, Kauf- oder ähnliche Entscheidungen auslösen (Flader 1972).
Slogans sind – bei einer instrumentellen Übersetzung – funktionskonstant zu übersetzen, wobei folgende Merkmale eine Rolle spielen:

a) Aussage
Die wichtigen Merkmale des Produkts werden genannt (oder durch
Symbole etc. „suggeriert"). Der Empfänger kann – direkt oder indirekt
– angesprochen werden.

b) Form
Der Einprägsamkeit dient die Kürze, häufig bei zweigliedriger Makrostruktur, sowie „poetische Mittel" wie Reim, Alliteration, Assonanz,
rhythmische Muster etc.
Slogans können, ebenso wie Titel, in einem Text mehrfach wieder
aufgenommen und auch in anderen Texten zitiert werden (vgl. Nord
1990a).

2.1.10   Tourprogramm (Text Valencia A, B)

Für Programme von Stadtrundfahrten und Sightseeing-Ausflügen sind
im Deutschen folgende Merkmale charakteristisch:

a) Aufbau
Der Aufbau folgt dem chronologischen Ablauf vom Ausgangspunkt
(mit Zeitangaben) über die verschiedenen Sehenswürdigkeiten bis
zum Endpunkt der Veranstaltung, sodass die Empfänger „mitlesen"
können.

b) Lexik

Die Namen der Sehenswürdigkeiten werden, sofern sie nicht selbster-klärend sind „St.-Petri-Dom"), durch Appositionen erläutert („Ratskeller: einer der ältesten Stadtweinkeller"). Charakteristisch sind Internationalismen („Tourist-Information").

c) Syntax

Kurze Sätze, meist elliptisch, nominaler Stil, viele Aufzählungen, meist asyndetisch (ohne Verknüpfungen). Appositionen können vor oder nachgestellt sein („die Toranlage Torres de Serranos" vs. „eine *barraca*, das typische valencianische Bauernhaus").

d) Nonverbale Merkmale

Die Namen der Sehenswürdigkeiten werden zur besseren Übersicht häufig durch Unterstreichung, Fett- oder Kursivdruck hervorgehoben.

e) Textbausteine

Zeitangaben und Preisangaben (→ Schreibkonventionen), Tabellen, Adressen.

2.1.11 Titel (Texte CEH, Sardina, Turrón, Potax, Miguelito, Torres, Valencia, Amalia, Tesoro, Chocolate etc.)

Unter dem Begriff „Titel" fassen wir Buchtitel und Titel von unselbständigen Texten zusammen. „Überschrift" nennt man Titel, wenn sie unmittelbar über dem Text stehen (vgl. die Definition im DUW). Sie sind in der Regel optisch als solche erkennbar (durch nonverbale Elemente wie Titelschrift, Zentrierung, Unterstreichung etc.) und vom Ko-Text (das ist der Text, für den sie als Titel fungieren) abgesetzt. Eine textfortführende ana- oder kataphorische Verbindung zwischen Überschrift und Ko-Text ist im Deutschen nicht üblich (vgl. dagegen Text Sardina: Z. 2 → Stilkonventionen/Textkonstitution).

Sowohl im Hinblick auf ihre Funktion als auch in Bezug auf ihre Form folgen Titel und Überschriften bestimmten kulturspezifischen Konventionen: Für bestimmte Textsorten sind dementsprechend Titel-

bzw. Überschriftenvarianten üblich. An dieser Stelle sollen nur die in der Textsammlung vorkommenden Überschriftformen behandelt werden. (Ausführliches zum Titel vgl. Nord 1989b, 1990c, 1993).

a) Funktionen
Bei einigen Textsorten (→ Geschäftsbedingungen, → Anmeldeformular, → Garantieerklärung, Zubereitungsanweisung, → Kochrezept) oder Teiltextsorten besteht die Überschrift aus einer (gelegentlich leicht abgewandelten) Textsortenbezeichnung oder Bezeichnung der Textfunktion oder aus einem Hinweis auf das Thema, den Inhalt oder eine wichtige Aussage des Textes (z.B. Turrón, Miguelito, Torres: *Equipamiento*, CEH: *Cursos*); sie hat damit eine informative Funktion. Bei anderen Textsorten enthält die Überschrift einen Appell an den Empfänger (Sardina, Asturias) und hat damit appellative Funktion, → Slogan).

Wenn die Überschrift eine Aussage über die Einstellung des Senders macht, sprechen wir von expressiver Funktion. Sofern mit den Konventionen der Zielkultur vereinbar, kann die Funktion der A-Überschrift beibehalten werden (bei Text CEH muss dazu das durch die fehlende Übersetzung im Formularkopf entstandene Informationsdefizit kompensiert werden).

b) *Form*
Den verschiedenen Überschriftvarianten sind bestimmte Formmerkmale zuzuordnen: Cartoon-Reihen haben z.B. im Deutschen häufig nur den Namen der Hauptpersonen als Titel (Miguelito); Kapitel- oder Abschnittsüberschriften müssen aufeinander und ggf. auf die Hauptüberschrift abgestimmt werden (Sardina, Segad). Überschriften in Illustrierten/Zeitschriften und Überschriften von Buchbesprechungen enthalten oft Anspielungen (z.B. auf andere Titel, „Intertitularität": *El pueblo del tesoro – La isla del tesoro*) oder Wortspiele (Chocolate).

Bei dokumentarischer Übersetzung können die Formmerkmale der A-Überschrift übernommen werden (Turrón), sofern sie nicht für den Zielempfänger irreführend sind (weil sie z.B. auf eine andere Textsorte hinweisen).

2.1.12 Textbausteine (CEH, Potax, Torres, Valencia, Segad)

Als „Textbausteine" bezeichne ich Teiltexte, die in verschiedenen Textsorten vorkommen können und eine bestimmte, oft kodifizierte (das heißt, in Stilistiken, Grammatiken, Wörterbüchern etc. festgeschriebene) Form haben.

a) *Adresse* (Texte CEH, Torres, Potax, Valencia, Asturias)
Die Adresse hat folgende kanonische Form (vgl. Engel 1988, 65; die in Klammern gesetzten Elemente sind fakultativ):
(An)
Herrn/Frau/Firma (Titel) (Vorname) Name
Straße/Platz Hausnummer*
(Postfach)
Postleitzahl Ort (Ortsteil)
(Land)
(Telefon, Telex)
*ohne Komma, ohne „Nr.", vgl. CEH, bei spanischen Adressen jedoch mit der Angabe zum Stockwerk, ggf. übersetzt → 1.5.2.
Durch die Einhaltung der Reihenfolge ist gewährleistet, dass man auch bei fehlenden Sprachkenntnissen die Einzelelemente richtig „deuten" kann (z.B. *Apdo.* in Text Potax: Z. 25)

b) *Tabelle/Liste* (Texte CEH, Potax, Torres, Valencia, Segad)
Die tabellarische Form dient der übersichtlichen Anordnung von Informationen, Formularteilen etc. Zu beachten sind Nominalstil (Torres: Z: 23ff), Länge der Tabellenelemente (Torres: Z. 30ff), Gleichförmigkeit der Formulierungen (CEH: Z. 40ff, Torres: Z. 30ff, Valencia: Z. 22ff), „Auffüllbarkeit" der Ellipsen (CEH: Z. 42ff), stellengenaues Untereinanderschreiben von Zahlen und Maßangaben (Potax: Z. 8ff; To-

rres: Z. 42ff), Beachtung erwarteter Informationen (z.B. die Joulean-
gaben in der Nährwerttabelle, Potax: Z. 3).

c) Formeln und Klischees
Neben den textsortentypischen Klischees, die jeweils im Zusammenhang der betreffenden Textsorte aufgeführt wurden, gibt es auch klischeehafte Formeln, die eine Art Textsorte (oder besser: Sprechakt)
für sich bilden, z.B.: *Consumir preferentemente antes de...* (Potax), *Se
admiten Tarjetas de Crédito...* (Valencia), *Atención* (Segad) etc.
Für die Übersetzung ist auf situationsentsprechende Formeln der Zielkultur zurückzugreifen.

2.2   Allgemeine Stilkonventionen

Allgemeine Stilkonventionen betreffen die Bereiche der Lexik, der
Syntax und der Textkonstitution und werden für die Übersetzung relevant, wenn sie in AS und ZS verschieden sind. Diese Verschiedenheit
kann sich in einer absoluten Präferenz der einen oder anderen Konvention ausdrücken, aber auch in unterschiedlicher Frequenz (Häufigkeit) oder Distribution (Vorkommen in bestimmten Textsorten oder
Sprachverwendungsbereichen bzw. Registern) analoger Formen. Hier
stehen noch detaillierte und repräsentative Untersuchungen aus (vgl.
hierzu Nord 2001). Die folgenden Überlegungen, die aus der langjäh-
rigen übersetzerischen und übersetzungsunterrichtlichen Praxis erwachsen sind, können daher lediglich als ein Ansatz zu verstehen
sein, vielleicht auch als ein Anreiz zu weiteren Forschungen.

2.2.1   Lexikalische Konventionen

Folgende allgemeine Stilkonventionen im Bereich der Lexik kommen
in den Texten vor:

a) Personifizierung
Unter Personifizierung oder Personifikation, einer Nebenform der Metapher, verstehen wir die „Zuordnung eines Verbs, das ein Lebewesen

als Subjekt fordert, zu einem Nicht-Lebewesen" (Sowinski 1973, 309). Wir unterscheiden zwischen „stilistischer" (also zur Erzielung einer bestimmten stilistischen Wirkung vom Sender intentional eingesetzter) und „konventioneller" (also sprachüblicher, jedoch nicht kodifizierter) Personifizierung. Zu letzterer gehören auch die z.b. in der Pressesprache verbreiteten, auf einer Metonymie basierenden Personifizierungen nach dem Muster „Bonn begrüßt neue EU-Richtlinien...".

Hier geht es um die konventionelle Personifizierung. Mit aller Vorsicht kann festgestellt werden, dass im Spanischen konventionelle Personifizierungen häufiger und „großzügiger" verwendet werden als im Deutschen, was beim Übersetzen Spanisch-Deutsch oft eine Transposition (z.B. Aktiv → Passiv, persönliche → unpersönliche Formulierung mit „man" etc.) erforderlich macht, sofern eine konventionsgemäße Formulierung des ZT durch den Übersetzungsauftrag gefordert ist (und zwar nicht nur bei instrumentellen, sondern auch bei den meisten dokumentarischen Übersetzungsformen).

b) Verknüpfungselemente
Einige satzverknüpfende Elemente bzw. Konjunktionen werden gelegentlich in Funktionen verwendet, die ihrer lexikalischen Bedeutung nicht ohne weiteres zuzuordnen sind z.B. *pues* zur Einleitung einer nicht-kausalen Erläuterung (Turrón: Z. 6) oder *por su parte* zum Ausdruck einer adversativen Nebenordnung (Turrón: Z. 19).

2.2.2 Syntaktische Konventionen

Im Bereich der Syntax werfen folgende allgemeine Stilkonventionen immer wieder Übersetzungsprobleme auf: der Unterschied zwischen Nominal- und Verbalstil, Ellipsen, Appositionen, Relativsätze und Urteilssätze. Es geht hier darum, dass im Deutschen andere syntaktische Konstruktionen sprachüblich sind als im Spanischen.

a) Nominal- vs. Verbalstil
Es fällt immer wieder auf, dass bei der wörtlichen Übersetzung aus dem Spanischen ins Deutsche die Beibehaltung des nominalen oder

auch verbalen Stilcharakters eine ZS-unübliche Formulierung ergibt, obwohl die wörtlichen Übersetzungen grammatikalisch korrekt sind. Das kann mit dem Textsortenstil oder textsortentypischen Klischees zusammenhängen (z.B. Potax, SEAT, Valencia, Segad, Egarone), mit den unterschiedlichen Wortbildungsmöglichkeiten im Spanischen und Deutschen (Potax: *natillas*; Turrón: *tostado*), mit den unterschiedlichen Möglichkeiten der Fokussierung oder Thema/Rhema-Verteilung (Turrón: Z. 26, 27, 30) oder mit den Normen des „guten Stils" (z.B. Vermeidung von übermäßig langen mehrgliedrigen Nominalphrasen in SEAT: Z. 27ff). (vgl. → Relativsatz)

b) Ellipse

Es ist zu unterscheiden zwischen textsortentypischen, „stilistischen" (= als Stilmittel, z.B. in literarischen Texten, eingesetzten) und „konventionellen" Ellipsen. Neben textsortentypischen Ellipsen in Tabellen oder Aufzählungen (CEH, Torres, Valencia) und Slogans (Torres, Asturias), die im Spanischen und Deutschen vergleichbar verwendet werden, tauchen in spanischen Texten wesentlich häufiger unvollständige Sätze auf als in entsprechenden deutschen Texten, ohne dass dadurch der Stil „abgehackt" oder „atemlos" wirken würde. Das hängt möglicherweise mit der unterschiedlichen Wirkung des Satzzeichens „Punkt" auf die Intonationsführung zusammen. Ohne eine generelle Regel formulieren zu wollen, kann man vorsichtig empfehlen, für die Herstellung eines adäquaten deutschen Zieltexts die spanischen Ellipsen mit einem Verb „aufzufüllen" oder sie an den vorhergehenden oder nachfolgenden Satz anzuschließen. Stilistische Ellipsen haben im Deutschen eine stärkere emphatische Wirkung und sind sparsam einzusetzen (z.B. SEAT: Z. 8ff). In Werbetexten sind sie allerdings häufig zu finden.

c) Apposition

Im Gegensatz zum Spanischen kennt das Deutsche sowohl die nach- als auch die vorangestellte Apposition. In Textsorten, die zahlreiche Erläuterungen von Eigennamen oder Realia enthalten (vgl. die Backgroundtexte zu Text Valencia), ist festzustellen, dass im Deutschen in sehr vielen Fällen die vorangestellte der nachgestellten Apposition vorgezogen wird, da sie sich flüssiger in den Satz einfügt. Auch hier ist jedoch nicht „das Kind mit dem Bade auszuschütten": Zu einem variationsreichen guten deutschen Stil gehören beide Formen der Apposition (Valencia: Z. 26, 49 vs. 27).

d) Relativsatz
Wir unterscheiden im Spanischen drei Typen von Relativsätzen:
- *notwendige* (auch: restriktive) *Relativsätze*, die ohne Komma an das Bezugswort angeschlossen werden und dieses eindeutig spezifizieren
- *explikative Relativsätze*, die durch Komma abgetrennt werden und eine zusätzliche Eigenschaft des Bezugsgegenstands anführen,
- und *illative Relativsätze*, die ebenfalls durch Komma abgetrennt werden, sich aber nicht auf ein Bezugswort, sondern auf den gesamten vorangehenden Satz beziehen und seine Aussage fortführen (zum Terminus vgl. Gil + Banús 1988, 218).
Die drei Relativsatztypen sind im Deutschen zwar ebenfalls funktional feststellbar, aber nicht formal unterscheidbar.

Bei einem Vergleich spanischer und deutscher Texte analoger oder gleicher Textsorte fällt auf, dass insgesamt im Deutschen offenbar weniger Relativsätze verwendet werden als im Spanischen. Vor allem dort, wo im Spanischen *notwendige* Relativsätze stehen, werden im Deutschen andere Strukturen (z.B. einfache oder erweiterte Attribute oder präpositionale Ergänzungen) bevorzugt (z.B. Miguelito: *esa tarea que nos repugna* – „diese widerwärtige Arbeit"). Dabei fallen besonders Relativsatzkonstruktionen mit redundanten Verben auf (Torres: *las ventajas que se derivan de ser viviendas de Protección Oficial* – „die Vorteile des öffentlich geförderten Wohnungsbaus"). Anstelle eines *illativen* Relativsatzes wirkt im Deutschen vielfach ein nebengeordneter neuer Satz sprachüblicher (z.B. SEAT: Z. 24f; Potax: Z. 29, Valencia: Z. 46, 47, 52). *Explikative* Relativsätze können als Relativsätze (z.B. Turrón: Z. 21f; Valencia: Z. 10), aber auch als *Ap-*

positionen (z.B. Turrón: Z. 25) oder als satzförmige Parenthesen (z.B. Turrón: Z. 28f) wiedergegeben werden.

Darüber hinaus sind im Spanischen auch Relativsätze mit wieder aufgenommenem Beziehungswort als Apposition (Tesoro: *una tensión que llega...*) recht häufig. Im Deutschen kommen sie auch vor, aber seltener, und haben (daher) eine wesentlich stärkere, emphatische Wirkung.

e) Urteilssatz

Da im Spanischen die Wortfolge im Haupt- und Nebensatz gleich ist, wirken Aussagen in Nebensätzen oft nicht so stark untergeordnet wie im Deutschen. Das zeigt sich etwa bei den „Urteilssatzgefügen" aus einem unpersönlichen Ausdruck der Beurteilung mit abhängigem *que*-Satz (z.B. *[es] seguro que te entenderá*): Der im Nebensatz dargestellte beurteilte Sachverhalt ist oft die wichtigere Aussage, während der Hauptsatz eine Art Modalität ausdrückt. Im Deutschen wird diese Modalität häufiger durch ein Adverb signalisiert (also „sicherlich" statt „es ist sicher, dass..."). Dadurch wird es möglich, die wichtige Aussage in einem Hauptsatz (Turrón: Z. 6; Miguelito: Z. 30) oder in einem höhergradigen Nebensatz (SEAT: Z. 7f.) zu formulieren, was der alten, aber keineswegs überholten stilistischen „Faustregel" HAUPTSACHEN IN HAUPTSÄTZEN – NEBENSACHEN IN NEBENSÄTZEN! entspricht.

2.2.3 Konventionen der Textkonstitution

Textkonstituierende Mittel der Kohäsionsbildung sind – und das dürfte übereinzelkulturell sein – vor allem Rekurrenz/Paraphrase/Substitution und Anaphora/Kataphora (vgl. Beaugrande + Dressler 1981). Kulturspezifisch ist dagegen wiederum die Frequenz und Distribution dieser Mittel. Anhand des Textmaterials lassen sich bereits einige Unterschiede zwischen spanischen und deutschen Texten erkennen.

a) stilistische Variation

Im Deutschen ist der Ausdrucks- und Formenwechsel durch Variation zwischen verschiedenen Möglichkeiten, auf denselben Gegenstand zu referieren (Referenzidentität) ebenso eine Forderung an den "guten" Stil wie im Spanischen (vgl. Sowinski 1973, 60f). Statt ein bereits benutztes Wort zu wiederholen (Rekurrenz), werden wir schon in der Grundschule angehalten, es durch ein Pronomen zu ersetzen (pronominale Substitution) oder durch ein Synonym, ein Hyperonym, eine Umschreibung oder dergleichen. Dennoch scheinen mir spanische Textproduzenten (und -rezipienten) einen weiteren Begriff von „Synonymie" vorauszusetzen als deutsche, wenn sie als Mittel der stilistischen Variation auch Ausdrücke akzeptieren, die von ihrer lexikalischen Bedeutung her nicht eigentlich als Synonyme anzusehen sind, z.B. *equipamiento* und *equipo* im Text Torres, *la Organización* und *la Agencia de Viajes* im Text Valencia. Es scheint, dass bei dem zur Variation verwendeten Ausdruck durch den Textzusammenhang gerade die synonymen Bedeutungsmerkmale aktiviert werden, seien sie auch noch so untergeordnet (vgl. *nación, pueblo* und *raza* in Nord 1986b). Diese Vorliebe für die Variation findet sich auch in spanischen Fachtexten, während im Deutschen erfahrungsgemäß immer dann die Rekurrenz der Variation vorgezogen wird, wenn es sich um Termini mit eng abgegrenzter Bedeutung handelt.

b) Anaphora

Eine Anaphora ist ein rückverweisendes Element. Im Deutschen kommt eine Anaphora üblicherweise nicht zwischen erstem Satz und Titel vor, da der Titel nicht als (erstes) Textelement, sondern als Hypertext auf einer Ebene über dem Text betrachtet wird (vgl. Nord 1993); stattdessen wird eine Rekurrenz verwendet (Sardina, Turrón). Zwischen Zitatenteil und Anweisungsteil im Kochrezept sind dagegen anaphorische Elemente im Deutschen üblich. Für das Funktionieren einer Anaphora ist darüber hinaus das entsprechende Vorwissen vorauszusetzen (Turrón: Z. 15, siehe 1.3.2).

c) Kataphora

Im Spanischen und im Deutschen ist der Doppelpunkt ein kataphorisches, d.h. vorausweisendes, Mittel der Textkohäsion (Turrón: Z. 15). Lexikalische Mittel der Kataphora können gelegentlich mit Deiktika (auf die Situation verweisende Mittel) verwechselt werden (z.B. *aquí* in Sardina: Z. 7). Auch hier ist der Doppelpunkt die Entscheidungshilfe; im Deutschen kann er auch allein die kataphorische Funktion übernehmen (in wissenschaftlichen Texten dagegen ist ein kataphorischer Ausdruck wie „im Folgenden" textsortentypisch).

2.3   Literarische Konventionen

Hiermit sind literarische Stilmittel gemeint, die zur Erzielung einer bestimmten Wirkung in nichtliterarischen Texten (z.B. Werbetexten) angewendet werden. Der Text Asturias liefert zahlreiche Beispiele für einen solchen pseudoliterarischen Stil. So wird z.B. das *Epitheton ornans*, das häufig klischeehafte „schmückende Beiwort" („grüne Auen", „sanfte Hänge", „knorrige Eichen") oder der *Gemeinplatz* oder *Topos* („friedlich weidende Kühe") verwendet, um eine idyllische Landschaft zu beschreiben. Da diese Stilmittel – im Gegensatz zum literarischen Text – hier klischeehaft verwendet werden, ist für eine wirkungskonstante Übersetzung auf den Klischeebestand der Zielliteratur zurückzugreifen. Obwohl die genannten Stilmittel, die zum Repertoire der klassischen Rhetorik gehören, häufig in A- und Z-Literatur vorhanden sind, ist wegen der Unterschiede in Frequenz und Distribution nicht unbedingt jeweils von einer gleichen Wirkung auszugehen.

2.4   Formale Konventionen

Für die Kennzeichnung und Schreibweise von bestimmten Textelementen gibt es zum Teil ebenfalls unterschiedliche Konventionen im Spanischen und Deutschen. Bei einer Übersetzung sind im Allgemeinen – außer wenn in einer dokumentarischen Übersetzung gerade die betreffenden ausgangskulturellen Konventionen Gegenstand der "Dokumentation" sind – die Konventionen der Zielkultur maßgeblich.

a) Kennzeichnungskonventionen

- Auf eine Fußnote wird in Formularen vielfach mit Asterisk (*) verwiesen (in wissenschaftlichen Texten mit Ziffern) (CEH).
- In metasprachlichen Kontexten werden objektsprachliche Elemente durch Kursivdruck oder Anführungszeichen hervorgehoben (Turrón, Chocolate).
- Zitate werden durch Kursivdruck oder Anführungszeichen kenntlich gemacht (Turrón).
- Im Gegensatz zum Spanischen werden Fremdwörter im Deutschen nicht kenntlich gemacht (Turrón).
- Zur Hervorhebung von Eigennamen o.ä. können Großbuchstaben, Anführungszeichen oder Fettdruck verwendet werden, in der Regel nicht beides gleichzeitig und nicht bei Wortteilen (SEAT: Z. 26f; Potax: Z. 22; Torres: Z. 18).
- Wegen der allgemeinen Großschreibung von Substantiven können im Deutschen große Anfangsbuchstaben nicht zur Hervorhebung verwendet werden (Torres).

b) Schreibkonventionen (Zahlen, Abkürzungen)

- Telefonnummern werden im Deutschen von rechts in Zweiergruppen eingeteilt (SEAT: Z. 27).
- In Kochrezepten werden Mengen in Ziffern bzw. Bruchzahlen angegeben (Potax, Amalia).
- Ordnungszahlen werden im Deutschen vorangestellt (Torres: *Fase VII* → „7. Bauabschnitt"), außer bei Namen von Königen, Päpsten etc. Hier ist auf die Schreibung zu achten: *Luis XIV* → „Ludwig XIV.".
- Für Zeitangaben ist die zielkulturell übliche (vgl. Vergleichstext zu Text Valencia) Form zu wählen (Texte Torres: Z. 12; Valencia Z. 7, 25, 26).
- Bei Abkürzungen ist auf die zielkulturell übliche Form zu achten (Potax, Amalia, Segad, Egarone, Chocolate: *A. C.* → „v. Chr.").

c) Interpunktion

Auch wenn die Satzzeichen in beiden Sprachen gleichermaßen vorhanden sind, kann nicht von einem analogen Gebrauch ausgegangen werden, vgl. die Setzung von Punkt (Segad) oder Punkt + Gedankenstrich nach der Überschrift (Valencia: Z. 66, Egarone: Z. 14, 18 etc.) oder des Punkts nach Aufzählungsgliedern (Torres).

2.5 Andere Konventionen

Hier sind noch zwei Gruppen von Konventionen zu nennen, die den anderen Kategorien nicht zugeordnet werden können:

a) Maßkonventionen

Für bestimmte Gegenstände sind kulturspezifisch unterschiedliche Maßkonventionen vorhanden, z.B. gilt für die Angabe der Wohnungsgröße in Spanien die Anzahl der Schlafzimmer, in der BRD die Anzahl der Zimmer ohne Küche und Bad (Text Torres) (vgl. Kupsch-Losereit 1986, 14).

b) Übersetzungskonventionen

Zu den so genannten Übersetzungskonventionen gehört das Problem der Adaptation, Übersetzung und Transkription von Eigennamen. Im Spanischen werden fremdsprachliche Eigennamen wesentlich häufiger an die eigenen Namenskonventionen adaptiert als im Deutschen, wo das eigentlich nur bei Königs- und Papstnamen und dergl. (und auch da keineswegs immer, z.B. „König Juan Carlos" vs. „Königin Elisabeth von England") üblich ist. Auch bei der Schreibung wird oft hispanisiert: *Van Houten* → „van Houten" (zur Rolle der Übersetzungskonventionen vgl. Nord 1991b).

3 Sprachenpaarspezifische Übersetzungsprobleme (SÜP)

Sprachenpaarspezifische Übersetzungsprobleme ergeben sich aus den unterschiedlichen Strukturen von Ausgangs- und Zielsprache, und zwar in den Bereichen Lexik, Syntax und Suprasegmentale Merkmale (Suprasegmentalia).

3.1 Lexik

Um den Wortschatz von AS und ZS zu vergleichen und die Gemeinsamkeiten und die für das Übersetzen problemträchtigen Unterschiede herauszuarbeiten, orientieren wir uns an drei Aspekten: dem formalen Aspekt der Wortbildung, dem funktionalen Aspekt der Wortklassen oder Wortarten und dem semantischen Aspekt der Wortfelder. Auch in diesem Bereich wird keine erschöpfende Darstellung der Problematik angestrebt; es sollen vielmehr die in den Texten auftretenden Übersetzungsprobleme so weit wie möglich in einen systematischen Rahmen gebracht werden, damit allgemeine Transferregularitäten erkennbar werden, die eine selbständige Lösung analoger oder ähnlicher Übersetzungsprobleme erleichtern.

3.1.1 Wortbildung/Neologismen

Die Wortbildung als solche ist in der Regel kein Übersetzungsproblem. Außer bei Interlinearversionen oder philologischen Übersetzungen oder bei einem literarischen Text, in dem die Wortbildung als künstlerisches Mittel eingesetzt wird, ist der Rang der Morpheme nicht übersetzungsrelevant. Die Wortbildung kommt jedoch dann in den Blick des Übersetzers, wenn sie zur Erweiterung oder Veränderung des bestehenden Wortschatzes, d.h. zur Bildung von Neologismen, eingesetzt wird. Insofern interessieren uns hier die *produktiven* Verfahren der Wortbildung, nicht die Wortbildung generell. Ein Beispiel: Zur Bildung von Verbalsubstantiven sind *–ción* und *–miento* im heutigen Spanisch produktiv, *-mento* dagegen nicht. *Fundamento* (aus lat. *fundamentum*, nicht aus sp. *fundar*) ist also keine spanische Wortbildung (anders Reumuth + Winkelmann 1993, 323), *camuflamiento* (aus sp. *camuflarse*) dagegen wohl (vgl. Nord 1984, 16).

Neue Gegenstände oder Erscheinungen müssen benannt werden, Ökonomie und Differenzierungsstreben (vgl. Nord 1984, 82ff) fordern die produktiven Kräfte der Sprache heraus. *Suffigierung, Präfigierung, Komposition* und *Kürzung* schaffen neue Wörter, durch *Rekategorisierungsverfahren* werden vorhandene Wörter von einer Wortart in die andere überführt. Daneben wächst auch die Tendenz, Wortmaterial aus anderen Sprachen zu entlehnen, sei es als (unverändert übernommenes) Fremdwort, als Lehnübersetzung (Calque) oder als (der Lehnsprache orthographisch und/oder morphologisch angepasstes) Lehnwort. Um die Ordnungskategorien nicht unübersichtlich werden zu lassen, fassen wir hier die Entlehnungen und die Wortbildungen als „Neologismen" zusammen, wohl wissend, dass nicht alle registrierten Wortbildungen auch gleichzeitig „Neologismen" sind (und umgekehrt).

Der Übersetzer muss die unterschiedlichen Wortbildungsverfahren der Ausgangs- und der Zielsprache beherrschen, um Interferenzen zu vermeiden und „falsche Freunde" (Faux amis) zu erkennen. Es geht im Folgenden also vorwiegend um eine Erweiterung der AS- und ZS-Kompetenz bzw. der „Kontrastierungskompetenz". Eine ausführliche Darstellung der heute produktiven Wortbildungsverfahren des Spanischen findet sich in Nord 1983 und 1984. Weitere Literatur zur Wortbildung: Rainer 1993, Thiele 1992.

a) *Suffigierung*

- Von einem Verbstamm mit dem Suffix *–ado* abgeleitete Handlungsbezeichnungen können als „Namen für ein technisches Verfahren" charakterisiert werden (Nord 1983, 57): *tostado* → „Röstung" (Turrón), *prelavado, lavado* → „(Vor-)Waschgang" (Segad): Im Deutschen wird meist ein substantivierter Infinitiv oder ein Verbalsubstantiv auf *-ung* gebildet.
- Von einem Verbstamm mit dem Suffix *-ante* abgeleitete Eigenschaftsbezeichnungen haben in der Regel die Funktion eines Par-

tizips Präsens: *bienestante* (Chocolate) → „wohlhabend". Allerdings ist im Spanischen *bienestar* nur als Substantiv, nicht als
Verb lexikalisiert – ebenso wie im Deutschen auch kein Verb
wohlhaben existiert. Dennoch ist die Bildung analog zu einem
Partizip Präsens zu sehen. (Nord 1984, 23).

- Durch gleichzeitige Anfügung eines Präfixes (*a-* oder *en-*) und eines Suffixes (*-ado*) an einen Nominalstamm entstehen sog. para-
synthetische Bildungen, die den entsprechenden Verb-Ableitun-
gen auf *a-* + Nominalstamm + *-ar*, „einem N ähnlich machen"
(Nord 1984, 14), zuzuordnen sind: *ajardinado* (Alhambra) = *a* +
jardín + *ado* → „garten-/parkähnlich".

- *Diminutiva* (Tesoro, Asturias): Der großen Zahl von Diminutivsuffi-
xen im Spanischen stehen im Deutschen im Wesentlichen *-chen*
und *-lein* gegenüber, die zudem nicht gleichwertig gebraucht werden können (vgl. etwa *Kindchen – Kindlein*). Beim Gebrauch von
Diminutivbildungen ist im Deutschen darauf zu achten, dass nicht
durch Häufung eine unerwünscht kitschige Färbung des Textes
entsteht (vgl. hierzu Nord 2001).

b) *Präfigierung*
- Das Präfix *super-* ist das produktivste Steigerungspräfix, ein Inter-
nationalismus, der auch im Deutschen, Englischen, Französischen etc. zu finden ist und von der Werbesprache längst auch in
andere Sprachbereiche übergegangen ist (vgl. Nord 1984, 40 und
110): *superintensivo* (CEH) → „superintensiv", vgl. „superweich"
oder „superklug" (Duden 1993).

- Das Präfix *auto-* (vor Handlungsbezeichnungen), nach *anti-* das
zweitproduktivste Präfix, drückt aus, dass sich die Handlung am
Subjekt selbst bzw. durch das Subjekt selbst vollzieht (vgl. Nord
1984, 50 und 116). Entsprechungen im Deutschen sind die Präfi-
xe Auto- und Selbst-, bei redundantem Subjektbezug kann aber
auch auf ein Präfix verzichtet werden: *autoexcusa* (Miguelito) →
„Vorwand" (mit dem man *sich selbst* entschuldigt!).

• Das Präfix *poli-*, gleich bedeutend mit dem wesentlich produktive-
ren *multi-*, wird vorwiegend zur Bildung von Fachtermini (vielfach
Internationalismen) verwendet (vgl. Nord 1983, 224f; Nord 1984,
38 und 109): *polideportivo* (Torres) → „Sportplatz/Sportanlage (wo
viele Sportarten betrieben werden können)"; der Zusatz in Klammern ist im Deutschen redundant, weil dies gerade das Merkmal
einer Sportanlage ist.

c) Komposition

Bei der Komposition werden selbständig vorkommende Lexeme zu
einer neuen formalen und begrifflichen Einheit zusammengefügt.
Während sich im Deutschen die zusammengesetzten Wörter (Komposita) von ihren Vorstufen (feste Attribuierungen, kopulative Gruppen
usw., vgl. DUDEN/Grammatik § 380ff) im Allgemeinen durch das äußere Merkmal der Zusammenschreibung abgrenzen lassen, ist im
Spanischen die Schreibweise (Wortgruppe, Juxtaposition mit oder ohne Bindestrich, Zusammenschreibung) ein unzuverlässiges Kriterium
(vgl. Nord 1983, 320ff). Wir betrachten daher als wichtigstes Merkmal
des Kompositums die begriffliche Einheit, d.h. die „Bezogenheit auf
ein Ding der Wirklichkeit" (Gauger 1971, 146).

Für das Übersetzen aus dem Spanischen ins Deutsche ist es
wichtig, überhaupt an die vielfältigen Möglichkeiten der Zusammensetzung im Deutschen zu denken, da viele spanische Wortgruppen
auch im Deutschen durch Adjektiv-Substantiv-Gruppen oder andere
lose Fügungen wiedergegeben werden können, die Komposita jedoch
vielfach idiomatischer wirken. Die Beispiele aus den Texten können
nur zur „Sensibilisierung" für das Problem dienen.

d) Kürzung

Bei der Kürzung ist zu unterscheiden zwischen der Abkürzung, einer
rein graphischen Rationalisierung (z.B. Potax: *H. Carbono*), die stets
als Vollform gelesen wird, und dem Kurzwort, einer „graphisch und
phonisch realisierbaren Lexikoneinheit, die unter spezifischer Reduk-
tion der Ausdrucksseite von einer zugehörigen originalen, d.h. unge-

kürzten, Lexikoneinheit aus gebildet wird und mit diesem in der Regel weiter bestehenden Original in der Sprachverwendung variiert" (Bellmann 1980, 369). Die Übergänge sind fließend, da aus einer Abkürzung durchaus ein Kurzwort entstehen kann. Die verschiedenen Entwicklungsstufen von der Abkürzung bis zum Kurz-, bzw. hier: Sigelwort sind meist durch unterschiedliche Schreibweise erkennbar, also beispielsweise durch die Setzung oder Nicht-Setzung von Punkten (vgl. Nord 1983, 403; Nord 1984, 67f).

- *CEH* (Text CEH): Der Name der Sprachenschule wird übergangslos als Sigelwort gebraucht. Im Deutschen ist hier, da es sich um ein fremdsprachliches "Original"wort handelt, eine Abkürzung leserfreundlicher: → C.E.H.

- *SEAT* (Text SEAT): Das Sigelwort (Vollform: *Sociedad Española de Automóviles de Turismo*), das als Markenname dient, ist auch deutschen Lesern bekannt und kann daher übernommen werden.

- *V.P.O.* (Torres): Die Kurzform, die später (!) im Text (Z. 62f) in der Vollform erscheint, muss im deutschen Text durch eine Langform übersetzt werden, da eine entsprechende Kurzform im Deutschen nicht existiert.

e) Entlehnung
Ein Fremdwort wird im Spanischen vielfach, aber nicht durchgehend, durch Kursivdruck oder Anführungszeichen kenntlich gemacht (Turrón: Z. 22 vs. Torres: Z. 34). Im Deutschen werden Fremdwörter nicht besonders hervorgehoben.

Spanische Lehnübersetzungen (Text CEH: Z. 27, 32) haben oft im Deutschen Fremdwortentsprechungen; allerdings gibt es hier auch synonymische Differenzierungen („Public Relations" vs. „Öffentlichkeitsarbeit"; „Total Immersion" vs. „Crash-").

f) Rekategorisierung
Zur Rekategorisierung gehört die Adjektivierung bzw. adjektivische Verwendung von Substantiven oder Namen (CEH: Z. 15; SEAT: Z. 8; Torres: Z. 24) oder die Umwandlung eines Eigennamens in ein Appel-

lativum (SEAT: Z. 10). Während der spanischen Adjektivierung im Deutschen häufig eine Komposition gegenübersteht (SEAT, Torres), seltener eine Übersetzung durch eine Präpositionalphrase (CEH), wird die Appellativierung im Deutschen durch den (bestimmten oder unbestimmten Artikel) bewirkt (SEAT).

3.1.2 Wortarten

Im Folgenden werden Übersetzungsprobleme behandelt, die im Zusammenhang mit bestimmten Wortarten auftreten. Da diese Probleme grundsätzlich in allen Texten vorkommen können, werden jeweils nur einige repräsentative Beispiele zitiert.

3.1.2.1 Adjektiv

a) Relationsadjektiv
Bei den Adjektiven ist zu unterscheiden zwischen Adjektiven, die ein Substantiv eigenschaftlich charakterisieren (expressives Adjektiv), und Adjektiven, die eine Relation ausdrücken (relationales oder Relationsadjektiv) (vgl. Nord 1983, 66f). Viele spanische Relationsadjektive haben keine adjektivischen Entsprechungen im Deutschen (z.B. SEAT: *costero* → „an der Küste", „Küsten-"; Valencia: *arrocero* → „Reis-"), oder sie haben adjektivische Entsprechungen, die in dem betreffenden Kontext expressiv interpretiert würden (z.B. Turrón: *navideño* → „weihnachtlich"/„Weihnachts-", Torres: *infantil* → „kindlich"/„Kinder-").

Übersetzungsverfahren

Wiedergabe durch ein Genitivattribut (Tesoro C: *argumentales* → „der Handlung"), eine Präpositionalstruktur (SEAT: „an der Küste") oder mit Hilfe eines Kompositums (Torres: „Kinderspielplatz"), einer Paraphrase (Turrón: „von jüdischen Zuckerbäckern für christliche Feinschmecker") oder mittels Wortartentausch (Huerto: *riqueza vegetativa* → „reiche Vegetation").

b) Adjektivstellung

Das Problem der Adjektivstellung im Spanischen wird im Allgemeinen stärker bei der Übersetzung Deutsch-Spanisch akut als bei der Übersetzung Spanisch-Deutsch. Dennoch muss auch im letzteren Falle darauf geachtet werden, welche Adjektivfunktion durch die Stellung im AT angezeigt wird, da im Deutschen die verschiedenen Funktionen oft von unterschiedlichen Adjektiven wahrgenommen werden.

Das nachgestellte Adjektiv hat vor allem unterscheidende, abgrenzende Funktion (vgl. Gil + Banús 1988, 83) und muss daher mit einem denotativen, deutlich abgrenzenden Adjektiv oder einer anderen Form des Attributs wiedergegeben werden. Das vorangestellte Adjektiv dagegen hat ausschmückende Funktion (Epitheton ornans): Es verweist auf ein bereits in der Substantivbedeutung enthaltenes (*la blanca nieve*) oder beim Empfänger als bekannt vorausgesetztes Merkmal des Bezeichneten (z.B. Turrón: *los dulces y decorativos turrones de mazapán* – dem Z-Empfänger sind diese Eigenschaften aber nicht bekannt!). Oder es hat subjektivierende Funktion: Es beschreibt eine dem Sprecher „am Herzen liegende" Eigenschaft (z.B. Sardina: *una sabrosa empanada*).

In dieser letzten Funktion lässt sich das Problem der Adjektivstellung auch als pragmatisches Übersetzungsproblem der Sendereinstellung (1.1.4) zuordnen. Daneben hat die Adjektivstellung jedoch auch eine prosodische Funktion (siehe unter 3.3 Suprasegmentale Merkmale).

3.1.2.2 Artikel

Abweichend vom Spanischen steht im Deutschen zum Ausdruck der Verallgemeinerung oder „Generalisierung" kein Artikel (vgl. Gil + Banús 1998, 71): Potax: *el cordero* – „Hammelfleisch".

Vor Titeln steht im Deutschen im Gegensatz zum Spanischen kein bestimmter Artikel (z.B. Alhambra: *el emperador Carlos V* → Kaiser Karl V., vgl. Reumuth + Winkelmann 1993, 42).

3.1.2.3 Demonstrativpronomen

Zur Übersetzung des spanischen Demonstrativpronomens *ese* in pejorativer Bedeutung kann nicht nur das deutsche Demonstrativpronomen „dieser" (+ „da", vgl. Gil + Banús 1988, 107), sondern auch – mit der entsprechenden Betonung – der bestimmte Artikel in demonstrativer Funktion verwendet werden (Miguelito: Z. 10, 15, 34).

3.1.2.4 Verb

Im Zusammenhang mit dem Verb als Satznukleus sind vor allem die Problemkreise Modalität und Tempus/Aspekt/Aktionsart mit Verbalperiphrasen für das Übersetzen interessant. Den Gebrauch der Tempora im Satz behandeln wir in 3.2 (Syntax).

a) Modalität
Die Modalität einer Handlung wird u.a. ausgedrückt durch den Modus und durch die Modalverben, daneben natürlich auch durch Adverbien oder adverbiale Ausdrücke. In den Beispieltexten kommen verschiedene *Modalverben* vor:

- *haber de* (Miguelito, Valencia) drückt eine (moralische) Verpflichtung aus, die im Deutschen durch „müssen" (evtl. + Abtönungspartikeln wie „einfach" (Miguelito – Stilebene beachten!) oder entsprechende Paraphrasen (Valencia) wiederzugeben ist.

- *poder* (Turrón) drückt in diesem Kontext eine Möglichkeit aus. Der durch das „pretérito perfecto simple" (PPS) signalisierte perfektive Aspekt (siehe unter b) verbietet jedoch eine Wiedergabe durch das imperfektive „können", die Modalität wird daher besser durch ein Adverb („möglicherweise") ausgedrückt.

b) Tempus/Aspekt/Aktionsart
Ein besonders schwieriges Kapitel sind die strukturellen Unterschiede im Bereich von Tempus und Aspekt, für den die Aktionsart der Verben eine wichtige Rolle spielt (vgl. DUDEN/Grammatik § 645ff). Zu diesem Bereich zählen wir auch das Problem der Übersetzung von spanischen Verbalperiphrasen.

Im spanischen Tempussystem ist ein Zusammenwirken der Aktionsart des Verbs mit dem Aspekt der Tempusform festzustellen. Wenn der Aspekt der Aktionsart entspricht, wird eine Verstärkung des Aspekts bewirkt; sind Aktionsart und Aspekt verschieden, verändert sich der Aspekt. Im Deutschen wird den Tempusformen kein Aspekt zugeschrieben, so dass diese Funktion im Allgemeinen durch die Aktionsart der Verben übernommen werden muss.

Da die Texte unserer Sammlung keine Schilderungen enthalten (außer Text Tesoro, der aber textsortenbedingt im Präsens geschrieben ist, → 2.1.6), beschränkt sich das Problem hier auf den Gebrauch des Perfekts und einiger Verbalperiphrasen.

- *pretérito perfecto compuesto (Perfekt)* (CEH: Z. 13ff) Das spanische Perfekt drückt sowohl den perfektiven Aspekt als auch den Bezug der Handlung zur Gegenwart aus; beide können im Deutschen durch Adverbien wieder gegeben werden. Aus Gründen der Sprachüblichkeit kann aber im Deutschen auch der Bezug zur Gegenwart (auf Kosten der Perfektivität) verstärkt und statt eines perfektiven Verbs („kennen lernen") im Perfekt ein imperfektives Verb ("kennen") im Präsens verwendet werden.

- *comenzó a ser observado* (Huerto) kann sich in dem betreffenden Kontext nicht auf den Anfang eines einzelnen Beobachtungsvorgangs (= inchoativer Aspekt, „beobachten" ist dagegen ein duratives Verb) beziehen, sondern muss den Anfang einer Reihe von Beobachtungsvorgängen bezeichnen („wurde erstmals festgestellt" – „feststellen" ist ein perfektives Verb).

- *acabaron de engrandecer* (Alhambra) kann hier nicht in der üblichen Bedeutung der Verbalperiphrase („gerade etwas getan haben" = perfektiver Aspekt) verwendet worden sein. Es handelt sich vermutlich um eine Verwechslung mit der Verbalperiphrase *acabar por hacer algo* oder *acabar haciendo algo* („schließlich etwas tun") im Sinne einer Verstärkung.

- *no tardaron en comprender* (Chocolate) betont den Aspekt der schnellen Folge der Handlung („sofort etwas tun").

3.1.2.5   Zahlwörter

Zahlwörter werden oft in „metaphorischer" Bedeutung für ungefähre *Mengenangaben* verwendet; dabei unterscheidet sich häufig der Sprachgebrauch im Spanischen und Deutschen, z.B. Miguelito*: miles de* vs. „tausend", „tausenderlei", aber auch „hundert", „alle möglichen" etc. (siehe auch Schreibkonventionen).

Im Spanischen werden häufig Mengenbezeichnungen den *Zahlenangaben* vorgezogen (Chocolate: *un siglo* – „hundert Jahre", Huerto: *un millar* – „tausend"). Hier handelt es sich wohl um eine Konvention (vgl. im Deutschen früher das Rechnen mit Dutzend, Schock).

3.1.3   Wortfeld

Als „Wortfeld" bezeichnet man eine Menge sinnverwandter Wörter, deren Bedeutungen sich gegenseitig begrenzen und die einen bestimmten begrifflichen oder sachlichen Bereich abdecken (vgl. Bußmann 1983, 589). Beim Vergleich zweier Sprachen fällt auf, dass die entsprechenden Wortfelder oft unterschiedlich gegliedert oder verschieden dicht „besetzt" sind, so dass es nur Teilentsprechungen oder auch gar keine Entsprechungen gibt.

Innerhalb des Wortfeldes sind verschiedene semantische Beziehungen festzustellen: Hyperonymie-Hyponymie (hierarchische Überordnung von Ober- zu Unterbegriffen), Synonymie (Bedeutungsähnlichkeit oder, bei „synonymischen Varianten", Bedeutungsgleichheit bei stilistisch unterschiedlicher Markierung, Bezeichnungsdifferenzierung in Terminologien, Hendiadyoin), Antonymie (Bedeutungsgegensatz), Metonymie (Bezeichnungsvertauschung). Die Homonymie (gleich lautende Wörter, die verschiedenen Wortfeldern angehören) wird ebenfalls kurz erwähnt. Darüber hinaus behandle ich im Zusammenhang mit dem Komplex Wortfeld auch die Probleme der Spezifizierung (besonders der „spezifischen Verben") und der Faux amis.

3.1.3.1 Hyperonymie

Kulturbedingt steht gelegentlich eine (besonders häufig vertretene) Unterart für die gesamte Art – das Hyponym dient gleichzeitig als Hyperonym (z.B. Turrón: *nueces* vs. „Nüsse"/„Walnüsse", vgl. auch zu *piscina* unter 3.1.3.2) oder die Stoffbezeichnung für das Exemplar (Text Potax: *flan/flanes* vs. „Pudding"/ - /„Portionen").

Hyperonyme sind häufig nur unter Berücksichtigung ihrer spezifischen textuellen Hyponyme zu übersetzen (Texte Torres: *equipamiento*; Valencia: *prestatario, irregularidades*).

In bestimmten Textsorten oder Kontexten sind in AS und ZS unterschiedliche *Spezifizierungsgrade* üblich oder notwendig (z.B. CEH: „Foto" vs. „Passfoto", vgl. Hönig + Kussmaul [2]1984 zum „Differenzierungsgrad"). Während die Kollokation *flores y plantas* (Huerto) auf eine Kohyponymie verweist, ist im Deutschen „Pflanze" ein Hyperonym zu „Blume", „Pflanzen und Blumen" ist als Kollokation daher nicht möglich, eher: „Blumen und andere Pflanzen".

3.1.3.2 Synonymie

Absolute Synonymie (= uneingeschränkte Austauschbarkeit in allen Kontexten) lässt ein spezifisches Sprachsystem wohl aus Gründen der Sprachökonomie nicht zu, daher ist in jedem Falle nur von „partieller" Synonymie auszugehen.

- *Synonymische Varianten* sind bedeutungsgleiche Ausdrücke, die durch unterschiedliche konnotative Bewertungen aufgrund von regionalen, soziolektalen, politischen oder stilistischen Besonderheiten gekennzeichnet sind. Oft sind in einer Sprache synonymische Varianten vorhanden und in der anderen nicht (z.B. *sábado* – „Samstag"/„Sonnabend", *proteína* – „Protein"/„Eiweiß", *dirección* – „Adresse"/ „Anschrift", *hojas/palmas* – „Palmwedel" etc.).
- *Begriffliche Synonyme* sind dagegen bedeutungsähnliche Wörter und Ausdrücke, die sowohl konnotative (z.B. Turrón: „Konditor"/ „Zuckerbäcker"; Torres; *torres/complejo residencial* – „Hochhaus"/ „Wohnanlage"/ „Wohnkomplex") als auch denotative Unterschiede

(CEH: *piso/apartamento*; Torres: *piscina* – „Schwimmbad"/ „Schwimmbecken"/ „(Swimming-)Pool"/ „Planschbecken"/ „Kinderbecken") aufweisen, wobei diese Unterschiede innerhalb eines Textes in den Hintergrund treten können (z.B. Sardina: *divino/exquisito/rico/sabroso/intenso/fino*). Dabei werden die Wortartgrenzen gelegentlich übersprungen oder Paraphrasen einbezogen (Miguelito: *pesado/penoso/que no te gusta*; Potax: *rico/apetitoso/delicioso/golosina*). Für die Suche nach Übersetzungsmöglichkeiten sind hier Begriffswörterbücher nützlich (z.B. Wehrle + Eggers 1968, Dornseiff [6]1965, aber auch der Thesaurus aus dem Textverarbeitungsprogramm des Computers).

- Trotz angeblicher Wörterbuch„äquivalenz" können die Bedeutungsgrenzen bei begrifflichen Synonymen überlappen: Dt. „Hügel" und „Berg" haben laut Wörterbuch die Entsprechungen sp. *colina* bzw. *montaña* – trotzdem würde man die *colina*, auf der die Alhambra liegt, nicht als „Hügel" bezeichnen (weil sie dafür zu hoch und zu schroff ist). Der Sachbezug gibt den Ausschlag für eine funktionale Übersetzung.

- *Differenzierung*: Bestimmte Synonyme sind innerhalb einer Terminologie gegeneinander abgegrenzt (CEH: die verschiedenen Kursbezeichnungen; Potax: *enfriar* – „abkühlen"/„erkalten"; Torres: *planta de aparcamiento* – „Parkplatz"/„Parkdeck"/„Tiefgarage", *plaza* – „Parkplatz"/„(Ab)Stellplatz" etc. Vgl. hierzu auch die Angaben zu den Textsorten (z.B. 2.1.7)

- *Hendiadyoin*: Es kommt – besonders in bestimmten Textsorten, z.B. in sozialverbindlichen Texten wie „Allgemeinen Geschäftsbedingungen" – vor, dass ein Begriff nicht durch ein Wort, sondern durch die Kombination von zwei Wörtern ausgedrückt wird (*Hendiadyoin*), um größere Genauigkeit zu erzielen (Valencia: Z. 54, 56f, 65f). Dabei ist zu beachten, dass in der anderen Sprache möglicherweise ein einziges Wort zum Ausdruck des Begriffs existiert bzw. in dem betreffenden Kontext üblich ist.

• *Konventionelle Metaphern* (Tesoro: *el eje del relato*; Costa: *muralla montañosa, festonear de verde*), die im Lexikon verankert sind, haben ebenfalls ihren Platz neben den Synonymen eines Wortfeldes.

3.1.3.3 Antonymie

Antonymierelationen sind in AS und ZS gelegentlich unterschiedlich ausgefüllt (z.B. Turrón: *crudo – tostado* vs. „roh"/„gekocht", aber kein selbständiges Antonym zu „geröstet"; Torres: *version simple - versión dúplex*, im Deutschen jedoch kein Antonym zu „Maisonnette"). Bei fehlendem Antonym besteht z.B. die Möglichkeit der Verwendung einer Negation (Turrón: „ungeröstet") oder der „Implizierung" der üblicheren Bezeichnung (Torres).

3.1.3.4 Metonymie

Unter Metonymie versteht man die Ersetzung eines Ausdrucks durch einen anderen, der mit ihm in einem äußerlich sachlichen oder logischen Zusammenhang steht (vgl. Bußmann 1983, 322), z.B. Teil/ Ganzes, Ursache/Wirkung, Instrument/Handlung etc. Zur Metonymie rechne ich auch die Vertauschung Abstrakt-Konkret (Huerto: *Naturaleza* für *clima*), u.a. auch durch *Pluralisierung* (Turrón: *adiciones, sustituciones*).

Solche Metonymien können in AS und ZS gleich oder ähnlich vorkommen (SEAT: *teléfono rojo* – „Rotes Telefon" = „schnelle direkte Verbindung in dringenden Notfällen"; Torres: *entrega de llaves* – „Schlüsselübergabe" = „Bezugsfertigkeit"); in anderen Fällen werden die Begriffe durch verschiedene Lexeme (im Deutschen häufig Komposita) bezeichnet (z.B. SEAT: *mano de obra* – „Arbeitskraft"/„Arbeitszeit"; Turrón: *repostería* – „Konditorei"/„Konditorhandwerk"/„Konditoreiwaren"/„(Gesamtheit der Konditoren)" oder paraphrasiert (Turrón: „andere oder zusätzliche Zutaten").

Metonymien werden auch zur stilistischen Variation eingesetzt, z.B. Tesoro: *comunidad/pueblo/habitantes*.

3.1.3.5 Homonymie

Homonyme erzeugen in Texten selten Übersetzungsprobleme (außer in Wortspielen und Witzen, die auf Homonymie beruhen), da sie vom Kontext desambiguiert, also: eindeutig gemacht, werden. Das Adjektiv *real* – „königlich" ist, im Zusammenhang mit dem *poder* eines Königs verwendet, kaum mit dem Adjektiv *real* = „wirklich" zu verwechseln, wenn der Text sinnerfassend und nicht Wort für Wort gelesen wird.

3.1.3.6 Spezifizierung

Ein besonderes Merkmal des deutschen Wortschatzes ist die Möglichkeit, durch die Zusammensetzung von Verben mit Partikeln oder Präfixen die Verbbedeutung zu spezifizieren, z.B. im Hinblick auf eine Bewegungsrichtung (Potax: *verter* vs. „hineingeben", vgl. Gil + Banús 1988, 125), auf die Verbfunktion (Turrón: faktitiv *hacer proceder* vs. „herleiten"/„ableiten", vgl. Duden/Grammatik §4555ff) oder auch auf die Aktionsart (Potax: *hervir* vs. „kochen" [durativ] bzw. „aufkochen" [inchoativ], vgl. Duden/Grammatik §645ff).

Besonders bei bestimmten Verbgruppen (Verben des Sagens, Verben der Bewegung) lässt sich im Deutschen die Tendenz zum „spezifischen Verb" feststellen, während im Spanischen häufiger ein allgemeines Verb verwendet, das dann gegebenenfalls (aber eher selten!) durch adverbiale Ausdrücke etc. spezifiziert wird (z.B. *ir + [en...]* vs. „gehen"/„fahren"/„fliegen"/„radeln"). Aber auch in anderen Wortschatzbereichen stößt man immer wieder auf dieses Problem (Huerto: *transformar en blanco* – „bleichen"; Chocolate: *enriquecer con especias* – „würzen" etc.). Dabei sind eventuelle Stilmarkierungen zu beachten (Miguelito: *demorar el enfrentamiento con* vs. „sich drücken vor", → „die Konfrontation ... hinauszuzögern").

Gelegentlich sind Spezifizierungen in beiden Sprachen vorhanden, werden jedoch aus unterschiedlicher Perspektive realisiert (z.B. SEAT: *ir en su auxilio* – „zu Hilfe kommen").

3.1.3.7 Faux amis

Bei den Faux amis, den „falschen Freunden" des Übersetzers, ist zu unterscheiden zwischen Wortpaaren, die in *keinem* Kontext Entsprechungen sein können (z.B. Torres: *gimnasio* vs. „Gymnasium"), Wortpaaren, die je nach Kontext Entsprechungen sein können oder nicht (CEH: *estudiantes* – „Studierende"/„(Oberstufen-)Schüler", Miguelito: *frenético* – „frenetisch"/„hektisch"; CEH, Torres: *apartamento* vs. „Appartement"/„Apartment"/„Wohnung") und Scheinentsprechungen mit unterschiedlicher stilistischer Markierung (unmarkiertes *frenético* – als bildungssprachlich markiertes „frenetisch", vgl. VOX, DUW).

Als Empfehlung gilt hier: Lieber einmal zu viel nachschlagen (im einsprachigen Wörterbuch!) als einmal zu wenig! Und dazu: Bei immer wieder auftauchenden Faux amis müssen Kontextbeispiele gesammelt werden, um die Angaben der Wörterbücher auf ihre Aktualität zu überprüfen und vor allem Aufschlüsse über stilistische Markierungen und Textsortenaffinitäten zu gewinnen, die in den Wörterbüchern in der Regel nicht ausreichend berücksichtigt sind.

3.2 Syntax

Hier geht es vor allem um unterschiedliche Strukturen des Satzbaus: Hypotaxe, (Neben)Satzverkürzung, Parenthese und Reihung sowie um den Gebrauch der Tempora.

3.2.1 Hypotaxe

Im Spanischen kann bereits nach der einleitenden Konjunktion eines Nebensatzes eine weitere unterordnende Konjunktion folgen (Miguelito: Z. 3), während im Deutschen zuerst mindestens noch ein Satzelement genannt werden muss („Geht es dir nicht auch so, dass du, wenn du..., an tausend andere Dinge denkst?"). Abgesehen davon, dass diese Konstruktion sehr „abgehackt" klingt, dürften in der gesprochenen Sprache Verschachtelungen mit mehr als einer Unterordnung selten vorkommen.

3.2.2 Reihung

Wir fassen hier die Satzreihung und die Satzgliedreihung zusammen. Bei Reihungen ist oft der Gebrauch der (nebenordnenden) Konjunktionen problematisch, z.B. bei der disjunktiven Nebenordnung, bei der sp. *o* im Deutschen vielfach durch „bzw." wiederzugeben ist, da die Elemente als Alternativen („entweder – oder"), nicht als Auswahl („sowohl – als auch") zu betrachten sind (Torres: Z. 54), oder bei der kopulativen Nebenordnung, bei der die Elemente gleiches Gewicht haben (Valencia: Z. 55ff).

Bei der Reihung von Adjektiven ist zu beachten, dass im Spanischen grundsätzlich zwei zu einem Beziehungswort gehörige Adjektive mit *y* verbunden werden (Costa del Sol), während im Deutschen statt „und" wesentlich häufiger ein Komma gesetzt wird („kleine, malerische Buchten"), sofern nicht das Letzte der aufgezählten Adjektive mit dem zugehörigen Substantiv einen Gesamtbegriff bildet („malerische kleine Buchten") (= „Einschließung").

3.2.3 Parenthese

Parenthesen werden im Spanischen wie im Deutschen gebraucht, um Sätze oder Satzteile einzuschieben, die dadurch sowohl in der Intention als auch im Schriftbild vom übrigen Satz getrennt und auch syntaktisch nicht in ihn eingefügt sind (Turrón: Z. 22; Torres: Z. 38, 39f).

Im Spanischen werden für Parenthesen häufiger Kommas verwendet als im Deutschen. Da im Deutschen ohnehin jeder Nebensatz durch Kommas abgetrennt wird (zumindest nach der alten Rechtschreibung!), würde eine Parenthese, zumal wenn es sich um einen ganzen Satz handelt („Schaltsatz"), in Kommas verwirrend wirken. Beim Übersetzen müssen daher spanische Kommas oft in Klammern oder Gedankenstriche umgesetzt werden. (vgl. den parenthesenartigen Relativsatz in Turrón: Z. 23f) (vgl. Duden/Grammatik §5845ff).

Manche spanische Parenthesen dienen nur der Verdeutlichung der Bezüge und brauchen im ZT nicht als Parenthesen formuliert zu werden, wenn der Bezug ohnedies klar ist (z.B. Turrón Z. 10, 28).

3.2.4 Satzverkürzung

Im Spanischen dienen die drei infiniten Verbformen Infinitiv, Gerundi-um, Partizip Perfekt der Verkürzung oder Ersetzung von meistens un-tergeordneten, gelegentlich aber auch nebengeordneten Sätzen. Im einbettenden Satz haben diese Strukturen dann häufig die Funktion von adverbialen Ergänzungen.

3.2.4.1 Infinitivkonstruktionen

Infinitivkonstruktionen dienen der Verkürzung von Temporalsätzen, Konditionalsätzen, Kausalsätzen, Modalsätzen und Finalsätzen (vgl. Gil + Banús 1988, 155ff).

- *al + Infinitiv* (Potax: Z. 4) verkürzt in der Regel einen Temporalsatz der Gleichzeitigkeit, wobei das Subjekt des Hauptsatzes auch Subjekt des Infinitivsatzes ist (in Potax: Z. 4 liegt daher ein Defekt vor). Übersetzungsmöglichkeiten: Temporalsatz mit „wenn" oder „sobald" (Potax), adverbiale Zeitbestimmungen („bei Sonnenauf-gang").

- *después de + Infinitiv* (SEGAD: Z. 40) und *tras + Infinitiv* (Costa del Sol: Z. 33) verkürzen ebenfalls einen Temporalsatz, hier der Vorzeitigkeit. Übersetzung entweder durch einen Temporalsatz mit „nachdem", einen Hauptsatz (Costa del Sol) oder durch eine adverbiale Bestimmung: „nach dem Nachfüllen" (Segad).

- *hasta + Infinitiv* (SEGAD: Z. 55) und *antes de + Infinitiv* (Egarone: Z. 23) verkürzen Temporalsätze der Nachzeitigkeit. In beiden Fäl-len ist eine adverbiale Bestimmung („bis zum Anschlag", „vor dem Schlafengehen") eine textsortenadäquatere Wiedergabe als ein temporaler Nebensatz mit „bis" bzw. „bevor".

- *para + Infinitiv* (SEAT: Z. 20, 30; Sardina: Z: 19; Valencia Z. 9f, Chocolate: Z. 11) hat im Allgemeinen finale Funktion (SEAT, Va-lencia: Z. 12). Daneben können die Infinitivkonstruktionen mit *para* aber auch „weiterführende", d.h. nebenordnende temporale Funk-tion (im Sinne von „und dann...", vgl. dt. „um dann zwei Jahre spä-ter zu sterben") haben (Valencia: Z. 9f). Im Deutschen kann ein

Finalsatz nur von einem Verbnukleus im Hauptsatz abhängen (Valencia: Z. 12), daher muss man gelegentlich auf präpositionale Umstandsbestimmungen („zum Verrücktwerden") oder andere Paraphrasen ausweichen (Sardina).

- *sin + Infinitiv* (SEAT: Z. 19) hat modale Funktion. Neben der Übersetzung durch einen erweiterten Infinitiv mit „ohne zu" können gegebenenfalls auch Komposita (*sin saludar* – „grußlos") in Betracht gezogen werden (im Text SEAT kann die implizierte Berechnung der Ersatzteile – nur die „Hilfe" ist kostenlos! – beim Z-Empfänger aufgrund seines Vorwissens ebenfalls impliziert werden).

- *además de + Infinitiv* (Potax: Z. 3) hat eine kopulative Funktion. Man kann hier von einer Art Nebenordnung sprechen, wie sie auch von dem Konjunktionenpaar „nicht nur – sondern auch" realisiert wird. Dabei hat zweifellos der Hauptsatz leicht verstärktes Gewicht gegenüber der Infinitivkonstruktion (vgl. oben unter 1.2.1 zur „Informationsgewichtung").

3.2.4.2 Gerundialkonstruktionen

Die Gerundialkonstruktion ersetzt Temporalsätze der Gleichzeitigkeit, Kausalsätze, Modalsätze, Konditionalsätze und (meist mit *aun*) Konzessivsätze sowie – unter bestimmten Bedingungen – explikative Ergänzungen zum Subjekt oder Objekt (vgl. Gil + Banús 1988, 157ff). Im Gegensatz zu den durch Präpositionen spezifizierten Infinitivkonstruktionen sind die Gerundialkonstruktionen meist mehrdeutig. Beim Übersetzen ins Deutsche muss man sich oft für eine (meist: die dominierende) Funktion entscheiden.

- *arando la tierra* (Tesoro) hat überwiegend temporale Funktion: Hier ist die Übersetzung mit einer präpositionalen Ergänzung möglich („beim Pflügen").

- *localizando las grúas* (SEAT) und *aumentando y reduciendo éstas* (Valencia) haben modale (instrumentale) Funktion. Die Gerundien in Valencia: Z. 8, 27 sind ebenfalls modal. Da jedoch für das Gerundium, sofern kein eigenes Subjekt genannt ist, das gleiche

Subjekt gilt wie für das finite Verb, sind diese Konstruktionen nicht korrekt. Die Bildung eines Modalsatzes mit „indem" wirkt im Deutschen häufig umständlich und unüblich; vorzuziehen ist vielfach eine Übersetzung mit einem spezifischen Verb (SEAT) oder die Verwendung des im Gerundium genannten Verbs als Hauptverb (evtl. mit adverbialer Bestimmung; Valencia: Z. 68).

- *habiendo sido una palmera macho* (Huerto) hat konzessive Funktion: „obwohl...".

- *reuniendo las siguientes ventajas* (Torres), *cresterías desnudas rayando el cielo* (Asturias) und *ofreciendo la siguiente financiación* (Torres) können als explikative Ergänzung zum Subjekt betrachtet werden, obwohl im letzteren Fall die Satzkonstruktion nicht ganz eindeutig ist. Als explikative Ergänzung zum Subjekt muss das Gerundium eigentlich eine sekundäre Handlung ausdrücken, die die Haupthandlung näher erläutert, darf also nicht als Attribut aufzufassen sein. Genau das ist in den beiden Beispielen aus dem Text Torres jedoch der Fall: Das Gerundium könnte jeweils durch eine Relativsatzkonstruktion (*que reúne las siguientes ventajas, que ofrece la siguiente financiación*) ersetzt werden, und es gibt überhaupt keine Haupthandlung (*va a ejecutarse* ist nicht als Haupthandlung zu *ofreciendo* zu betrachten). Als Übersetzung bietet sich häufig eine präpositionale Ergänzung (Torres) oder auch ein finites Verb (Asturias) an.

3.2.4.3 Partizipialkonstruktionen

Wir unterscheiden zwischen verbundenen und absoluten Partizipialkonstruktionen (participium conjunctum bzw. participium absolutum) (vgl. Gil + Banús 1988, 161ff, siehe auch oben 2.2.2d, Relativsatz).

- Das verbundene Partizip steht im Allgemeinen für einen Relativsatz und hat das gleiche Subjekt wie der Hauptsatz (in Potax: Z. 17 ist das Subjekt elliptisch ausgelassen). Als Übersetzungsmöglichkeiten bieten sich an: Relativsatz (Tesoro: Z. 25, Huerto Z. 12), erweitertes Attribut, Partizipialkonstruktion (Potax: Z. 17), Adver-

biale ohne Verb (Sardina: Z. 20), präpositionale Ergänzung (Turrón: Z. 9, 29), Genitivattribut (Tesoro: Z. 14f) oder Hauptsatz (Turrón: Z. 10).

- Das absolute Partizip hat ein eigenes Subjekt, das nachgestellt
wird und in Geschlecht und Zahl die Endung des Partizips bestimmt. Es wird häufig mit *una vez* eingeleitet und dient der Verkürzung eines Temporalsatzes der Vorzeitigkeit. Es kann übersetzt werden mit einem Temporalsatz (Tesoro: Z. 3) oder einer
adverbialen Bestimmung der Zeit (Valencia: Z.50).

3.2.5 Tempora

Wir gehen hier lediglich auf die Aspekte des Tempusgebrauchs ein,
deren Übersetzung im Textmaterial zu Problemen führt.

- *futuro imperfecto (Futur)* (SEAT, Miguelito, Valencia, Tesoro, Egarone). Im Gegensatz zum Spanischen wird im Deutschen zum
Ausdruck einer Zukünftigkeit das Präsens statt des Futurs verwendet, wenn Zukünftigkeit bereits aus dem Kontext (z.B. Zeitad-
verbien) hervorgeht (Miguelito: „in zehn Minuten") oder für den
Empfänger aufgrund seines Vorwissens über die Textsorte eindeutig ist (SEAT, Valencia, Segad, Egarone).

    In der Inhaltsangabe (Tesoro) wird das Futur zum Ausdruck
eines Vorgriffs in der Chronologie (*va a conmocionar*) durch das
Präsens wieder gegeben (vgl. unter Konditional).

- *pretérito imperfecto (Imperfekt)* (Miguelito: Z. 32): Das Imperfekt
wird sowohl im Deutschen wie im Spanischen in einer auf die Gegenwart bezogenen Aussage zum Ausdruck der Unsicherheit und
des Zweifels verwendet; dabei dienen häufig Modalpartikeln zur
zusätzlichen Abtönung („Wie hieß er doch noch gleich?").

- *pretérito perfecto simple* (PPS oder „Indefinido"). In historischen
Texten (z.B. Alhambra) wird im Spanischen oft zwischen PPS und
historischem Präsens gewechselt. Im Deutschen sind Präsens
und Präteritum möglich, allerdings sollte man das einmal gewählte
Tempus konsequent durchhalten.

- *condicional (Konditional* oder „potencial"): In Schilderungen wird das Konditional zum Ausdruck der Nachzeitigkeit von der Vergangenheit aus verwendet (Alhambra, Chocolate). Je nach Textsorte kann im Deutschen das Modalverb „sollen" oder (schlichter!) das Präteritum (eventuell + Adverb, z.B. „dann", „später") gebraucht werden.

3.3 Suprasegmentale Merkmale

Als suprasegmentale Merkmale (Suprasegmentalia) eines Textes betrachten wir die Merkmale seiner inneren „Klanggestalt". Bei nichtliterarischen Texten geht es hierbei vor allem um die Fokussierung bestimmter Textelemente und um die „Abtönung" der Aussage zum Ausdruck der Sendereinstellung (siehe oben, 1.1.4) oder bestimmter expressiver Intentionen (z.B. Ironisierung). Was in der gesprochenen Sprache durch Intonation, Pausen, Rhythmus, Intensitätsakzent und parasprachliche Elemente (Gebärden, Mimik) bewirkt wird, muss im schriftkonstituierten Text durch sprachliche Mittel verdeutlicht werden, sofern nicht der Kontext bereits eine eindeutige Vorgabe für die Klanggestalt bereitstellt (z.B. beim Kontrastfokus, vgl. Nord 1991a, 138ff).

3.3.1 Fokussierung

Fokussieren, d.h.: in den Mittelpunkt der Aufmerksamkeit stellen, kann man einerseits ganze (Teil)Sätze, andererseits Satzteile und einzelne Wörter, ja sogar Wortteile (z.B. „nicht nur die Lehrer, sondern auch die Lehrer*innen*").

a) Satzfokus
Durch die Verteilung von Informationen in Haupt- und Nebensätze entsteht im Text ein *Relief*, in dem die Hauptsatzinformationen im Vordergrund und die Nebensatzinformationen im Hintergrund stehen (vgl. Nord 1991a, 251). Die infiniten Strukturen zur (Neben-)Satzverkürzung im Spanischen sowie Parenthesen (siehe dort, 3.2.3) sind dem Hintergrund zuzuordnen (Potax: Z. 3). Die Reliefgebung dürfte im

Prinzip im Spanischen und im Deutschen in ähnlicher Weise funktionieren.

b) *Satzteilfokus*

Innerhalb der Sätze und Teilsätze können auch einzelne Satzteile fokussiert werden. Das geschieht z.B.

* durch die Umstellung der *Thema-Rhema-Folge* (Sardina: Z. 6f; Valencia; Z. 43f), und zwar sowohl im Spanischen als auch im Deutschen. Durch die Voranstellung des Rhemas wird eine Betonung dieses Elements bewirkt. Im Text SEGAD: Z. 37 ist die Voranstellung der Information *el disco flotará* allerdings ein unzweckmäßiger Themawechsel, der im Zieltext nicht nachgeahmt werden sollte.

* *Betonung* und *Wortstellung* stehen in den beiden Sprachen in unterschiedlichen Beziehungen zueinander. Im Deutschen ist die Wortstellung relativ stark normiert; Betonung wird – in der gesprochenen Sprache – durch Intensitätsakzent bewirkt (so kann der Satz „Ich habe mir ein Brot gekauft" auf allen sechs Elementen betont werden, wodurch jeweils andere Satzbedeutungen entstehen). In schriftlichen Äußerungen kann die gewünschte Betonung in gewissem Maße durch die Wortstellung (z.B. durch die Voranstellung von „ein Brot", „mir" oder „gekauft"), oftmals aber auch nur durch nonverbale Mittel (Unterstreichung, Sperrdruck etc. bei „ich", „habe", „ein") angezeigt werden.

* Im spanischen Aussagesatz liegt – bei grundsätzlich freier Wortstellung – die Intonation relativ fest, mit *Hauptbetonungsstellen am Anfang und am Ende*. Durch die Stellung eines von zwei Adverbialen am Satzende z.B. wird daher ebenfalls eine Satzteilfokussierung erzielt (Turrón: Z. 24). Im Deutschen ist dagegen die Satzanfangsstellung eine Möglichkeit zur Fokussierung einer adverbialen Bestimmung.

* In diesem Zusammenhang ist auch auf die fokussierende Funktion der *Adjektivstellung* (Fokussierung des Adjektivs bei Nach-

stellung – Fokussierung des Substantivs bei Voranstellung des Adjektivs) hinzuweisen (vgl. oben).

• Als *Fokusstrukturen* dienen im Spanischen u.a. Negationen wie *no ... hasta* (Turrón: Z. 24f) oder *no ... más que* (Miguelito: Z. 8). Im Deutschen wird hier die Fokussierung durch die Partikel „erst" (Turrón) oder „nur" (+ evtl. „doch"/„ja" etc., Miguelito) vorgezogen.

• Eine weitere Möglichkeit der Satzteilfokussierung ist – im Spanischen wie im Deutschen – die Einfügung von *Fokuswörtern* (Tesoro: *incluso, precisamente*), durch welche die Fokussierung (besonders am Satzanfang oder nach einer Parenthese) auf den folgenden Satzteil gelenkt wird (SEAT: Z. 18: *incluso* – „auch").

c) Wortfokus

Fokuswörter können auch zur Fokussierung einzelner Wörter verwendet werden (z.B. Tesoro: *la misma amenaza de muerte*). Daneben gibt es jedoch im Spanischen einige besondere Mittel, um normalerweise unbetonte Satzelemente betonen zu können, z.B. die *betonten Possessivpronomina* (Miguelito: Z. 20), die *pleonastische Form* des Personalpronomens (Miguelito: Z. 32) und die *Fokusstruktur* zur Betonung des Zahlworts, *más de una* (Turrón: Z. 14).

Im Deutschen müssen hier von Fall zu Fall unterschiedliche Mittel angewendet werden, z.B. spezifische Verben mit betontem Objekt (Miguelito: Z. 32) oder besondere Wortwahl (Turrón), sofern nicht der Kontext ohnehin die „richtige" Betonung nahe legt.

3.3.2 Abtönung

Zur „Abtönung" einer Aussage werden im Deutschen vor allem die so genannten *Abtönungspartikeln* einzeln und in Kombination oder sogar Häufung, eingesetzt, daneben auch *Parenthesen* und bestimmte *Satzformen*, wie die rhetorische Frage (zum Übersetzungsproblem Modalpartikeln vgl. Beerbom 1992 und Prüfer 1995).

Im Spanischen wird die Abtönung häufig einfach durch den Kontext vorgegeben. Es finden sich jedoch auch gelegentlich abtönende Partikeln bzw. Adverbien in abtönender Funktion (Miguelito: *en realidad*); daneben kann der *Modus*, z.B. der Konjunktiv im Konzessivsatz (Miguelito: Z. 15), oder auch die Satzform, wie z.B. die rhetorische Frage, eine abtönende Funktion erfüllen (Miguelito: Z. 19ff). Allerdings ist zu beachten, dass eine rhetorische Frage wahrscheinlich im Deutschen in der mündlichen Rede wesentlich pathetischer wirkt als im Spanischen, so dass die Wiedergabe mit einem Aussagesatz + abtönende *Partikeln* dem Register angemessener sein dürfte.

Beim Übersetzen Spanisch-Deutsch ist, besonders in mündlicher Rede, darauf zu achten, dass die Abtönung durch Partikeln dem Kontext entsprechend auch dort erfolgt, wo im Spanischen keine lexikalischen Entsprechungen zu finden sind. Ohne Partikeln klingt gesprochene Sprache im Deutschen papieren und hölzern – eine Übertreibung durch übermäßige Häufung von Partikeln wirkt jedoch genauso unnatürlich. Hier kann man sich ein wenig an (guten) deutschen Kinderbüchern orientieren, die eine lebendige Sprechsprache schriftlich darbieten (z.B. Erich Kästner, Christine Nöstlinger).

4 Textspezifische Übersetzungsprobleme (TÜP)

Als „textspezifische Übersetzungsprobleme" bezeichnen wir Übersetzungsprobleme, die in einem bestimmten Ausgangstext vorkommen und nicht ohne weiteres verallgemeinerbar sind. Dennoch erlauben sie gelegentlich Analogieschlüsse zu anderen Übersetzungsproblemen – vielleicht lassen sie sich, wenn man nur genug Textmaterial der betreffenden Textsorte untersucht, auch in eine „höhere" Problemkategorie überführen. Das Textmaterial dieser Sammlung ist bewusst so ausgesucht, dass möglichst wenige dieser Probleme darin vorkommen (in literarischen Texten wäre das sicher anders).

4.1 Inhalt

Manche Texte enthalten inhaltliche *Redundanzen*, d.h. ein und derselbe Inhalt ist zwei- oder mehrfach ausgedrückt. In solchen Fällen ist zu prüfen, ob die Redundanz auf stilistische Konventionen zurückzuführen ist (SEAT: Z. 18) oder auf eine Aussageintention des Verfassers (Miguelito: Z. 27).

Konventionelle Redundanzen müssen bei der Übersetzung nicht berücksichtigt werden (es sei denn, dass auch die zielkulturellen Konventionen eine solche Redundanz erfordern), während stilistische (intentionale) Redundanzen im Allgemeinen auch im ZT erscheinen können, sofern sie der Funktion und intendierten Wirkung des ZT nicht zuwiderlaufen.

4.2 Nonverbale Elemente

Die *Gliederung* eines Textes in *Absätze* (oder auch die fehlende Gliederung, z.B. Tesoro) ist ein nonverbales Mittel, um den inneren Aufbau des Textes zu verdeutlichen. Wenn die Abschnittgliederung nicht intentional ist, kann bei einer instrumentellen Übersetzung eine „konventionelle" Gliederung (nach den Konventionen der Zielkultur) verwendet werden. Für den Text Tesoro würde das die Einfügung eines

Absatzes nach der Inhaltsangabe bedeuten. Beim Text SEGAD könnten einige Absätze weggelassen werden, da sie Zusammengehöriges unnötigerweise trennen.

Illustrationen gehören konventionell zu manchen Textsorten (z.B. Bedienungsanleitung). Die Kohärenz zwischen Bild und Text kann hier ein Übersetzungsproblem darstellen (z.B. SEGAD).

4. 3   Aufbau

Manche Texte zeigen besondere strukturelle Merkmale, denen eine besondere Intention des Verfassers zugrunde liegt, z.b. Wiederholungen, Aufzählungen, Besonderheiten der Verknüpfung von Sätzen und Satzteilen und der Informationsfolge.

4.3.1 Wiederholung

Aus stilistischen Gründen (Einprägsamkeit, Verstärkung etc.) werden gelegentlich bestimmte Textelemente (z.B. ein Slogan, aber auch kleinere Einheiten) wiederholt (Sardina, Torres). Das kann im Deutschen in etwa die gleiche Wirkung haben wie im Spanischen (auch wenn der elliptische Slogan in der Wiederholung syntaktisch aufgefüllt wird).

4.3.2 Aufzählung

Bei Aufzählungen ist zunächst nach dem zugrundeliegenden Strukturprinzip zu fragen: Warum stehen die Aufzählungsglieder ausgerechnet in dieser Reihenfolge? Ist ein intentionales Strukturprinzip zu erkennen (Text Sardina: Z. 3f: im Uhrzeigersinn um das spanische Territorium herum!), sollte es durchaus beibehalten werden, sofern nicht Textfunktionen oder intendierte Wirkung eine andere Reihenfolge angebracht erscheinen lassen.

4.3.3   Verknüpfung von Sätzen und Satzteilen

Auch die Art und Häufigkeit der Verknüpfung (syndetisch, ansyndetisch, polysyndetisch – kopulativ, disjunktiv etc.) kann ein übersetzungsrelevantes Merkmal sein.

4.3.4 Informationsfolge

Sowohl in der Makrostruktur, d.h. in der Reihenfolge der Informationen im Text, als auch in der Mikrostruktur, d.h. in Bezug auf die Verteilung von Informationen auf Sätze und Teilsätze und die Satzgrenzen, kann die *Informationsfolge* ein Übersetzungsproblem sein. Unlogische Informationsfolge (z.b. Huerto) oder unnötige Redundanzen brauchen, sofern sie nicht als intentional angesehen werden müssen, im Zieltext nicht nachgeahmt zu werden. Die Satzgrenzen können ebenfalls verändert werden, wenn es der Verständlichkeit und Funktionalität des ZT dient.

4.3.5 Lexik

Hier sind lexikalische Stilmittel aufzuführen, die nicht konventionell sind, sondern eingesetzt wurden, um einen bestimmten Effekt, eine bestimmte rhetorische Wirkung, zu erzielen.

a) Klimax
Mehrteilige Äußerungen und vorwiegend als Tricolon aufgebaute (also dreiteilige) Reihungen sind oft als Klimax gestaltet, d.h. mit einer qualitativen Steigerung versehen (Miguelito: Z. 14, 18 und 22 sowie 27, dagegen: 2). Soll die rhetorische Wirkung beibehalten werden, kann auch im Zieltext die Wortwahl eine Klimax enthalten.

b) Isotopie
Eine Isotopie, d.h. die Verwendung von lexikalischen Elementen mit (evtl. teilweise) gleichen semantischen Merkmalen, gibt einem Text eine bestimmte Struktur und vermittelt implizit dem Leser eine bestimmte Nachricht. Der Text Asturias geht ganz allmählich, mit einigen Überlappungen in der Mitte, von der Isotopie „Natur" zur Isotopie „Sport" über. Wenn dieses Stilmittel als übersetzungsrelevant angesehen wird, kann es im Deutschen nachgeahmt werden.

4.3.6 Syntax

In den Texten der Sammlung finden sich einige syntaktische Stilmittel, die appellative Funktion haben.

a) Parallelismus
Parallel aufgebaute Sätze, deren Teile vielfach mit einer Anapher, also dem gleichen Wort, eingeleitet sind, haben ebenfalls eine starke rhetorische Wirkung. Im Spanischen wird bei gleicher syntaktischer Struktur gern der Wortlaut nach der Anapher variiert (Miguelito: Z. 19). Im Deutschen wird das Prinzip der stilistischen Variation in der Syntax stärker betont als in der Lexik (siehe oben). Syntaktischer Parallelismus wird daher oft mit einer inhaltlichen Abwandlung gekoppelt (vgl. Sowinski 1973, 59ff), während inhaltliche Wiederholung gern in syntaktisch unterschiedliche Formen gekleidet wird, besonders dann, wenn keine „Pointe" zu erwarten ist. Daher kann bereits die Reihung von drei Hauptsätzen mit der Satzgliedfolge Subjekt-Prädikat leicht eintönig wirken, so dass man auf eine zusätzliche Anapher durchaus verzichten kann (Miguelito).

b) Anakoluth
Der Anakoluth, das heißt ein Abbruch im syntaktischen Bau eines Satzes, kommt sowohl als Stilfehler, besonders im mündlichen Redegebrauch, als auch als Stilmittel vor, wobei er dann oft der Simulierung einer mündlichen, spontanen (begeisterten, bewegten) Sprechweise dienen soll. Er wird meist signalisiert durch Auslassungspunkte oder Gedankenstrich (Sardina: Z. 14, 20, Miguelito: Z. 11). In Werbetexten und Cartoons wird auch im Deutschen häufig der Anakoluth verwendet, so dass einer Übernahme dieses Mittel nichts im Wege steht.

Die klassischen rhetorischen Stilmittel sind meistens im Deutschen ebenso wie im Spanischen einsetzbar. Allerdings kann man nicht ohne weiteres von einer gleichen Wirkung ausgehen, da ja die Normen und Konventionen der jeweiligen Kultur und Sprache die Wirkung beeinflussen (vgl. Nord 1991a, 157f). Aber dies wäre das Thema eines eigenen Buches.

5 Schlussbemerkung

Sicher sind nicht alle Übersetzungsprobleme behandelt worden, und sicher lassen auch die Erläuterungen zu den behandelten Problemen noch manches zu wünschen übrig. Vielleicht ist einiges zu kurz, anderes wiederum zu ausführlich behandelt worden – und das werden jeweils nicht für alle Leserinnen und Leser dieses Buches dieselben Punkte sein. Auch die Literaturhinweise sind sicher nicht vollständig – wir haben uns hier jedoch bewusst eine Beschränkung auferlegt, um nicht einen "wissenschaftlichen Apparat" vorzutäuschen, den das Buch nicht hat. Es ist eine Anleitung zum selbständigen übersetzerischen Arbeiten mit Texten – nicht mehr und nicht weniger. Und damit man auch überprüfen kann, ob die vielen Hinweise zum "professionellen Übersetzen" wirklich praktikabel sind, werden im Anhang zu allen Texten Übersetzungsvorschläge geliefert – Übersetzungs*vorschläge*, das muss betont werden, denn es ist ja klar, dass es bei einer funktionalen Übersetzung nicht darum gehen kann, die einzige und allein selig machende Übersetzung eines Textes herzustellen.
In diesem Sinne: Viel Spaß beim professionellen Übersetzen!

Colegio de Estudios Hispánicos

HOJA DE INSCRIPCION
(Registration form, Bulletin d'Inscription, Anmeldeformular)

2 FOTOS
2 PHOTOS

CURSOS INTERNACIONALES DE VERANO DE LENGUA Y CULTURA ESPAÑOLAS

Apellidos, Nombre ....
(Surname and Christian names, noms et prénoms, Name und Vornamen)

Nacionalidad ....
(Nationality, Nationalité, Staatsangehörigkeit)

Fecha de nacimiento ....
(Date of Birth, Date naissance, Geburtsdatum)

Profesión ....
(Occupation, Profession, Beruf)

Dirección ....
(Address, Adresse, Anschrift)

Pasaporte n.° .... Teléfono...
(Passport n°., Passeport n°., Reisepass Nr.)   Tel.

¿Cómo ha conocido al CEH?................... ....
(How did you hear of CEH? Comment avez-vous connu le CEH? Woher kennen Sie das C.E.H.?)

¿Ha asistido alguna vez a los Cursos CEH?...
(Have you attended previous CEH courses? Avez-vous déjà suivi les Cours CEH? Haben Sie schon einmal an einem Kurs am C.E.H. teilgenommen?)

¿Qué idiomas habla? ....
(What languages do you speak? Quelles langues parlez-vous? Welche Fremdsprachen sprechen Sie?)

IMPORTANTE

Enviar esta Hoja de Inscripción junto con dos fotografías y dos cupones de respuesta internacional
(2 photographs and 2 international reply coupons, 2 photos et 2 coupons de réponse internationale, 2 Passfotos und 2 Internationale Antwortscheine)

Send this form to: COLEGIO DE ESTUDIOS HISPANICOS
                          Calle Bordadores, n.° 1, bajo
                          37003 SALAMANCA, España
                          Teléf. (923) 21 48 37
                          Telex: 26800 BOX 249
Director: A: HERNANDEZ

INTERNATIONALE SOMMERKURSE FÜR SPANISCHE SPRACHE UND KULTUR

Juli, August, September

1.	Intensivkurs Spanisch	☐	☐	☐
2.	Intensivkurs Spanische Sprache und Kultur	☐	☐	☐
3.	Superintensivkurs Spanische Sprache und Kultur	☐	☐	☐
4.	Spezialintensivkurs Spanisch (Kleingruppen)	☐	☐	☐
5.	Spezialkurs Spanisch für Anfänger	☐	☐	☐
6.	2-Wochen-Crashkurs Spanisch	☐☐	☐☐	☐☐
7.	Spanische Sprache und Kultur	☐	☐	☐
8.	Spanische Sprache und Kultur für Fortgeschrittene	☐	☐	☐
9.	Zertifikatskurs Handelsspanisch	☐	☐	☐
10.	2-Monats-Diplomkurs Handelsspanisch	☐	☐	☐
11.	Zusatzkurs Fremdenverkehr und Öffentlichkeitsarbeit	☐	☐	☐
12.	Kurse für Schülerinnen und Schüler Höherer Schulen	☐	☐	☐
13.	Wahlkurse (Handelsspanisch, Konversation, Spanien heute, Spanische Kulturkunde, Spanische Folklore, Lateinamerikanische Literatur, Kontrastive Grammatik Spanisch-Englisch	☐	☐	☐
	Wahlkurs Spanische Volkslieder	☐	☐	☐
	Wahlkurs Spanische Gitarre	☐	☐	☐
14.	Andere moderne Fremdsprachen	☐	☐	☐

Spanischkenntnisse:

	Anfänger	Grundstufe	Mittelstufe	Fortgeschrittene
Mündlich	☐	☐	☐	☐
Schriftlich	☐	☐	☐	☐

UNTERKUNFT*

In Familien: Einzelzimmer ☐   Doppelzimmer ☐

Zimmer mit Küchenbenutzung: Einzelzimmer ☐   Doppelzimmer ☐

Studierendenwohnheim: Einzelzimmer ☐   Doppelzimmer ☐

Apartment ☐   Keine Unterkunft gewünscht: ☐   Reiseversicherung ☐

*Zutreffendes bitte ankreuzen!

Auf dem Titelbild:

SEAT-FERIEN
IN SPANIEN

Servicio de Asistencia en Carretera Seat. La mayor flota de Coches-Taller en las carreteras de España.

Carreteras nacionales, comarcales, interiores o costeras. No importa donde vaya, los coches-taller Seat estarán allí. Todos los días. Aunque sea domingo o festivo. Y le asistirán sin cobrarle la mano de obra. Tanto si su coche es Seat, como si no.

Disfrute de las vacaciones sin problemas. Los coches-taller Seat están en todas las carreteras de España.

First and Second class highways, small interior roads or near the coast, wherever you go, the SEAT workshop-vehicles will be there. Every day. Even on Sunday or holiday. They will assist you without charging you for work. Even if you car is not a SEAT. Enjoy your leave without problems! SEAT workshop-vehicles are present on every highway in Spain!

Routes nationales, départementales, communales ou côtières. Où vous alliez, les voitures de dépannage SEAT y seront aussi. Tous les jours que ce soit dimanche ou jours fériés. Et elles vous dépanneront que votre voiture soit une SEAT ou non.

Profitez de vos vacances sans problèmes. Les voitures de dépannage SEAT roulent sur toutes les routes d'Espagne.

Ob Sie auf großen oder kleinen Straßen, im Landesinnern oder an der Küste unterwegs sind – die Pannenservice-Fahrzeuge von SEAT sind jederzeit zur Stelle und helfen Ihnen kostenlos – sogar an Sonn- und Feiertagen. Auch wenn Sie keinen SEAT fahren. Genießen Sie einen sorgenfreien Urlaub in Spanien – der SEAT-Pannenservice ist auf allen Straßen für Sie da!

Strade nazionali, regionali, interne o costiere. Non importa dove Lei andrà, le macchine-officina SEAT saranno lì. Ogni giorno. Benché sia domenica o giorno festivo. E la assisteranno senza esigerle la mano d'opera. Tanto se la Sua macchina è SEAT, quanto se non lo è.

Si diletti delle Sue vacanze senza problema. Le macchine-officina SEAT sono in ogni strada di Spagna.

Donde vea esta señal, encontrará un Servicio de Asistencia de la Red Seat.

Si su coche es Seat, Audi o Volkswagen, podrá ser atendido en más de 1000 talleres de Asistencia de la Red Seat.

Incluso en domingos y festivos, la Red Seat cuenta con 200 talleres de guardia, que estarán abiertos para solucionarle cualquier problema.

If you car is a SEAT, an Audi or a Volkswagen, it can be looked after in any of the thousand service workshops pertaining to the SEAT-network.

200 workshops on duty, even on Sundays and holidays, will solve your problems.

Si votre voiture est une Seat, Audi ou Volkswagen, vous pourrez être assisté dans n'importe quel atelier de réparation du réseau SEAT.

Même les dimanches et jours fériés, le réseau Seat met à votre disposition 200 ateliers de garde qui resteront ouverts pour résoudre le moindre problème.

Wenn ihr Auto ein SEAT, Audi oder Volkswagen ist, können Sie eine der über 1000 SEAT-Werkstätten in Anspruch nehmen, die mit dem abgebildeten Schild gekennzeichnet sind. 200 davon sind auch an Sonn- und Feiertagen dienstbereit, um all ihre Probleme rund ums Auto zu lösen.

Se la Sua macchina è SEAT, Audi o Volkswagen, Lei potrà essere attenduto in ognuna delle mille officine d'assistenza della Rete SEAT.

Anche la domenica ei giorni festivi la Rete SEAT conta sulle 200 officine di guardia che resteranno aperte per risolvere qualsiasi problema.

 **Teléfono Rojo
de la Red Seat 24 horas.
Problema resuelto.**

Además la Red Seat pone a su disposición un servicio telefónico permanente. EL TELEFONO ROJO DE LA RED SEAT.
Marque el (91) 754 33 44 y recibirá toda la información sobre los Puntos y los Talleres de Guardia más cercanos a donde usted se encuentre, o le ayudará localizando las grúas de Asistencia y Concesionarios para ir en su auxilio.

Besides the Chain Seat put at your disposal an allday telephonic service. THE RED LINE OF THE CHAIN SEAT.
Dial the (91) 754 33 44 and you will receive all the information about the nearest places and garages on guard, or you will be helped finding the assistance cranes and concessionaires to come to your aid.

En plus le Réseau Seat met à votre disposition une permanence téléphonique. LE TELEFONE ROUGE DU RESEAU SEAT.
Composez le (91) 754 33 44 et soit vous recevrez toute sorte d'information sur les centres et les ateliers de garde les plus proches, soit nous vous indiqueront les grues d'assistance et les concessionaires que vous déponneront.

Außerdem bietet SEAT Ihnen einen 24-Stunden-Telefonservice: das ROTE TELEFON des SEAT-Vertragsnetzes.
Unter der Telefonnummer (91) 7 54 33 44 sagen wir Ihnen, wie Sie den nächsten Stützpunkt des Pannenservice oder die nächste dienstbereite Werkstatt erreichen. Wir verständigen auch für Sie, wenn nötig, einen Abschleppdienst oder eine Vertragswerkstatt, die Ihnen helfen können.

Inoltre la Rete Seat mette alla vostra disposizione un servicio telefonico permanente. IL TELEFONO ROSSO DELLA RETE SEAT.
Telefoni al (91) 754 33 44 e ricevra tutta l'informazione sui loughi e ufficine di guardiai piu vicini da dove lei si trovi, o la aiutera i trovando la gru di assistenza e concessionari per venire nel vostro aiuto.

FRISCHE SARDINEN – EMPFEHLEN WIR IHNEN!

Spanische Sardinen sind immer gut. Aber jetzt ist ihre beste Zeit.
Ob aus dem Atlantik oder aus dem Mittelmeer, von den
Kanarischen Inseln, aus Andalusien oder Galicien – frische
spanische Sardinen sind ein wohlschmeckendes, vollwertiges
Nahrungsmittel mit viel Eiweiß, Mineralstoffen und Vitaminen. Und sie lassen sich immer wieder
anders zubereiten.
So isst man Sardinen zum Beispiel „a la española":

GEGRILLT
Ob zu Hause oder im Freien – immer ein
Hochgenuss!

EINGELEGT
In einer herzhaften Marinade. Im Hochsommer
eine kühle Erfrischung!

PANIERT
Kurz säubern, in Mehl und Ei wenden und
dann in die Pfanne – ein Gaumenschmaus!

IM TEIG
Eine leckere Pastete oder Quinche, in Portionen
so praktisch fürs Picknick!

GEFÜLLT
Mit feingehacktem rohen Schinken, hart
gekochtem Ei und etwas Pfeffer im Backofen
gedünstet – Mmmh!

ODER ROH
Eine meeresfrische, gründlich gesäuberte
Sardine, nur mit Zitronensaft und einer Prise
Salz – einmal ganz was anderes!

SPANISCHES MINISTERIUM FÜR LANDWIRTSCHAFT, FISCHEREI UND ERNÄHRUNG

Potax

Potax

KARAMELLO
VANILLEPUDDING

FAMILIENPACKUNG
6 Beutel

Dieser Pudding ist nicht nur besonders schmackhaft, sondern er enthält auch – mit Milch und Zucker zubereitet – alle Nährstoffe, die der Körper braucht: Fett, Kohlenhydrate und Eiweiß. POTAX-Karamello ist also eine leckere Süßspeise und gleichzeitig auch ein vollwertiges Nahrungsmittel!

1 Beutel Potax-Karamello, mit ½ l Milch und 50 g Zucker zubereitet, enthält:

Eiweiß	16,5 g
Fett	19,0 g
Kohlenhydrate	52,3 g
Brennwert	453 Kal/
	1096 Joule

Die Packung enthält 6 Beutel für je ½ l Milch.

24
Portionen

ZUTATEN:
Maisstärke, Vanillin,
Farbstoffe E 102 und E
110

Hergestellt durch:
CPC España AG
División Consumo
Tasada y Beltrán
Vía Augusta 59
Barcelona 6
Spanien

Mindestens haltbar bis:

....

CPC-Garantie
Wir garantieren die einwand-
freie Qualität dieses Produkts. Sollten Sie dennoch
einmal nicht zufrieden sein,
schicken Sie uns eine Pa-
ckungslasche mit einer kurzen Erklärung Ihrer Bean-
standung an Apdo. 9459,
Barcelona. Sie erhalten sofort den Kaufpreis zurück!

KARAMELLO VANILLEPUDDING

ZUBEREITUNG

Für die Zubereitung als Pudding benötigen Sie:
½ l Milch und 2 Essl. Zucker (40 g)
Von der Milch eine Tasse (6 Essl.) abnehmen
und mit dem Beutelinhalt verrühren. Die restli-
che Milch mit dem Zucker zum Kochen bringen,
das angerührte Puddingpulver hineingeben und
unter ständigem Rühren noch einmal aufkochen
lassen. Sobald der Pudding dick wird, von der
Kochstelle nehmen, in eine mit Karamell* aus-
gestrichene Schüssel geben und abkühlen lassen. Später stürzen.
*Für den Karamell 100 g Zucker mit 50 ccm
Wasser bei schwacher Hitze langsam schmelzen lassen. Dann die Temperatur erhöhen und,
ohne zu rühren, solange kochen, bis der Sirup
goldbraun ist.
Für die Zubereitung als Kremspeise benötigen
Sie:
¾ l Milch und 2 Essl. Zucker (40 g)
Die Zubereitung erfolgt wie beim Pudding.
Für die Zubereitung als Tortenfüllung benötigen
Sie:
¼ l Milch und 4 Essl. Zucker (80 g).
Die Zubereitung erfolgt wie beim Pudding. Vor
dem Erkalten auf den Tortenboden streichen.

Rückseite des Beutels:

ZUTATEN:
Maisstärke, Vanillin
Farbstoffe E 102 und § 110.
Hergestellt durch: ... (siehe Seitenlasche)

Aus der spanischen Wochenzeitschrift "Tiempo" vom 19.12.1988, S. 138:

SÜSSE SPEZIALITÄTEN

13. Jahrhundert, Mittelmeerraum

Der Turrón – Von maurischen und jüdischen Zuckerbäckern im alten Spanien für christliche Feinschmecker komponiert

Diese beliebte spanische Weihnachtsspezialität ist schon sehr alt. Höchstwahrscheinlich wurde sie von maurischen oder auch jüdischen Konditoren erfunden. Der Turrón kam zwischen dem 11. und 12. Jahrhundert zuerst in Spanien und dann in Italien und Frankreich auf. Bereits im 13. Jahrhundert war er in seiner heutigen Form, also als eine Masse aus gerösteten oder ungerösteten geschälten Mandeln und Honig, mit zusätzlich oder stattdessen verwendeten anderen Zutaten (Eiweiß, Gelatine, Haselnüsse, Walnüsse, Pinienkerne), in der Gegend von Valencia bekannt.

Für den Namen gibt es verschiedene Erklärungen. In einem katalanischen Weihnachtslied aus der ersten Hälfte des 15. Jahrhunderts heißt es bereits: „Es gab ihnen Klümpchen (*terronets*) und Teigschiffchen, wer welche hatte...", und diese *terronets* sind dann vielleicht als *torroni* ins Neapolitanische gelangt. Die Spanische Sprachakademie dagegen leitet das Wort von dem altspanischen Verb *turrar* ("rösten", von lat. *torrere*) ab, weil ja die Mandeln, Haselnüsse oder Pinienkerne mit Honig geröstet werden. Der Turrón ist mit dem südfranzösischen Nougat eng verwandt – sie haben wahrscheinlich die gleiche Herkunft – und auch mit dem so genannten „Guirlache" aus gerösteten Mandeln und Karamell, der erst im 19. Jahrhundert in Spanien populär wurde und dessen Name von frz. *grillage* (ebenfalls „Rösten") abgeleitet sein soll.

Heute gibt es sehr viele verschiedene Turrón-Sorten. Zu den beliebtesten gehören der **Turrón de Jijona** aus gehackten süßen und bitteren Mandeln und Honig – davon werden mehr als 5000 Tonnen jährlich produziert –, der **Turrón de Alicante** aus Zucker und ganzen Mandeln, der **Turrón de crema** oder **Turrón de yema** mit Sahne bzw. Eigelb und einer karamellisierten Oberfläche, der schon erwähnte **Guirlache** und der sehr süße, besonders hübsch aussehende **Turrón de Mazapán**, der Marzipan-Turrón.

■ KARLCHEN
Romeu

Gemeinschaftsanlagen:

— Swimmingpool mit Kinderplanschbecken.
— 2 Tennisplätze.
— 2 Ballwände.
— 2 Squash-Courts.
— Sportplatz.
— Gymnastikhalle.

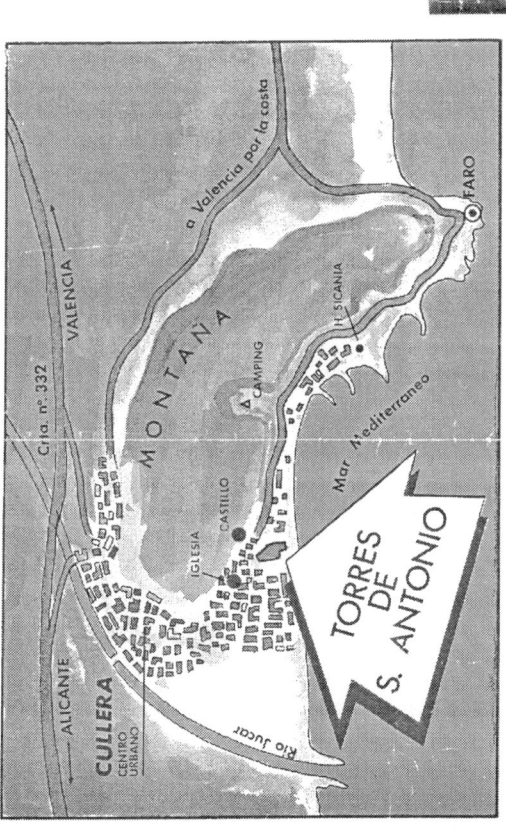

— Sauna.
— Kinderspielplatz.
— Gemeinschaftsräume (auf 2 Etagen mit insgesamt 600 m²).
— Tiefgaragen (2 Parkdecks mit ausreichend Stellplätzen für alle Wohnungen).

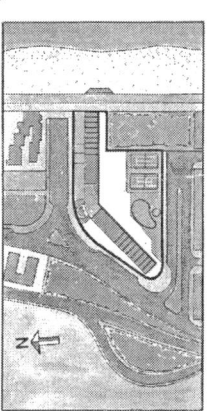

Wo die Playa de San Antonio am ruhigsten ist entsteht unsere Wohnanlage "TORRES DE SAN ANTONIO" mit den besonderen Vorteilen:

— Exklusiver Standort, direkt am Strand.
— Sonnige Südlage.
— Außergewöhnliche Architektur.
— Erstklassige Bauqualität.

3-, 4- und 5-Zimmerwohnungen, auch als Maisonette-Wohnungen.

Recorriendo los parajes de "CAÑAS Y BARRO", visitando el Museo Nacional de Cerámica

DE MARTES A SABADOS
(excepto festivos) • TARDES

Salida frente a la Oficina Municipal de Turismo (Ayuntamiento), a las 16'00 horas. **(Durante los meses de Junio, Julio, Agosto y Septiembre, salida a las 17'00 horas.)**

ITINERARIO: Se inicia visitando el **Museo Nacional de Cerámica.** A continuación, recorrido hasta la Albufera, la más importante zona arrocera de España. Se visitará una "barraca", típica vivienda del labrador valenciano, y posteriormente se realizará un paseo en barca típica por el lago de la Albufera. A continuación, recorrido por la Urbanización Turística de la Dehesa del Saler, para regresar a Valencia.

> Precio por persona: 1.500 Ptas.

FROM TUESDAYS TO SATURDAYS
(except Holidays) • IN THE AFTERNOON

Departure in front of the Tourist Office (Town Hall), at 4.00 p. m. **(During the months of June, July, August and September, departure at 5.00 p. m.)**

ITINERARY: The tour starts with a visit to the **National Ceramics Museum,** drive along the Harbour in order to arrive at the "Albufera", the most important rice area in Spain. A visit will be paid to a "Barraca", typical house of the valencian farmer continuing with a sailing by boat along the picturesque Albufera Lake. Afterwards, drive along the Tourist resort of the "Dehesa del Saler", returning at Valencia.

> Price per person: 1.500 Ptas.

DIENSTAGS BIS SAMSTAGS
(nicht an Feiertagen • NACHMITTAGS

ABFAHRT um 17.00 (Juni-September) bzw. 16.00 Uhr (Oktober-Mai) vor der Tourist-Information am Rathaus.

PROGRAMM: Zuerst Besichtigung des Nationalen Keramikmuseums im Rathaus. Busfahrt durch das bedeutendste Reisanbaugebiet Spaniens zur Lagune "La Albufera". Besichtigung einer "barraca", des typischen valencianischen Bauernhauses, und Bootsfahrt auf dem See. Der Rückweg nach Valencia führt durch eine moderne Feriensiedlung in der Nähe von El Saler.

> Preis pro Person: 1.500 Ptas.

MUSEOS DE PINTURA CATEDRAL · LA LONJA

DE MARTES A SABADOS
(excepto festivos) • MAÑANAS

Salida frente a la Oficina Municipal de Turismo (Ayuntamiento), a las 10'00 horas.

ITINERARIO: Comienza el recorrido visitando el **Museo Histórico Municipal** y **Palacio del Ayuntamiento,** para proseguir hacia la **Lonja de Mercaderes,** el Mercado Central y **la Catedral,** en cuya Puerta de los Apóstoles se reúne, todo los jueves, el famoso **Tribunal de las Aguas,** para juzgar los asuntos de la Huerta Valenciana. Posteriormente, se realizará una visita exterior a las Torres de Cuarte y Serranos y al **Museo de Bellas Artes.**

> Precio por persona: 1.500 Ptas.

FROM TUESDAYS TO SATURDAYS
(except Holidays) • IN THE MORNING

Departure in front of the Tourist Office (Town Hall), at 10'00 a. m.

ITINERARY: The tour starts visiting the **Municipal Historic Museum** and the **Town Hall Palace,** proceeding afterwards to the **Mercant's "Lonja",** the Central Market and **the Cathedral,** with the Apostle's Gate, where the meeting of the famous **"Jury of the Waters"** is held every Thursday in order to solve the problems of the Valencian fields. Later on, outside view of the Towers of Cuarte and Serranos and the **"Bellas Artes"** Museum.

> Price per person: 1.500 Ptas.

DIENSTAGS BIS SAMSTAGS
(nicht an Feiertagen) • VORMITTAGS

TREFFPUNKT: Vor der Tourist-Information am historischen Rathaus um 10.00 Uhr.

PROGRAMM: Zuerst Führung durch Historisches Museum und Rathaus. Weiterfahrt zur Seidenbörse, den Markthallen und zur Kathedrale, vor deren Hauptportal jeden Donnerstag das historische Wassergericht zusammen tritt, um Streitigkeiten bei der Verteilung des Wassers zur Bewässerung der Felder um Valencia zu schlichten. Abschließend Besichtigung der Toranlagen Torres de Cuarte und Torres de Serranos und des Museums der Schönen Künste (keine Führung).

> Preis pro Person: 1.500 Ptas.

> ## *Galerías Preciados*
> ## *Ihr Kaufhaus in Valencia*
> ## *Calle de Colón 27*
> *Mode und Accessoires, Haushaltswaren, Alles für die Reise, Lederwaren, Sportartikel, Bücher und Musik, Andenken, Cafetería.*
> *Wir akzeptieren Kreditkarten und ausländische Währung.*

ALLGEMEINE GESCHÄFTSBEDINGUNGEN

Der Preis für die in diesem Programm aufgeführten Rundfahrten und Ausflüge umfasst Busfahrt, Eintrittsgelder und Reiseleitung. Extras sind nicht eingeschlossen.
Änderungen der Preise, Zeitpläne und Routen sind vorbehalten und werden dem Kunden vor Beginn der Veranstaltung mitgeteilt. Akzeptiert der Kunde die Änderungen nicht, so kann er bei der fahrkartenausgebenden Stelle die Erstattung des Fahrpreises beantragen. Anspruch auf Entschädigung oder teilweise Erstattung des Fahrpreises besteht nicht. Nach Beginn der Veranstaltung sind die Teilnehmer verpflichtet, sich an die Anordnungen der Reiseleitung zu halten. Diese ist befugt, im Falle unvorhergesehener Ereignisse, seien sie privater oder öffentlicher Natur, die erforderlichen Programmänderungen vorzunehmen. Das Verlassen der Gruppe aus vom Veranstalter nicht zu vertretenden Gründen zieht den Verlust jeglichen Anspruchs auf Kostenerstattung oder Entschädigung nach sich. Der Veranstalter tritt als Vermittler zwischen dem Kunden und dem Transportunternehmen, Restaurant oder anderen Leistungsträgern auf. Er übernimmt keine Haftung für Verspätungen, Verluste, Unfälle, Sachschäden oder andere Beeinträchtigungen. Mit der Anmeldung zu einer der aufgeführten Veranstaltungen erklärt sich der Kunde mit diesen Allgemeinen Geschäftsbedingungen einverstanden.
Der Veranstalter behält sich das Recht vor, je nach Saison die Zahl der in diesem Programm aufgeführten Veranstaltungen zu erhöhen oder zu verringern.

SPANISCHER BISKUIT "AMALIA"
(für 4 Personen)

Zutaten:
3 Eigelb
4 Essl. Zucker
2 geh. Essl. Mehl
3 Eiweiß
Vanillezucker
Etwas Kompott oder Konfitüre zum Verzieren

Das Eigelb mit Zucker und Vanillezucker in einer Schüssel schaumig schlagen und nach und nach das Mehl zugeben. Das Eiweiß zu sehr steifem Schnee schlagen und vorsichtig unter den Eigelbkrem ziehen. Den Teig in eine gut eingefettete runde Form geben und bei leichter Mittelhitze (175 – 195 Grad) auf der mittleren Schiene ca. 30 Min. backen. Abkühlen lassen, aus der Form nehmen und mit dem Kompott oder der Konfitüre verzieren.

Tipp: Der Biskuit schmeckt besonders gut mit Pfirsich- oder Aprikosenmarmelade!

Vergleichstext (Einlegeblatt im spanischen Original)
HUERTO DEL CURA

Mit seinen 600 000 Palmen wahrscheinlich phönizischen Ursprungs ist der Palmenhain von Elche wahrscheinlich der bedeutendste Palmenhain Europas. Seine landschaftliche Schönheit und sein kultureller Wert sind weltberühmt.

Der „Huerto del Cura" (Pfarrgarten), ein Teilstück des Palmenwaldes mitten in der tausendjährigen Stadt, bietet auf seinen 13000 qm einen Überblick über die reiche Vegetation und die Gartenbaukunst der Region.

Seine berühmten Palmen gehören fast alle zur Gattung der Echten Dattelpalme (phoenix dactylifera), die ursprünglich aus Persien stammt und später in Afrika heimisch wurde. Sie werden teilweise 250 bis 300 Jahre alt und bis zu 30 m hoch. Die Datteln werden im Dezember geerntet und sind weit und breit als besonders süß und saftig bekannt.

Die Palmenblätter werden zum Bleichen eingebunden und am Palmsonntag bei der Prozession als Schmuck verwendet; sie dienen aber auch der Herstellung von Körben, Hüten, Besen und Souvenirs.

Unter den Palmen im Pfarrgarten wachsen andere typische Pflanzen des spanischen Mittelmeerraumes wie Zitronen-, Orangen-, Granatapfel- und Johannisbrotbäume. Menschliche Phantasie und das günstige Klima haben es möglich gemacht, dass hier nicht nur tropische Pflanzen gedeihen, sondern auch zahlreiche tropische Blumen und andere Gewächse, unter anderem eine große Vielfalt an Kakteen.

Der Pfarrgarten verdankt seinen Namen dem Kaplan José María Castaño, dem er bis 1918 gehörte. Er stammte aus einer Gärtnerfamilie in Elche und hatte die Liebe zu den Palmen von seinen Eltern geerbt. Sein im einheimischen Stil erbautes Elternhaus ist noch erhalten und ist vor allem deshalb interessant, weil Palmenstämme als Quer- und Stützbalken dienen.

Gegenüber dem Haus befindet sich ein kleiner Teich, die „Alberca de la Dama", mit einer Kopie der berühmten „Dama de Elche", die sich im Wasser spiegelt. Es handelt sich um eine iberisch-phönizische Büste, die 1987 hier gefunden wurde und deren Original im Madrider Prado-Museum zu sehen ist. Die Nachbildung soll an die Verbundenheit des Kunstwerks mit dieser Landschaft erinnern.

Besondere Erwähnung verdient die „Palmera Imperial" (Kaiserinnenpalme, die Kaiserin von Österreich („Sissy") gewidmet ist. Diese Palme, die mit ihren acht Armen wie ein Kandelaber aussieht, ist ein echtes botanisches Wunder: Obwohl sie zunächst bis zum Alter von 65 oder 70 Jahren eine männliche Palme war, schlugen dann aus ihrem Stamm sieben neue Stämme aus, die alle aus dem gemeinsamen Grundstamm ernährt werden. Diese Veränderung wurde erstmals 1880 von Kaplan Castaño beobachtet; die Palmera Imperial ist etwa 150 Jahre alt – im Vergleich zu der möglichen Lebensdauer von 300 Jahren also noch verhältnismäßig jung. Es gibt noch weitere, meist wesentlich jüngere mehrarmige Palmen, bei denen jedoch die neuen Sprossen ganz unten aus dem Stamm wachsen. Man nimmt an, dass sie durch die in den Nähe stehenden Palma Imperial befruchtet wurden. Hervorzuheben ist hier die „Palma de l'alba", die wie ein Feuerwerk aussieht. Sie weist noch eine weitere Besonderheit auf: einer ihrer Arme trägt, obwohl männlich, manchmal Datteln. Dieses doppelgeschlechtliche Verhalten ist bei Palmen sehr selten; sie sind in der Regel eingeschlechtlich.

Im Pfarrgarten sind auch einige Denkmäler von Personen zu sehen, die mit der Geschichte verbunden sind: König Jaime I. von Aragonien, der Elche eroberte und erstmals das Fällen der Palmen verbot; Kaiserin Elisabeth von Österreich, die 1894 die Stadt besuchte; der Heimatforscher Juan Orts Román, Mitglied der spanischen Akademie der Schönen Künste und letzter Besitzer des Pfarrgartens bis zu seinem Tod im Jahre 1958, der den Garten zu dem machte, was er heute ist. Sein Leben und seine Forschung widmete er dem Garten und den Palmen, seinen „Geschwistern".

Der Pfarrgarten wurde 1943 unter Naturschutz gestellt.

Vergleichstext (aus der deutschsprachigen Version des Granada-Prospekts)

DIE ALHAMBRA

Die Alhambra ist eine auf dem nach ihr benannten Hügel gelegene Palaststadt, die durch ein System von Türmen und Mauern geschützt war. Ursprünglich wurde sie als Festung errichtet. Im Jahre 1238 beschloss Alhamar, der erste König der Nasriden-Dynastie, welche die Alhambra erbaute, den Hof von El Albaicín, dem Hauptzentrum der muselmanischen Bevölkerung, auf den benachbarten Hügel zu verlegen. Der Vormarsch der christlichen Heere, der den Rückzug der Araber nach Süden auslöste, brachte ein Anwachsen der Bevölkerung mit sich, und Granada verwandelte sich in die Hauptstadt eines bedeutenden Reiches, welches der letzte Stützpunkt der arabischen Herrschaft in Spanien sein sollte. Alhamar empfand die Notwendigkeit, sich in einer neuen Festun zu verschanzen, während er gleichzeitig durch diese neue, strategisch günstig gelegene und die Gegend beherrschende Anlage seiner königlichen Macht neuen Glanz verlieh.

Die auf Alhamar folgenden Könige erweiterten und vervollständigten diese Anlage. Die wichtigsten Reformen und Bauten wurden von Abul Hachach Yusuf I. und seinem Sohn und Nachfolger Mohamed V. durchgeführt, auf welche fast alle auf uns überkommenen Bauteile zurückgehen. Yusuf I. liess die Alcazaba und die Paläste umgestalten, ergänzte den ummauerten Bezirk durch einen weiteren, zu dem die Puerta de la Justicia Zulass gewährte, und liess die zahlreichen Türme, deren Zahl über dreissig lag und von denen einige wie die Torre de las Infantas und die Torre de la Cautiva kleine Paläste waren, vergrössern und ausschmücken. Er bereicherte und erweiterte den später Torre de Machuca genannten Turm, die Bäder und das Cuarto de Comares, und Mohamed V., der dieses Werk fortsetzte, vervollständigte dieses Gemach, indem er es mit einem monumentalen Eingang ausstattete, erneuerte die Dekoration des Innenhofs und der Sala de la Barca und liess schliesslich den Patio de los Leones und sämtliche an ihn angrenzenden Räume anlegen.

Es gehört zum Wesen dieses zu den Weltwundern zählenden gewaltigen Monuments, dass es eine freie und ungehinderte Aussicht in alle vier Himmelsrichtungen bietet.

Die Türme, Mauern und Paläste, deren Formen und Funktionen orientalischen Geist ausströmen, liegen in verschiedener Höhe im Gelände. Die Alhambra kann daher nicht als ein einem bestimmten Stil zugehöriges Monument definiert werden; sie ist vielmehr der unverfälschte Ausdruck einer in die granadinische Landschaft verpflanzten arabischen Kultur, deren Wurzeln über fünf Jahrhunderte lang in spanischem Boden verhaftet waren und auch von ihm beeinflusst wurden.

Nach der Reconquista führte die Alhambra als von Mauern umschlossene Stadt ihr Eigenleben weiter und hatte eigene Statthalter. Die christlichen Könige führten Reformen ein, Kaiser Karl V. befahl den Bau eines Palastes und liess an der Stelle, an der die Moschee gestanden hatte, die Kirche Santa María errichten.

Der Bezirk der Alhambra besteht aus drei verschiedenen Sektoren, aus der Alhambra, aus den Palästen und Gärten des Partal sowie aus den Türmen und El Secano.

DIE ALHAMBRA

Die Palaststadt Alhambra liegt, mit Türmen und Mauern bewehrt, auf dem nach ihr benannten Berg. Ursprünglich war sie als Festung gedacht. Alhamar, der erste König der Nasridendynastie, unter deren Herrschaft die Alhambra erbaut wurde, beschloss im Jahre 1238, seinen Hof vom Albaicín, dem Siedlungskern der muselmanischen Bevölkerung, auf die benachbarte Anhöhe zu verlegen. Durch den Vormarsch der christlichen Heere und den damit verbundenen Rückzug der Araber nach Süden war die Bevölkerung stark angewachsen und Granada zur Hauptstadt eines bedeutenden Königreiches geworden, das später der letzte Stützpunkt maurischer Herrschaft in Spanien werden sollte. Daher wollte sich Alhamar in einer neuen Festung verschanzen. Gleichzeitig wuchs so seine königliche Macht durch die strategisch günstig gelegene, alles beherrschende Burg.

Alhamars Nachfolger erweiterten die Anlage noch. Die wesentlichen Um- und Neubauten zu der heute vor uns liegenden Gestalt sind Jussuf I. und seinem Sohn und Nachfolger Mohammed V. zu danken. Jussuf I. ließ die Alcazaba (Zitadelle) und den Königspalast umgestalten, ergänzte den ummauerten Bezirk durch einen weiteren, den man durch die Puerta de la Justicia (Tor der Gerechtigkeit) betritt, und vergrößerte und verschönerte die über dreißig Türme. Einige von diesen waren richtige kleine Paläste, wie zum Beispiel die Torre de las Infantas (Turm der Infantinnen) und die Torre de la Cautiva (Turm der Gefangenen). Er baute auch den später als Torre de Machuca bekannten Turm aus, die Bäder und das so genannte Cuarto de Comares, den offiziellen Wohnpalast. Dieser typisch maurische Bau wurde dann von Mohammed V. vollendet und mit einem prächtigen Eingang ausgestattet. Mohammed erneuerte auch die Dekoration des dazugehörigen Innenhofs und der Sala de la Barca (Segenhalle) und ließ schließlich den Patio de los Leones (Löwenhof) und die daran angrenzenden Gemächer anlegen.

Der Zauber dieser Anlage, die zu den schönsten Sehenswürdigkeiten der Welt gehört, beruht vor allem auf ihrer Lage, die einen freien Blick in alle vier Himmelsrichtungen gewährt. Ihre Türme, Mauern und Paläste stehen wie hingewürfelt hier und da auf unterschiedlichen Höhen und vermitteln mit ihren Bögen und Durchblicken eine orientalische Atmosphäre. Daher kann man die Alhambra nicht einem bestimmten Stil zuordnen; sie ist der unverfälschte Ausdruck einer arabischen Kultur, die in die granadinische Landschaft verpflanzt wurde, aber auch geprägt ist von einer fünfhundertjährigen Geschichte auf spanischem Boden.

Nach der Rückeroberung Spaniens im Jahr 1492 ging in der Alhambra das Leben einer Festungsstadt weiter; Statthalter wurden eingesetzt; die christlichen Könige führten neue Umbaumaßnahmen durch. Kaiser Karl V. ließ sich einen Palast errichten, und an der Stelle, an der die Moschee gestanden hatte, wurde die Iglesia de Santa Maria gebaut.

Der Gesamtkomplex der Alhambra besteht aus drei Teilen: der Palastanlage Alhambra und den Türmen und Gärten von El Partal und El Secano.

Anhang: Übersetzungsvorschläge

DAS DORF UND DER GOLDSCHATZ

Beim Pflügen findet ein Bauer zufällig einen Goldschatz aus keltiberischer Zeit, der das Leben eines kleinen Dorfes in Aufruhr bringt. Nachdem die Sache gemeldet worden ist, kommt eine Gruppe von Archäologen; sie werden von den Dorfbewohnern, die nun ihrer eigenen Habgier freien Lauf lassen, mit großem Argwohn betrachtet. Das ganze Dorf ist der Meinung, dass eine Entschädigung, die ja immer gering ist, nicht ausreicht. Es entsteht eine feindselige Stimmung gegen die Archäologen; man will, dass der Schatz im Dorf bleibt. Die Feindseligkeit geht sogar bis zur Morddrohung. Drei Tage lang werden die Archäologen von den Dorfbewohnern unter Führung ihres Bürgermeisters im Dorf festgehalten.

Das zentrale Thema, der Kern, dieser linear erzählten Geschichte ist die geschlossene Haltung des ganzen Dorfes: Die Gewalttätigkeit der ungebildeten Dorfbewohner mit ihren ganz elementaren Grundsätzen wird dem vernunftbestimmten Verhalten der staatlichen Archäologen gegenübergestellt. Die bewusst vereinfachende Darstellung verdeutlicht die Kluft zwischen den beiden Gruppen, die sich den so sehr begehrten Fund streitig machen. Aber gleichzeitig werden auch die selbstherrlichen Regierungsbeamten, die Politiker mit ihren demagogischen Reden und die feinen Herren aus der Stadt, die sich über die Leute vom Lande lustig machen, der Lächerlichkeit preisgegeben.

„Ein paar knapp, aber ausreichend charakterisierte Personen in der Landschaft der tiefsten Provinz provozieren eine Tragödie, die alle schlimmen Leidenschaften zum Vorschein kommen lässt, die auf dem Boden der Unbildung und, in ihrem Gefolge, der Unzivilisiertheit gedeihen." (Santos Sanz Villanueva in der spanischen Tageszeitung (*Diario 16*)

„Delibes benötigt keine verfremdete Sprache, keine verkorksten Personen, keine umständliche Handlung. Scheinbar mühelos gelingt es ihm, mit seinen Erzählungen Überraschung, Anteilnahme, Schmerz und Spannung hervorzurufen." (José García Nieto in der Madrider Tageszeitung *ABC*)

SEGAD GESCHIRRSPÜLAUTOMAT

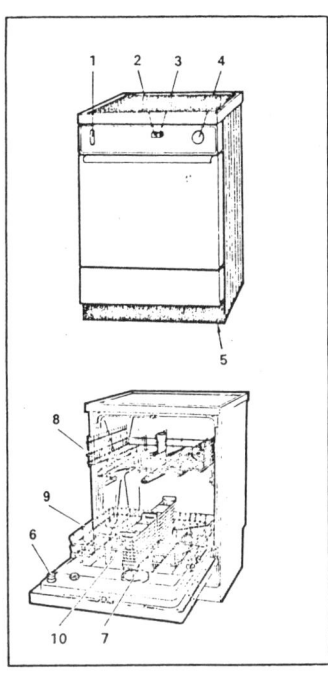

BESCHREIBUNG DES GERÄTS

1. Vorratsanzeiger für Klarspülmittel
2. Türöffnungstaste
3. Schalter EIN/AUS
4. Programmwahlschalter

   ACHTUNG: Den Programmwahlschalter nicht bei eingeschaltetem Gerät betätigen!
5. Höhenverstellbare Füße
6. Vorratsbehälter für Klarspülmittel
7. Behälter für Reinigungsmittel
8. Oberer Geschirrkorb für kleine Geschirrteile
9. Unterer Geschirrkorb für große Geschirrteile
10. Besteckkörbe

TECHNISCHE DATEN

Abmessungen:
Höhe 85 cm, Breite 59,9 cm, Tiefe 59,5 cm

Gewicht: etwa 57 kg netto

Fassungsvermögen: 12 internationale Maßgedecke

Innentür: Rostfreier Edelstahl

Fassungsvermögen des Salzbehälters: 1,5 kg

Fassungsvermögen des Vorratsbehälters für Klarspülmittel: 130-150 ccm

Motorleistung: 0,5 kW

Pumpenleistung: 1 kW

Heizleistung: 2 kW

Anschlusswert: 2,5 kW

Elektrischer Anschluss: 220 V Wechselstrom, Absicherung 16 A

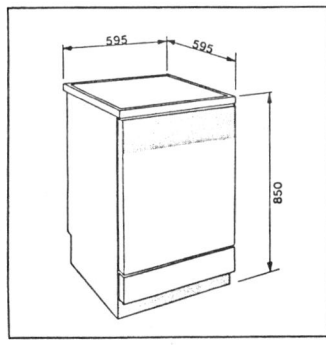

BEDIENUNGSANLEITUNG

Wasserenthärtung
Verschluss des Salzbehälters aufschrauben und vor dem ersten Gebrauch ca. 1 l Wasser und 1,5 kg grobkörniges Haushaltssalz oder Spezialregeneriersalz mit dem beiliegenden Trichter einfüllen.

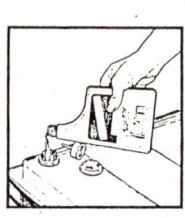

Der Salzverbrauch hängt von der Wasserhärte ab. Um festzustellen, ob die Salzkonzentration für die Regenerierung der Enthärtungsanlage noch ausreichend ist, beigefügte rote Kontrollscheibe in den Salzbehälter geben. Solange die Scheibe schwimmt, ist die Salzkonzentration ausreichend; wenn sie absinkt, muss Salz nachgefüllt werden.

Das Nachfüllen sollte immer unmittelbar vor einem Spülgang erfolgen. Wenn Sie nach dem Nachfüllen nicht gleich spülen wollen, wenigstens einen Vorspülgang durchlaufen lassen (Programm 5).

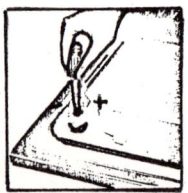

Dosierung des Klarspülers
Klarspüler in den Vorratsbehälter füllen. Die Dosierung hängt unter anderem von der örtlichen Wasserhärte ab. Das Gerät ist werkseitig für eine mittlere Wasserhärte eingestellt. Wenn das Spülergebnis nicht befriedigend ist, kann die Klarspülermenge durch Linksdrehen der Schraube erhöht bzw. durch Rechtsdrehen verringert werden (Abb.). Eine Vorratsanzeige für Klarspülmittel befindet sich an der Bedienungsblende.

Dosierung des Reinigers
ACHTUNG: Nur für Haushaltsspülmaschinen geeignetes Reinigungsmittel verwenden!
Für den Normalspülgang Reiniger in den Behälter geben. Behälter durch Drehen des Deckels in Pfeilrichtung bis zum Anschlag verschließen.

Für den Vorspülgang oder bei stark verschmutztem Geschirr zusätzlich Reiniger in die Deckelmulde geben. Etwa die Hälfte der für den Normalspülgang empfohlenen Reinigermenge verwenden.
Für ein gutes Spülergebnis unbedingt die vom Hersteller empfohlene Reinigermenge verwenden.

In der Regel muss die Reinigermenge erhöht werden, wenn
- Fettspuren auf dem Geschirr zurückbleiben,
- Stärke- und Eiweißreste in Form von dunklen Flecken auf dem Geschirr zurückbleiben.

Die Reinigermenge muss verringert werden, wenn
- starke Schaumreste im Filter zurückbleiben.

Der Hersteller empfiehlt CALGONIT-Produkte.

Gebrauchsinformation.
Bitte sorgfältig lesen!

EGARONE
Schnupfenmittel mit Langzeitwirkung

Zusammensetzung
EGARONE-Spray für Erwachsene

Oximetazolin .... 50 mg
Benzalconiumchlorid .... 20 mg
Lisozimchlorid .... 300 mg
Alantoin .... 400 mg

EGARONE-Tropfen für Kinder

Oximetazolin .... 15 mg
Benzalconiumchlorid .... 20 mg
Lisozimchlorid .... 300 mg
Alantoin .... 400 mg

Anwendungsgebiete
Zur Abschwellung und Desinfizierung der Nasenschleimhaut bei Entzündungen im Nasen-Rachenraum (Erkältung, Schnupfen, Rhinitis).

Gegenanzeigen
Bei Überempfindlichkeit gegen einen der in EGARONE enthaltenen Wirkstoffe darf das Präparat nicht angewendet werden.

Nebenwirkungen
Bei Anwendung in normaler, der Anleitung entsprechender Dosis sind im Allgemeinen keine Nebenwirkungen festzustellen. Bei Einnahme höherer Dosen kann bei der Anwendung von EGARONE ein lokales Brennen auftreten. Wie bei allen gefäßverengenden Mitteln ist für Patienten mit Schilddrüsenüberfunktion oder Bluthochdruck bei der Einnahme von EGARONE Vorsicht geboten.

Wechselwirkungen mit anderen Mitteln
Sind bisher nicht beobachtet worden.

Dosierungsanleitung und Art der Anwendung
Soweit vom Arzt nicht anders verordnet, sprühen Erwachsene 3-4-mal täglich ein bis zweimal EGARONE in jedes Nasenloch. Kinder über drei Jahren: 2-3-mal täglich 3-Tropfen in jedes Nasenloch träufeln. Kinder unter drei Jahren entsprechend weniger, je nach Alter und Körpergewicht.

Arzneimittel für Kinder unzugänglich aufbewahren!

Eigenschaften
EGARONE hat eine besonders lange Wirkungsdauer von 6-8 Stunden. Es dient der Abschwellung der Nasenschleimhaut und hat eine desinfizierende und antibakterielle Wirkung, die den Schnupfen an seiner Wurzel bekämpft. Das in dem Präparat enthaltene regenerierende Alantoin verhindert zusätzlich die Reizung der Nasenschleimhaut.

Überdosierung
Da das Präparat zur äußerlichen Anwendung bestimmt ist, ist eine Überdosierung praktisch ausgeschlossen. Gegebenenfalls sind die Symptome zu behandeln.

Hersteller:
LABORATORIOS ALE, S.A.
Dir. Téc. Farma. I. Vázquez
Pje. Jaime Roig, 28
BARCELONA (SPANIEN)

Asturien? Natürlich !

Grüne Täler, waldige grüne Höhen – Asturien ist das Herz des „grünen" Spaniens, weitab vom Alltagstrubel, ein Naturparadies, in dem Meeresbuchten und Berggipfel miteinander wetteifern, wer die Schönsten im Lande sind, in dem Mensch und Natur noch in vollkommener Harmonie miteinander leben.

Zerklüftete Bergkämme, die in den Himmel ragen, jähe Schluchten, von jahrtausendealten Gletschern gegraben, üppige Buchen und alte Eichen über brausenden Wasserfällen, lachsreiche Flüsse, satte Weiden mit friedlich weidenden Kühen, malerische Dörfer mit rotgedeckten Häuschen aus grob behauenem Stein, sonnige Hänge und sanfte Auen – Asturien ist ein Land der Gegensätze: lieblich und schroff, weltoffen und idyllisch, ländlich und modern zugleich. Das alles bringt die urwüchsige Kraft dieser Landschaft hervor.

Auf den „Picos de Europa" wird die Landschaft Asturiens zum Ereignis. Die zahlreichen Aussichtspunkte des Naturschutzgebietes von Covadonga geben den Blick frei auf ein einzigartiges Panorama von fast unwirklicher Schönheit. Hoch oben über den Picos erhebt sich der sagenumwobene Gipfel des Naranjo de Bulnes, eine ständige Herausforderung für geübte Kletterer. Auf seiner Westseite geben sich die Bergsteiger aus aller Herren Länder ein Stelldichein.

Darüber hinaus bietet Asturien viele andere Möglichkeiten sportlicher Betätigung in der freien Natur. Für den passionierten Jäger gibt es zahlreiche Jagdreviere, und die asturischen Flüsse mit ihrem reichen Bestand an Fischen, vor allem Lachsen, sind ein wahres Paradies für den Angler.

Bergwandern, Ausflüge zu Pferd, im Jeep oder mit dem Fahrrad, Segeln, Schwimmen, Bergsteigen, Höhlenforschung, Tauchen oder Skilanglaufen sind weitere Beispiele für die bunte Palette von Aktivitäten, die Asturiens natürliche Schönheit dem Besucher bietet.

Bitte schicken Sie mir Informationen über Asturien

Name ....
Straße ....
Wohnort ....
✂ –
Senden Sie diesen Coupon ausgefüllt an: Spanisches Fremdenverkehrsamt Postfach. 69000 Frankfurt/Main

Aus der spanischen Wochenzeitschrift "Tiempo" vom 19.12.89, S. 138

SCHOKOLADE WAR ZUERST ZUM TRINKEN DA –
Tafeln und Pralinen sind erst ungefähr hundertfünfzig Jahre alt

Die älteste Erwähnung der Schokolade bzw. des Kakaos stammt aus
der Zeit um 600 v. Chr.: Damals verbreiteten die Mayas dieses hoch
geschätzte Produkt in Mittelamerika. Später übernahmen es die Azteken und benutzten es sogar als Zahlungsmittel. Die spanischen Eroberer begriffen schnell den Wert der Schokolade, die von den Indios
als heißes, dickflüssiges und gut gewürztes Getränk getrunken wurde,
und schickten bereits 1528 die ersten Kakaobohnen zusammen mit
den für die Zubereitung des exquisiten Gebräus notwendigen Gerät-
schaften nach Spanien.

Im 17. Jahrhundert war Schokolade bereits das Modegetränk am Hofe
Ludwigs XIII. von Frankreich, dessen Gemahlin, Anna von Österreich,
mehrmals täglich Schokolade zu sich nahm. Das war natürlich ein im
Vergleich zum *xocoatl* („Bitterwasser") der Azteken wesentlich verfei-
nertes Getränk, und daher breitete sich die Mode bald an verschiedenen Höfen Europas aus. Dort hielt sie sich lange, wurde gleichzeitig
aber auch von anderen wohlhabenden Gesellschaftsschichten übernommen. Die erste Schokoladenfabrik der Welt wurde um 1780 in
Barcelona gegründet, und um diese Zeit wurde Schokolade auch wieder in Mittel- und Südamerika populär. Bis zum Jahre 1828 war Schokolade nur in Form von Schokoladenpulver in verschiedenen Qualitä-
ten und Preislagen im Handel; dann aber entdeckte ein holländischer
Süßwarenhersteller namens C. J. van Houten bei dem Versuch, ein
noch feineres und in Milch oder Wasser lösliches Schokoladenpulver
herzustellen, die so genannte Kakaobutter. Im Jahre 1847 stellte dann
die britische Firma Fry & Sons erstmalig Schokolade in Tafeln her,
und damit war die *Schokolade zum Essen* geboren.

AN DER COSTA DEL SOL ENTLANG

Der zur Provinz Granada gehörende Abschnitt der „Sonnenküste" wird durch den der Sierra Nevada vorgelagerten Gebirgswall vor den Witterungseinflüssen des Hinterlandes geschützt und erstreckt sich von dem nahe der Grenze zur Provinz Almería gelegenen Ort La Rábita bis nach La Herradura, kurz vor der Grenze zur Provinz Málaga. Zwischen den beiden Orten liegt eine fast ununterbrochene Kette von malerischen kleinen Buchten und ausgedehnten Stränden. Gelegentlich reichen die Anbaugebiete mit ihrer subtropischen Vegetation bis an den Sandstrand heran, so dass dieser wunderschöne Küstenstrich von Grün gesäumt ist. Vom Strand aus erreicht man in wenigen Stunden die schneebedeckten Gipfel des Mulhacén und des Veleta, wenn man einmal den Badeurlaub mit sportlicher Betätigung im Schnee verbinden will.

Bei dem Pass El Suspiro del Moro („Der Seufzer des Mauren") gabelt sich die Landstraße, die von Granada zur Küste führt: Ein Zweig führt durch die herrlich wilde Sierra de Cazulas direkt nach Almuñécar, und der andere durch das fruchtbare Lecrín-Tal zu dem bedeutenden Industrie- und Landwirtschaftszentrum Motril, wo er in die Küstenstraße einmündet. Gleich hinter Motril liegt das weiße Fischerdorf Salobreña mit seiner alten Burg, die hoch oben auf einem Felsen über dem grünen Pflanzenmeer thront. Dann erreicht man den wunderschönen Ferienort Almuñécar, malerisch am Rande eines fruchtbaren Tals gelegen. Sehenswert sind das römische Aquädukt, das Stadttor Torre del Monje und die Höhle Cueva de los Palacios. Ganz in der Nähe von Almuñécar liegt in Punta de la Mona die Feriensiedlung Los Berengueles, einer der schönsten Orte an der Costa del Sol, und gleich dahinter das Fischerdorf La Herradura mit einem herrlichen Strand und einem einzigartigen Blick auf das Meer.

Von Motril aus nach Osten gelangt man durch eine üppige Landschaft von Obst- und Gemüseplantagen mit einem ausgeklügelten Bewässerungssystem zuerst nach Torrenueva, wo sich der größte Strand der Provinz Granada befindet, über Calahonda, das an einer malerischen Bucht mit sehr tiefem Wasser liegt, und Castell de Ferro, mit seiner alten maurischen Burg im Sommer wie im Winter ein beliebter Ferienort, schließlich nach La Rábita, kurz vor der Grenze zur Provinz Almería. Wenige Kilometer von La Rábita entfernt landeinwärts liegt Albuñol. Hier beginnt bereits die Alpujarra.

Glossar

Das Glossar ist auf übersetzungswissenschaftliche bzw. –didaktische Termini beschränkt. Sprachwissenschaftliche Termini können gegebenenfalls in einschlägigen Wörterbüchern nachgeschlagen werden (z.B. Bußmann 1983).

Adressat: Person(en), für die ein Text, also auch ein Translat, bestimmt ist

Anaphora: sprachliches Kohäsionsmittel, das die Verknüpfung mit einer vorherigen Äußerung bewirkt, z.b. „dadurch"

Appellfunktion: die Funktion eines Zeichens, den Rezipienten zu einer bestimmten Reaktion zu veranlassen

Auftraggeber, auch Initiator: Person, die einen Translationsvorgang initiiert

Ausdrucksfunktion → expressive Funktion

Ausgangskultur: die Kultur(gemeinschaft), in der und für die der Ausgangstext angefertigt wird oder wurde

Ausgangssprache: Sprache, in welcher der Ausgangstext angefertigt wird oder wurde.

Ausgangstext: zu übersetzender Text

Darstellungsfunktion → referentielle Funktion

Dokumentarische Übersetzung: Übersetzungstyp, bei dem in der Zielsprache eine Art Abbild der ausgangssprachlichen Kommunikationshandlung produziert wird, das jedoch als Abbild (Re-Produktion) erkennbar ist

Exotisierende Übersetzung: Form der Dokumentarischen Übersetzung, bei welcher die fremden Inhalte des Ausgangstexts für den zielkulturellen Adressaten als fremd erkennbar bleiben

Expressive Funktion: die Funktion eines Zeichens, die Gefühle, Bewertungen, Haltungen des Senders auszudrücken

Faux amis: die „falschen Freunde des Übersetzers", auch „Scheinentsprechungen"; Wörter zweier Sprachen, die aufgrund ihrer gleichen oder ähnlichen Etymologie fälschlicherweise für Entsprechungen gehalten werden können

Funktionskonstante Übersetzung: Form der Instrumentellen Übersetzung, bei welcher der Zieltext die gleiche Funktion wie der Ausgangstext haben soll

Funktionsvariierende Übersetzung: Form der Instrumentellen Übersetzung, bei welcher die Funktionen des Ausgangstexts in der Zielsituation nicht vollständig oder in jeder Hinsicht erreicht werden können oder sollen

Grammar Translation → Wörtliche Übersetzung

Initiator → Auftraggeber

Instrumentelle Übersetzung: Übersetzungstyp, bei dem unter Verwendung eines Ausgangstexts ein eigenständiges Kommunikationsinstrument für die zielkulturelle Situation hergestellt wird, dem man seine Herkunft aus einer anderen Kultur und Situation nicht anmerkt.

Intention: die kommunikative Absicht, die ein Sender oder Textproduzent mit einer Äußerung verfolgt

Interlinearversion: Form der Dokumentarischen Übersetzung, bei welcher Wortlaut sowie syntaktische und grammatische Strukturen des Ausgangstexts abgebildet werden

Kataphora: sprachliches Kohäsionsmittel, das eine Fortführung des Satzes oder Textes „nach rechts" signalisiert, z.B. „die *folgenden* Aspekte..."

Kommunikative Funktion: die Funktion, die ein Text für den Rezipienten erfüllt

Kommunikativer Zweck: das, was eine Person mit einer Äußerung, einem Text etc. beim Adressaten erreichen will

Konventionen: historisch gewachsene, kulturell geprägte Handlungs- oder Verhaltensmuster

Kulturspezifik, kulturspezifisch: typisch für eine Kultur im Vergleich zu einer anderen

Operative Funktion → Appellfunktion

Paralleltext: authentischer, möglichst der gleichen Textsorte angehörender Text der Zielkultur, der für den kommunikativen Zweck angefertigt wurde, dem auch der Zieltext dienen soll

Phatische Funktion: Funktion eines Zeichens, einen Kontakt zwischen Sender und Empfänger zu eröffnen, aufrecht zu erhalten oder zu beenden oder das Rollenverhältnis zwischen beiden zu definieren

Philologische Übersetzung: Form der Dokumentarischen Übersetzung, bei welcher fremde Inhalte oder sprachliche Elemente aus dem Ausgangstext in Fußnoten, Glossaren etc. erklärt werden

Referentielle Funktion: die Funktion eines Zeichens, Aussagen über einen Gegenstand zu machen, ihn darzustellen

Textproduzent: Person, die einen Text – eventuell im Auftrag einer anderen Person – anfertigt

Textsorte: Klasse von Texten, die für ähnliche oder gleiche kommunikative Situationen angefertigt werden und daher bestimmte gemeinsame Merkma-

le aufweisen (→ Konventionen)

Translat → Zieltext

Translator: Übersetzer/in, Dol-
metscher/in

Übersetzungsauftrag: Definition
des kommunikativen Zwecks
und der kommunikativen Situation, für die ein Translat angefertigt werden soll

Übersetzungsproblem: Stelle
im Übersetzungsprozess, an
welcher der Übersetzer die
Sprach- und Kulturbarriere
durch die Bearbeitung von
Ausgangstexteinheiten über-
winden muss

Übersetzungsschwierigkeit: individuelle Störung im Ablauf
des Übersetzungsprozesses
aufgrund von Kompetenzdefi-
ziten des Übersetzers oder
Defekten des Textmaterials
(z.B. unleserlicher Ausgangstext)

Wort-für-Wort-Übersetzung →
Interlinearversion

Wörtliche Übersetzung, auch
Grammar Translation: Form
der Dokumentarischen Übersetzung

Zielkultur: die Kultur(gemeinschaft), in welcher der Zieltext
eine kommunikative Funktion
erfüllen soll

Zielsprache: Sprache, in die
übersetzt wird

Zieltext: der vom Translator in
der Zielsprache für einen zielkulturellen Adressaten ange-
fertigte Text

Register

Zu jedem Stichwort werden die Texte angegeben, in denen das betreffende Übersetzungsproblem hauptsächlich vorkommt, und die Seite, auf der es methodisch abgehandelt wird.

Empfängerparaphrase (Torres, Valencia) 156
Entlehnung (Turrón, Torres), s. a. Lehnübersetzung 195
Epitheton ornans (Asturias, Costa) 188
Erste (1.) Person (Sardina, Torres) 151

Fachwort (Egarone) → Terminologie
Faux amis (CEH, Miguelito, Torres, Huerto, Alhambra, Tesoro, Asturias, Chocolate) 205
Fokussierung (Segad, Chocolate) 211ff
Fokusstruktur (Turrón, Miguelito) 213
Fokuswort (Huerto, Tesoro) 213
Formeln (Potax, Valencia, Segad) 182
Fremdwort (Chocolate) 189
Fußnotenverweis (CEH) 189
Futur (SEAT, Miguelito, Valencia, Tesoro, Segad, Egarone) 210

Garantieerklärung / Textsorte (Potax) 172
Gemeinplatz (Asturias) 188
Generalisierung (Chocolate) 197
Gerundialkonstruktionen (SEAT, Torres, Valencia, Amalia, Huerto, Alhambra, Tesoro, Segad, Asturias, Costa) 208
gesetzliche Vorschriften (Potax) 164
Gliederung (Tesoro, Egarone) 215
Grußformel 152

Hendiadyoin (Valencia, Alhambra) 202
Höflichkeitsform (SEAT, Sardina, Potax) 156
Homonymie (Alhambra) 204
Horizont (Alhambra) 161
Hyperonymie (Turrón, Potax, Torres, Valencia, Huerto) 201
Hypotaxe (Miguelito) 205

Immobilienwerbung / Textsorte (Torres) 175
Imperativ (SEAT, Potax) 156
Imperfekt (Miguelito) 210
Infinitivkonstruktion (SEAT, Sardina, Potax, Valencia, Segad, Egarone, Chocolate, Costa) 207
Informationsdefizit (CEH, SEAT) 163
Informationsfolge (Huerto, Tesoro) 217
Informationsgewichtung (Potax) 155
Interjektionen (Miguelito) 152
Interpunktion (Valencia, Egarone, Torres) 190
Isotopie (Asturias) 217

Kataphora (Sardina) 186
Kennzeichnungskonventionen (CEH, Turrón, Chocolate) 188
Klimax (Miguelito) 217
Klischee → die betreffende Textsorte, 182
Kochrezept (Textsorte) (Sardina, Potax, Amalia) 176
Komposition (CEH, SEAT, Potax, Torres, Valencia, Segad, Egarone, Chocolate, Costa) 194

Literaturverzeichnis

Beaugrande, Robert A. de + Dressler, Wolfgang U. (1981): *Einführung in die Textlinguistik*, Tübingen (= Konzepte der Sprach- und Literaturwissenschaft 26).

Beck, Götz (1973): Textsorten und Soziolekte; in: Sitta, Horst + Brinker, Klaus (Hgg.): *Studien zur Texttheorie und zur deutschen Grammatik*; Düsseldorf, 73-112 (= Sprache der Gegenwart 30).

Beerbom, Christiane (1992): *Modalpartikeln als Übersetzungsproblem. Eine kontrastive Studie zum Sprachenpaar Deutsch-Spanisch*, Frankfurt/M. (= Heidelberger Beiträge zur Romanistik 26).

Bellmann, Günther (1980): Zur Variation im Lexikon: Kurzwort und Original; in: *Wirkendes Wort* 30 (1980), 369-383.

Bußmann, Hadumod (1983): *Lexikon der Sprachwissenschaft*, Stuttgart: Kröner (= Kröners Taschenausgabe 452).

Dornseiff, Franz ([6]1965): *Der deutsche Wortschatz nach Sachgruppen*, Berlin.

Duden (1993ff.): *Das große Wörterbuch der deutschen Sprache*, 8 Bde., 2. neu bearb. Aufl., Mannheim – Wien - Zürich.

DUDEN/Grammatik ([2]1966): *Der große Duden*; Bd. 4; Mannheim – Wien – Zürich.

DUDEN/Schülerduden (o.J.): *Die Literatur*, Mannheim – Wien – Zürich.

DUW: *Deutsches Universalwörterbuch*, Mannheim – Wien – Zürich: Dudenverlag.

Engel, Ulrich (1988): *Deutsche Grammatik*, Heidelberg.

Flader, Dieter (1972): Pragmatische Aspekte von Werbeslogans; in: Wunderlich, Dieter (Hg.): *Linguistische Pragmatik*, Frankfurt/M. (= Schwerpunkte Linguistik und Kommunikationswissenschaft 12), 341-376.

Gauger, Hans-Martin (1971): *Untersuchungen zur spanischen und französischen Wortbildung*, Heidelberg.

Gil, Alberto + Banús, Enrique (1988): *Kommentierte Übersetzungen Deutsch-Spanisch: Texte, Musterübersetzungen, vergleichende Grammatik*, Bonn (= Hispanistik in Schule und Hochschule 13).

Göpferich, Susanne (1995): *Textsorten in Naturwissenschaften und Technik. Pragmatische Typologie – Kontrastierung – Translation*, Tübingen (= Forum Fachsprachenforschung 27).

Grosse, Siegfried + Mentrup, Wolfgang (1982): *Anweisungstexte*; Tübingen (= Forschungsberichte des Instituts für Deutsche Sprache, Mannheim 54).

Gülich, Elisabeth + Raible, Wolfgang (Hgg.) ([2]1975): *Textsorten*, Wiesbaden.

Hantsch, Ingrid (1975): Zur semantischen Strategie der Werbung; in: Nusser, Peter (Hg.): *Anzeigenwerbung: ein Reader für Studenten und Lehrer der deutschen Sprache und Literatur*, München, 137-169.

Hönig, Hans G. + Kussmaul, Paul ([2]1984): *Strategie der Übersetzung: Ein Lehr- und Arbeitsbuch*, 1. Aufl. 1982, Tübingen (= Tübinger Beiträge zur Linguistik 205).

House, Juliane (1980): Übersetzen im Fremdsprachenunterricht. Zur Konzeption eines kommunikativen Übersetzungskurses im Rahmen der sprachpraktischen Ausbildung von Lehrerstudenten des Englischen, in Poulsen + Wilss 1980, 7-17.

Krings, Hans Peter (1986): *Was in den Köpfen von Übersetzern vorgeht*, Tübingen.

Kupsch-Losereit, Sigrid (1986): Scheint eine schöne Sonne? in: *Lebende Sprachen* 31, 1986, 12-16.

Mentrup, Wolfgang (1982): Gebrauchsinformation – sorgfältig lesen! Die Packungsbeilage von Medikamenten im Schaltkreis medizinischer Kommunikation; in: Grosse + Mentrup 1982, 9-55.

Newmark, Peter (1980): Teaching specialized translation; in Poulsen + Wilss 1980, 127-148.

Nord, Christiane (1983), *Neueste Entwicklungen im spanischen Wortschatz*, Rheinfelden 1983 (= Reihe Romanistik 38).

Nord, Christiane (1984): *Lebendiges Spanisch*, Rheinfelden.

Nord, Christiane (1986a): „Treue" - „Freiheit" – „Äquivalenz" – oder: Wozu brauchen wir den Übersetzungsauftrag; in *TEXTconTEXT 1* (1986), 30-47.

Nord, Christiane (1986b): *Nación, pueblo* und *raza* bei Ortega y Gasset – Nicht nur ein Übersetzungsproblem; in: *TEXTconTEXT 1* (1986), 151-170.

Nord, Christiane (1987a): Zehn Thesen zum Thema ‚Übersetzungslehrbuch'; in: Königs, Frank (Hg.): *Übersetzen lehren und lernen mit Büchern. Möglichkeiten und Grenzen der Erstellung und des Einsatzes von Übersetzungslehrbüchern*, Heidelberg (= Manuskripte zur Sprachlehrforschung 28), 65-82.

Nord, Christiane (1987b): Ausgangstextanalyse im Übersetzungsunterricht – Überlegungen zur Verhältnismäßigkeit der Mittel; in: *TEXTconTEXT* 2 (1987), 42-61.

Nord, Christiane (1987c): Übersetzungsprobleme – Übersetzungsschwierigkeiten. Was in den Köpfen von Übersetzern vorgehen sollte; in: *Mitteilungsblatt für Dolmetscher und Übersetzer* 33.2, (1987), 5-8.

Nord, Christiane (1989a): Textanalyse und Übersetzungsauftrag; in: Königs, Frank (Hg.): *Übersetzungswissenschaft und Fremdsprachenunterricht. Neue Beiträge zu einem alten Thema*, München.

Nord, Christiane (1989b): Loyalität statt Treue: Vorschläge zu einer funktionalen Übersetzungstypologie; in: *Lebende Sprachen* 34 (1989), 100-105.

Nord, Christiane (1989c): Der Titel – ein Mittel zum Text. Überlegungen zu Status und Funktion des Titels; in: Reiter, Norbert (Hg.): *Sprechen und Hören: Akten des 23. Linguistischen Kolloquiums Berlin 1988*, Tübingen, 519-528 (= Linguistische Arbeiten 222).

Nord, Christiane (1990a): Neue Federn am fremden Hut. Vom Umgang mit Zitaten beim Übersetzen; in: *Der Deutschunterricht* 42:1 (1990), 36-42.

Nord, Christiane (1990b): Zitate und Anspielungen als pragmatisches Übersetzungsproblem; in: *TEXTconTEXT* 5 (1990), 1-30.

Nord, Christiane (1990c): Funcionalismo y lealtad: algunas consideraciones en torno a la traducción de títulos; in: Raders, Margret + Conesa, Juan (Hgg.): *II Encuentros Complutenses en torno a la traducción*, Madrid, 153-162.

Nord, Christiane (^{2}1991a, ^{3}1995, [^{1}1988]): *Textanalyse und Übersetzen. Theoretische Grundlagen, Methode und didaktische Anwendung einer übersetzungsrelevanten Textanalyse*, Heidelberg.

Nord, Christiane (1991b): The Role and Scope of Conventions in Translation; in: *Proceedings of the XIIth World Congress of FIT*, Belgrad 1990, 79-85.

Nord, Christiane (1993): *Einführung in das funktionale Übersetzen. Am Beispiel von Titeln und Überschriften*, Tübingen: Francke (= UTB 1734).

Nord, Christiane (1997a): *Translating as a Purposeful Activity. Functionalist Approaches Explained*, Manchester (Translation Theories Explained, 1).

Nord, Christiane (1997b): Leicht – mittelschwer – (zu) schwer. Zur Bestimmung des Schwierigkeitsgrades von Übersetzungsaufgaben; in: Fleischmann, Eberhard; Kutz, Wladimir; Schmitt, Peter A. (1997): *Translationsdidaktik. Grundfragen der Übersetzungswissenschaft*, Tübingen, 92-102.

Nord, Christiane (1997c): El texto buscado. Los textos auxiliares en la enseñanza de traducción, in: *TradTerm* 4(1) (1997), 101-124.

Nord, Christiane (1997d): Übersetzen – Spagat zwischen den Kulturen?, in *TEXTconTEXT* 11 = NF 1, 1997, 149-161.

Nord, Christiane (1999): *Fertigkeit Übersetzen*. Studienbrief für das Goethe-Institut (Erprobungsfassung), München.

Nord, Christiane (2001*): Kommunikativ Handeln auf Spanisch und Deutsch* (in Vorb.).

Pelka, Roland (1982): Sprachliche Aspekte von Bedienungsanleitungen technischer Geräte und Maschinen; in: Grosse + Mentrup 1982, 74-103

Poulsen, Sven-Olaf + Wilss, Wolfram (Hgg.) (1980): *Angewandte Übersetzungswissenschaft. Internationales übersetzungswissenschaftliches Kolloquium an der Wirtschaftsuniversität Aarhus/Dänemark*, Aarhus.

Prüfer, Irene (1995): *La traducción de las partículas modales del alemán al español y al inglés*, Frankfurt/M.

Rainer, Franz (1993): *Spanische Wortbildungslehre*, Tübingen.

Reiß, Katharina (1974): Ist Übersetzen lernbar? in: Nickel, Gerhard + Raasch, Albert (Hgg.): *Kongreßbericht der 4. Jahrestagung der Gesellschaft für Angewandte Linguistik*; Heidelberg, 69-82 (= IRAL-Sonderband).

Reiss, Katharina + Vermeer, Hans J. (1984): *Grundlegung einer allgemeinen Translationstheorie*, Tübingen.

Reumuth, Wolfgang + Winkelmann, Otto (1993): *Praktische Grammatik der spanischen Sprache*, Wilhelmsfeld.

Sandig, Barbara (1975): Zur Differenzierung gebrauchssprachlicher Textsorten im Deutschen; in: Gülich + Raible 1975, 113-124.

Smith, Veronika + Klein-Braley, Christine (1985): *In Other Words: Arbeitsbuch Übersetzung*; München (= Forum Sprache).

Sowinski, Bernd (1973): *Deutsche Stilistik*, Frankfurt a. M.: Fischer.

Thiele, Johannes (1992*): Wortbildung der spanischen Gegenwartssprache*, Leipzig – Berlin.

Vermeer, Hans J. (1989): *Skopos und Translationsauftrag*, Heidelberg (= th – translatorisches handeln 5).

VOX, *Diccionario General Ilustrado de la Lengua Española*, Barcelona.

Wehrle, Hugo + Eggers, Hans (1968): *Deutscher Wortschatz: Ein Wegweiser zum treffenden Ausdruck*, Frankfurt/M.

Wilss, Wolfram (1996): *Übersetzungsunterricht. Eine Einführung*, Tübingen.

Lehrwerke

07/00

3. Auflage 1997. 16.-25- Tsd.
Zugelassen an Gymnasien in Baden-Württemberg, Bayern und Sachsen

Wolfgang Reumuth · Otto Winkelmann

Praktische Grammatik der spanischen Sprache

Die *Praktische Grammatik der spanischen Sprache* ist eine neue, leicht fasslich geschriebene, ausführliche Lern- und Nachschlagegrammatik für deutschsprachige Spanischlernende. Sie ist aus langjähriger Unterrichtspraxis der beiden Autoren an Schule und Hochschule hervorgegangen und wendet sich an Studierende des Faches Hispanistik und an Schüler der Sekundarstufe II, kann aber auch mit Gewinn in den höheren Kursen der Volkshochschule eingesetzt werden. Die Grammatik ergänzt das im Unterricht verwendete Lehrwerk und informiert gründlich über die wesentlichen grammatischen Erscheinungen der spanischen Standardsprache, wobei auch auf die wichtigsten Besonderheiten des lateinamerikanischen Spanisch eingegangen wird.

Nach einem einleitenden Kapitel über Aussprache und Schreibung des Spanischen werden die einzelnen Wortarten (Substantiv, Artikel, Adjektiv, Verb usw.) systematisch hinsichtlich ihrer Formen, ihres Gebrauchs und eventueller Besonderheiten vorgestellt. Weitere Kapitel sind dem Verb und seinen Ergänzungen, den infiniten Formen, der Struktur des Satzes und der Wortbildung gewidmet. Den Abschluss der Grammatik bildet ein Anhang mit einer Übersicht über die wichtigsten unregelmäßigen spanischen Verben. Ein umfangreiches und detailliert aufgeschlüsseltes Wort- und Sachregister ermöglicht ein schnelles und gezieltes Nachschlagen grammatischer Fragestellungen.

In den einzelnen Grammatikkapiteln ist die Fachterminologie auf das notwendige Minimum beschränkt. Erklärungen und Regeln werden durch einen sehr ausführlichen Beispielteil veranschaulicht. Das in den Beispielsätzen verwendete Wortmaterial basiert auf dem Grund- und Aufbauwortschatz der spanischen Sprache. Ausdrücke, Wendungen und Beispielsätze sind so gewählt, dass sie in der Alltagskommunikation der Spanischlernenden sogleich verwendet und mühelos abgewandelt werden können. Alle Beispielsätze sind ins Deutsche übersetzt, damit die Lernenden zugleich ihren aktiven Wortschatz erweitern können.

Bestellcoupon

Bitte senden Sie mir __ Exemplar(e) des Buches

Wolfgang Reumuth/Otto Winkelmann: **Praktische Grammatik der spanischen Sprache**. 1997, 3., unveränderte Auflage, XVI + 356 Seiten, ISBN 3-926972-21-1, zum Preis von DM 39,90/Euro 20,40/US$ 25,-.

Name:.. Datum:...

Anschrift:...

.... Unterschrift:...

gottfried egert verlag - Postfach 1180 - D-69259 Wilhelmsfeld
Telefax: (0)6220/6701 e-mail: egertverlag@t-online.de
www.egertverlag.de